本书由教育部人文社会科学研究规
"《大中华文库》在英国的传播、接
(编号 18YJA740070) 资助出版

融媒体时代

中国文化
外译传播机理研究

张永中 ◎ 著

重庆大学出版社

图书在版编目(CIP)数据

融媒体时代中国文化外译传播机理研究/张永中著.
－－重庆:重庆大学出版社,2023.8
ISBN 978-7-5689-4027-6

Ⅰ.①融… Ⅱ.①张… Ⅲ.①中华文化—文化传播—
翻译—研究 Ⅳ.①G125②H059

中国国家版本馆 CIP 数据核字(2023)第 119559 号

融媒体时代中国文化外译传播机理研究

张永中 著

责任编辑:杨 琪 版式设计:宏 霖
责任校对:王 倩 责任印制:赵 晟

*

重庆大学出版社出版发行
出版人:陈晓阳
社址:重庆市沙坪坝区大学城西路 21 号
邮编:401331
电话:(023) 88617190 88617185(中小学)
传真:(023) 88617186 88617166
网址:http://www.cqup.com.cn
邮箱:fxk@ cqup.com.cn(营销中心)
全国新华书店经销
POD:重庆新生代彩印技术有限公司

*

开本:720mm×1020mm 1/16 印张:15 字数:225 千
2023 年 8 月第 1 版 2023 年 8 月第 1 次印刷
ISBN 978-7-5689-4027-6 定价:70.00 元

前　言

　　21 世纪以来，党和国家领导人从战略高度多次强调要增强中华文化国际传播力和影响力，提升中国文化软实力。在此背景下，研究中国文学文化如何有效"走出去"已成为译学界和传播学界研究的热点领域之一，催生了翻译传播学这个新的跨学科研究领域。本书作者遵循学术研究应服务于国家文化"走出去"战略，服务学科理论与实践发展的理念，并基于《大中华文库》在英国的传播与接受情况，分 7 个章节探讨融媒体时代中国文化外译传播的有效机制及相关的理论问题：①中国文化外译研究现状及其学术演化走向；②国家翻译实践文化外译作品传播状况；③中国文化外译传播面临的外部挑战；④中国文学对外传播的典范例析；⑤中国文化外译传播渠道；⑥融媒体传播与外译方法及译才培养机理；⑦中国文化外译传播认知机理偏误及对策。对这些内容的系统探讨不仅有助于从理论层面知晓外译传播的内在机理，消除长期以来在外译传播上的认知偏误，而且有助于从实践层面指导当前的外译传播实践，提升中国文化的外译传播效果和国际影响力。

　　第 1 章主要论述了研究的缘起是服务国家文化"走出去"战略，服务学科理论与实践发展。学界对中国文化外译展开了多路径研究，有些虽为感性，却是理性升华的前奏；有些虽缺乏系统性，却为中国文化外译传播研究提供了思考的起点；有些虽缺乏理论深度，却为后续研究打下了坚实的基础，有利于消除外译传播认知误区、提升对外传播接受效果。本章强调：我国的外译传播研究必须顺应外译传播学术发展的四大趋势：①从思辨研究为主转向实证研究为主；②从零散的外译传播观点到系统的外译传播理论构建；③从翻译的本体研究到翻译与传播的跨界研究；④从以客体为主的研究到以主体为主的研究。

　　第 2 章主要探讨了中华人民共和国成立以来,国家为了让海外读者了解中国文学文化,展现发展中的中国社会面貌,先后组织了三次国家翻译实践:① 20 世纪 50 年代开始的《中国文学》外译传播;② 20 世纪 80 年代开始的"熊猫丛书"外译传播;③ 20 世纪 90 年代中后期开始的《大中华文库》系列译作外译传播。这三次外译传播虽未达到理想的预期效果,但给我们后来的文学文化"走出去"提供了可以借鉴的译介传播经验。在此基础上,本章还论述了从这三次国家翻译实践中所获得的有益启示。三次国家翻译实践如同百宝箱,我们能从中汲取有益的养分,提升我们讲好中国故事、传播好中国声音的能力。

　　第 3 章主要聚焦中国文学文化外译传播接受效果面临的外部挑战,包括西方对中国的文化偏见、西方媒体不实报道形成的中国文化偏见、西方精英阶层不实言论形成的中国文化偏见、中西经济贸易矛盾形成的中国文化偏见、中西地缘问题分歧形成的中国文化偏见等不利于中国文学文化外译传播的因素,并论述了这些外部挑战形成的原因。本章认为,中国文学文化对外译介要达到理想的传播效果需跨越这些障碍。在这种背景下,要让外国人读懂中国,了解中国,推动构建人类命运共同体建设,实现国家文化走出去战略,就必须加强外译传播的理论研究和实践探索。

　　第 4 章以《道德经》和《狼图腾》在英语世界的成功译介和传播为典型案例,详细探讨了《道德经》和《狼图腾》在英语世界的传播状况,分析了这两种不同类型的作品译介传播成功的机理。《道德经》代表中国古典作品,《狼图腾》代表中国现当代作品,这两种作品在英语世界的传播接受效果好,这表明中国古典作品和现当代作品在英语世界的译介和传播是可行的。我们当前的作品在对外译介和传播效果上未达理想的传播预期及接受效果,说明我们在外译传播上还存在认知偏误,译介方法或传播方式还有提升空间。通过论述《道德经》和《狼图腾》两个外译传播案例的有益经验,能消除我们在外译传播机理上的一些认知偏误,增强我们在文化外译传播中的文化自信。

第5章论述了中国文化对外传播的渠道。中国文学文化信息传播的渠道可分为传统传播渠道、新兴媒体传播渠道和人际传播渠道三大渠道。传统传播渠道涵盖报纸渠道、期刊渠道、图书渠道、影视渠道和广播渠道；新兴媒体传播渠道涵盖社交类新兴媒体渠道、视频类新兴媒体渠道和直播类新兴媒体渠道。当今世界的媒体传播已进入新旧媒体融合传播时代。在重视渠道融合传播的背景下，要利用好国外媒体渠道传播中国文学文化。同时，人际传播渠道的作用也需要引起重视，因为人际传播在当今智能手机普及时代，能成就信息传播的裂变，使得传播内容在读者面前实现更大的曝光，形成高效的裂变传播，所以我们要重视人际传播渠道的正面信息传播，避免负面信息传播。

第6章作为本书的重要部分，研究了融媒体传播与外译方法及外译传播人才培养机理。首先论述了传统传播渠道、新兴媒体传播渠道和人际传播渠道形成的融媒体传播，这些渠道是提升中国文学文化外译传播的重要路径。在融媒体传播的背景下，对外译介的翻译方法涵盖全译和变译两大方法。全译和变译是翻译的一体两翼。全译是变译的基础，是变译的起点。全译多以句子为单位进行翻译，变译多以句群为单位进行变通式翻译。变译活动的核心是"摄取"，而摄取的精髓在于"变"，即"变通"。变通方法包括增、减、编、述、缩、并、改和仿八大手段；这八大变通手段构成了摘译、编译、译述、缩译、综述、述评、译评、译写、改译、阐译、参译和仿作12种变译类型。在文学文化外译传播的效果方面，变译要优于全译，在中国文化"走出去"还处于初级阶段的背景下，在西方读者处于传统媒体和新兴媒体融合的阅读语境下，中国文化"走出去"应以变译方法为主，全译方法为辅。变译在对外文化信息的译介传播中，具有多、快、好、省、准的功效。本章详细论述了"多""快""好""省""准"的内涵。中国文学文化外译传播涉及翻译学与传播学，涉及全译与变译两大方法，而我国高校在外译传播人才的培养上，传统的翻译教学大都没有涉及传播理论、功能目的翻译理论、变译理论和接受美学理论等内容，培养的翻译人才尚不能满足当今中国文学文化对外译介的需要。译介的作品传播效果不理想与译介人才培养模式有一定的关联。要培养适应当今新旧媒体融合传播的外译传播人才，需要我国高校在翻译教学中增加三个方面的教学内容：①翻译与传播、翻译与变通；②翻译与跨文化交际；③翻译与修辞美学；④教师指导下的学生翻译实践。在培养国内外译传播人才的同时，要积极培养海外汉学人才，使他们能成为致力于中外文化交流、促进中外民心相通的汉学家。

第7章从翻译学和传播学视角出发，详细论述了中国文化外译传播机理认知上的偏误，以及提升外译传播效果的对策。首先，基于翻译过程涉及的要素，探讨了我们在译者模式、翻译素材、译介方式、受众定位机理认知上的偏误，并探讨了相应的解决问题的对策。然后，基于传播过程涉及的要素，探讨了传播主体认知偏误及对策、传播内容认知偏误及对策、传播渠道认知偏误及对策、传播对象认知偏误及对策，以及传播效果认知偏误及对策。本章认为，要提升中国外译作品的海外传播效果，我们的文化外译传播需要形成官方与非官方为两大传播主体的格局，需要以反映中国现当代社会发展现状的作品为主、古典作品为辅的传播内容；需要符合信息时代特点的多样化翻译方式方法；需要新旧媒体融合协同传播；需要面向普通大众的分类分层传播；需要以读者对译介作品的接受度、理解度和认同度来评估传播效果。这些认知机理将有助于我们在中国文学文化外译作品的对外传播中，采取相应的纠偏扶正措施来提升外译作品的对外传播力和影响力，促进中国文学文化对外传播达到理想的效果。

中国文化外译传播涉及翻译学和传播学两门学科，是跨学科研究，也是学界一个崭新的学术研究领域。希望本书能在构建和深化中国外译传播理论上起到抛砖引玉的作用。由于作者水平有限，书中难免有疏漏和不足之处，恳请学界专家、读者批评指正。

张永中

2023 年 3 月

目　录

第5章 中国文化外译传播渠道

第6章 融媒体传播与外译方法及译才培养机理探赜

第 1 章

绪 论

1.1 研究的缘起

1.1.1 服务国家文化"走出去"战略

　　首先,学术研究要服务国家的发展战略。21 世纪以来,党和国家领导人从战略高度多次强调要增强中华文化国际传播力和影响力,提升中国文化软实力。2007 年 10 月 15 日至 21 日召开的中国共产党第十七次全国代表大会明确提出要加强对外文化交流,吸收各国优秀文明成果,增强中华文化国际影响力。中国文化"走出去"开始逐渐成为国家文化发展战略。2012 年 11 月 8 日,习近平总书记在党的十八大报告中提出,要构建和发展现代传播体系,提高传播能力,"讲好中国故事、传播好中国声音"。2017 年 10 月 18 日,习近平总书记在党的十九大报告第七部分指出,我们要推进国际传播能力建设,讲好中国故事,展现真实、立体、全面的中国,提高文化软实力。2021 年 5 月,习近平总书记再次强调要"下大气力加强国际传播能力建设"。2022 年 10 月 16 日在中国共产党第二十次全国代表大会上,习近平总书记提出要增强中华文明传播力影响力。在经济全球化背景下,各国之间的文化交流更加频繁,不同文化之间的碰撞也更加激烈,正如钟启春(2013)所言,"全球化使人类交往的空间和规模空前扩大,使不同民族和地域的人的认识和交流不断加深,给文化带来了前所未有的发展机遇,同时也加剧了不同文化之间的冲突和矛盾"①。中国文化要在各国不同文化之间的冲突和矛盾中立于不败之地,只有主动"走出去",提升中国文化在海外的传播力和影响力,才能让海外受众了解、接受和认同中国的优秀文化。而提升中国文化国际传播力和影响力离不开对外翻译,也离不开对外传播。因此,研究中国文化对外译介和传播,能服务于国家文化"走出去"战略;

---

① 钟启春. 全球化背景下的文化冲突与中国文化建设[J]. 中共中央党校学报,2013(8):109.

其研究成果有助于讲好中国故事、传播好中国声音,有助于构建中国国际话语体系,提升中华文化国际影响力,这是本书研究的第一个缘由。

1.1.2 服务学科的理论与实践发展

其次,学术研究要服务学科的理论与实践发展。笔者 2016—2017 年受国家留学基金资助,在英国访学期间,以《大中华文库》等中国对外出版工程为考察对象,研察了中国文学文化在英国的传播接受状况。笔者发现中国典籍译作在英国的传播接受效果未达预期,中国文学文化对外传播正面临国内人力、物力和财力高投入,国外传播、接受和认同低效果的尴尬局面。中国文学文化在海外的传播力和影响力与中国在世界舞台上的政治、经济大国形象不相匹配。因此,研究中国文学文化外译传播,能从理论层面探索中国文化有效"走出去"的译介传播方式方法,纠偏对外传播中国文学文化过程中的认知偏误,这有助于构建中国文学文化外译传播理论。当前,外译传播理论在学术界还处于研究的初期,需要加大理论的研究力度。同时,外译传播学或称为翻译传播学的理论研究和发展又能在实践层面有效指导当今融媒体传播的对外译介,提升中国文化海外传播力和影响力,最终有效增强中国文化软实力。软实力概念的提出者——哈佛大学教授约瑟夫·奈(Joseph S. Nye Jr.)认为,在当今全球信息化时代,"讲故事的能力"是 21 世纪衡量一国国力的重要标准。在党和国家领导人提出讲好中国故事,传播好中国声音,展示真实、立体、全面的中国的战略背景下,通过研究中国文学文化外译传播来提升"讲故事的能力",这不仅把学术研究与服务国家文化发展战略结合起来,而且有利于建构学科发展急需的中国文化外译传播理论,也有利于中国文学文化的外译传播实践得到学科的理论指导。因此,服务学科的理论与实践发展是本书研究的另一个缘由。

1.2 中国文化外译传播研究现状及其学术研究演化走向

自我国政府实施文化"走出去"战略以来,中国文化的外译传播成了学术界关注的热点领域之一。有关中国文学文化"走出去"的学术研讨会和研究论文让人应接不暇,国家也出台了许多政策措施并实施外译项目工程促进文化"走出去"。据不完全统计,我国于 2006—2014 年间,相继实施了"中国当代文学百部精品对外译介工程""中国图书对外推广计划""中国文化著作翻译出版工程""经典中国国际出版工程"等。特别是于 20 世纪 90 年代启动的《大中华文库》出版工程,档次高、规模大,是中国文化"走出去"的代表性外译工程。可以说,我国的对外传播规模、对外传播的渠道以及国家的政策和资金支持,都预示着我国的文化"走出去"应该有理想的传播效果,中国的文化软实力在海外应该有较大的提升。然而,笔者在英国访学期间,发现中国文学文化作品在英语世界受众中的接受度和影响力跟我国在政治、经济上的大国形象还不匹配,外译传播还未构建起与我国综合国力和国际地位相匹配的对外话语体系。因此,探析中国文化外译研究的不同路径及其得失,推导中国文化外译传播研究的演化趋势,对今后的中国文化外译传播研究大有裨益。

1.2.1 中国文化外译传播的多路径研究

文化"走出去"是中国政府实施的国家战略,是提升中国海外文化软实力、塑造中国文化大国形象的重要途径。因此,本着学术研究应以国家经济社会需求为导向、服务国家建设和为国家经济社会的发展提供智力支持为宗旨,国内学者围绕中国文化外译传播这个新的学术领域,也是翻译学与传播学两门学科的交叉领域,发表了许多研究成果。综观 21 世纪以来我国外译传播的研究文章,可知研究者的目光正从翻译本体研究转向翻译与传播的跨界研究。在中国知网(CNKI)上,以"翻译与传播"为关键词进行文章检索,时间跨度为2003—2022年,可获得173篇学术论文、22篇学位论文,以"外译与传播"为关键词进行文章检索,仅仅获得两篇在2021年刊发的学术论文。这说明"外译"这个新的学术词汇还没有在学术研究中被学者大量使用。"外译"就是"对外翻译"的简称,这个简称具有学术性和简洁性。21世纪以来,在书名中含有"翻译与传播"的学术著作主要有尹飞舟、余承法、邓颖玲合著的《翻译传播学十讲》,该书于2021年由湖南师范大学出版社出版。当然,也有一些著作,书名不含"翻译与传播"这个关键词,但内容却涉及翻译与传播领域,譬如,沈苏儒2004年独著的《对外传播的理论与实践》、谢天振2013年独著的《译介学(增订本)》、张健2013年独著的《外宣翻译导论》和徐珺2014年独著的《汉文化经典外译:理论与实践》等。综观上述已发表的论文和出版的著作,可探析出当前学术界对文化外译传播具有四个不同路径的研究:①对外翻译策略研究;②外译作品质量研究;③对外传播渠道研究;④对外传播效果研究。现分别探讨各个研究路径的现状和得失,以起纠偏扶正、促进学术成果更好地指导我国的外译实践与传播、提升传播效果之目的。

1)对外翻译策略研究

我国长期以来的翻译策略研究是基于英译汉的对内翻译策略研究。进入21世纪后,国家提出文化"走出去"战略和"一带一路"倡议,二者都需要翻译作为开路先锋。"一带一路,翻译开路"在学者中已形成了共识。研究翻译在文化"走出去"战略、在"一带一路"倡议以及在"共建人类命运共同体"中的作用的过程中,学界逐渐认识到,翻译的对外与对内研究方向所涉及的翻译策略是不同的;同时,学界也认识到,对外翻译策略研究还不深入,还没形成丰富的、成体系的外译传播研究成果。因此,国内学界,尤其是翻译界的学人把研究目光从对内的英译汉,转移到了对外的汉译英,譬如,黄友义(2004)认为对外翻译应贴近中国发展的实际,贴近国外受众对中国信息的需求和贴近国外受众的思维习惯。好的对外翻译不是对原文亦步亦趋,而是根据国外受众的思维习惯,对中文原文进行适当的加工,有时需要删减或增加背景内容,有时需对原文直译,而有时需对原文采用间接引语进行翻译。换言之,在对外翻译中,译者的翻译策略需要根据中西方文化差异对原文进行适当变通①。王宁(2011)把《红楼梦》杨宪益、戴乃迭英译本与霍克斯英译本进行比较,认为两种译本译文质量都属上乘,但杨宪益、戴乃迭英译本在英语世界传播效果逊色于霍克斯译本。他认为这是两种译本采用的翻译策略不同造成的,英语世界所提倡的翻译风格是"归化",不管字面忠实与否,如果不能让普通读者读懂,那就必定被图书市场冷落②。张健(2013)认为外译过程中,译者要站在受众的角度思考,发挥主观能动性,译者应有的放矢地根据读者的具体语境对原文进行必要变通。变通策略有增译补充、释译变通和合理删减等,这些策略可以确保译文处于受众可以认同、可以接受的范围内③。谢天振(2014)认为中西文化交流存在"时间差"和"语言差"现象。他认为当今西方的翻译家们在翻译中国作品时,多会采取归化的手法,且对原作都会有不同程度甚至大幅度的删减,以符合读者的阅读接受语境。同时,他指出,在对外翻译策略中,选材不能贪大求全,这是中国文化"走出去"的翻译实践中需要注意的要点④。吕世生(2017)认为林语堂对《红楼梦》跨文化的独特阐释对我们的启示是:中国文化外译必须对原文加以调整和变通,以消减进入西方文化框架的阻力。他还认为,不同的需求与文化态度导致边缘文化进入中心文化需以自身的变形或损益为条件,以克服中心文化的屏蔽阻力⑤。这是当下中心—边缘文化秩序下中国文化"走出去"必须面对的历史文化现实。

① 黄友义.坚持"外宣三贴近"原则,处理好外宣翻译中的难点问题[J].中国翻译,2004(6):27-28.
② 王宁.文化走出去先要突破翻译困局[N].中国文化报,2011-11-16(003).
③ 张健.全球化语境下的外宣翻译"变通"策略刍议[J].外国语言文学,2013(1):19-27.
④ 谢天振.中国文学走出去:问题与实质[J].中国比较文学,2014(1):5.
⑤ 吕世生.《红楼梦》跨出中国文化边界之后——以林语堂英译本为例[J].外语与外语教学,2017(4):90-96.

上述研究成果表明,学者们已经把读者的文化接受语境纳入了研究视野,意识到对外翻译是两种语言文化的碰撞,需要把读者的阅读习惯和文化接受语境纳入对外翻译的考虑因素,强调对外翻译中要把读者对译文的理解度和接受度作为重点。这突出了翻译是一种跨语言、跨文化和跨国家的传播行为。如果译入语读者对译文的语义难以理解或不认可译文传播的思想内容,那么译文就达不到跨文化传播的目的,翻译就达不到服务国家文化外交的目的。学界把研究目光移向译入语读者,加强对译入语读者的阅读期待、文化语境和接受外来文化心态的研究,使得研究成果有利于指导翻译实践,助力对外翻译质量和传播效果的提升。从翻译学的理论建设看,从聚焦文本翻译策略和技巧、视忠实原作语义为译文质量第一要务,到关注译入语读者的阅读期待、文化语境等涉及译文传播接受效果的领域,使得翻译学与传播学融合,拓展了翻译研究的空间。这使得学科随社会的发展而发展,这样翻译能更好地服务于社会,服务于读者,同时也促进了翻译质量评判标准的多元化。以前只把忠实于原文内容的译文看作好译文,这种一元评判标准正随着对翻译传播对象——读者的研究而发生变化,出现了多元评价标准。换言之,现在译文质量的高低可以从读者接受认可的角度来评判。忠实于原文的译文是好译文;而为了跨越中西文化障碍、启发民智或扩大传播接受效果,译者根据译入语读者阅读文化语境对原文有所变通的译文,只要能在译入语读者中得到好的接受传播效果,能发挥某种特定的预期功能,也归于高质量译文范畴。

2)外译作品质量研究

鉴于外译作品的质量取决于从翻译到印刷成书的一系列环节进展的好坏,每个环节的质量都决定外译作品质量的高低。因此,学界开始研究外译作品编辑排版问题,探讨它们对外译作品质量的正面或负面影响,王晓农(2013)以典籍译本《大中华文库·二十四诗品》为案例,分析了英译本存在的翻译和编辑方面的不足,探讨了如何提高译本翻译与编辑出版质量。他指出,《大中华文库》丛书的译者应是西学东渐、历经东西方文化激烈碰撞之后的中国学者和翻译家,只有他们才能把中国文化的精髓翻译出来,减少西方读者对译本的误读,从而避免西方读者对中国和中国文化的误读。他认为,如果《大中华文库》一些入选作品选用外国译者的译本,在编辑出版时,要保持译本的原貌,增加新的导言、注释,必要时需指出译本的不妥之处,丛书的编选者不能无视国际市场的需求,一味贪图排版校对的方便①。任东升(2014)考察了《金瓶梅》英译本在排版上呈现的两种语言文本不完全对应的现象,并从国家翻译实践高度对双语对照翻译、编辑和出版提出了建议。他认为,《大中华文库》下一步编纂要注意下面三点:"①从国家翻译实践的高度尽量采用本土译者为主的新译本,且新译体现翻译语言的文化主体性,以保证译本的文化主体地位;②尽量保持汉语文本和英文译本的完整和对照完整;③若对原文或译文做出调整或编辑出版可能会对读者造成困扰,在前言中需作出说明。"②这两位学者的论述表明,外译作品翻译质量的高低涉及因素较多,译文的编辑出版也影响译文质量。笔者赞同两位学者的观点和论述。笔者认为,一本装帧美观的外译作品传播到海外读者手中,外译作品的可接受度、译文内容的可理解度以及译文传递原文思想内容的准确度等因素,都会影响外译作品在读者中的传播接受效果。有时译者的中英双语功底深厚,翻译出来的译文内容忠实流畅,能激发读者的阅读愿望。但在印刷出版环节中,如果译文的编辑与排版不佳、装帧不好或封面图片文案触犯读者的文化接受禁忌,这些都会直接降低外译作品在译入语读者中的传播接受效果,严重的还会遭到读者的抵制,造成对中国文化的误解和对国家形象的损害。

由于外译作品的译文质量涉及从翻译到编辑排版再到印刷装订的多个环节,因此,我们应高度重视外译作品的译文质量、编辑质量、排版质量、印刷质量和装订质量这些环节。译者和出版商应结合外译作品的海外读者定位,研究读者显性的或隐性的审美和阅读偏好,才能使得翻译、编辑、排版、印刷和装订等

---

① 王晓农.中国文化典籍英译出版存在的问题[J].当代外语研究,2013(11):43-48.
② 任东升.《金瓶梅》对照版分层现象探究——兼评《大中华文库》[J].山东外语教学,2014(12):99-104.

环节都符合海外特定读者的审美、阅读和接受偏好,这是增强作品对外译介传播和接受效果的前提。在外译传播出版过程中,我们要有如下认识,并注重相关图书制作细节:①外译作品的质量不仅代表着翻译者的学识水平,也是展现一个国家人文素养的一个窗口,特别是政府机构支持出版的翻译出版工程,更代表着一个国家翻译行业的理论与实践水平;②外译作品的排版质量会涉及外译图书的开本大小、页面四周留白距离的考虑、字号大小的选择、文中图片或绘图的安排等;③印刷质量涉及文字图片是否清晰、页面和字体之间有无色差等;④装订质量涉及图书页面和书脊的胶水是否外溢以及图书成品尺寸是否精准等。

为了避免在上述各个环节中出现偏误,影响外译作品质量,出版社常常要求译者具有良好的双语掌控能力以及谙熟双语跨文化知识,这样才能较好地保证翻译质量。有时在译文正确传达原作语义的前提下,允许译者发挥主体性,对原文做适当的跨文化交际障碍变通,使译文符合译入语读者的阅读接受习惯和文化语境。为了使西方读者在实体书店、图书馆等场所,在琳琅满目的图书货架面前,能快速地扫描外译传播作品,我们需要把封面和封底设计得新颖美观,装帧精美,符合读者的审美和文化语境,以此吸引读者的眼球,提升读者的关注度,这是外译作品能被读者选择并阅读的关键因素之一。换言之,外译作品质量的好坏由译文的翻译质量和译文的编辑、排版和装订环节决定。

3)对外传播渠道研究

对外传播渠道的多寡决定了西方受众接受信息传播资讯的广度。渠道越多,覆盖的受众就越多,传播的效果就可能越好。因此,探讨传播渠道的类型,分析如何利用传播渠道对外进行有效传播,成了学者们的研究对象。沈苏儒(2009)认为广义的对外传播,按我国目前的实际情况,至少有下述18个分类:①对外新闻;②国际广播;③卫星电视;④网络传播;⑤对外书刊出版;⑥文化、艺术交流(包括演出及2010年上海世界博览会等);⑦体育交流、国际赛事、2008年奥运会;⑧对外汉语教学及在国外开设孔子学院;⑨互派留学生、互派专家;⑩参加国际学术组织、学术交流、博鳌亚洲论坛、2008 年第 18 届世界翻译大会(在上海举行)等;⑪国际旅游;⑫联合国教科文组织世界文化遗产、非物质文化遗产、地名文化等项目和文物保护;⑬人民友好团体及活动、友好城市;⑭海外华人及华侨团体的联系及活动;⑮通过国际组织、非政府组织、民间团体(如中国宋庆龄基金会)所进行的联系及活动;⑯宗教界的联系及活动;⑰在国外举办的大型综合性活动(如在法国和俄罗斯举办"中国年"、在美国举办"中国文化美国行"等);⑱个人讲演与访谈①。刘雅峰(2010)认为,对外传播渠道包括广播渠道、电视渠道、报刊渠道、互联网渠道等②。程曼丽、王维佳(2011)认为对外传播渠道可分为四类:①平面媒体(主要包括书、刊、报、电讯稿等);②电子传媒(广播、影视、音像等);③网络媒体;④重大外宣活动、事件等③。张昆、王创业(2017)认为不能忽视国家形象对外传播的多渠道特征,桥梁人群、组织机构、传播媒介都可发挥对外传播的渠道功用。他们认为各渠道间是相互关联的,国家形象对外传播不能偏倚于某一种方式方法,而是要将各渠道进行整合,实现国家形象对外立体的"战略传播"。他们认为立体传播是指传播渠道的多样化、传播主体的多元化、传播面向的多维度和传播覆盖的多层面,进而形成国家形象对外立体传播体系④。张梦晗(2018)指出国外青年网民喜用新兴媒体平台,认为对外传播要重视短视频渠道和移动端传播渠道,以便顺应融合传播趋势。与通过传统媒体渠道发布新闻不同,网络社交媒体渠道对互动性和用户服务意识的要求更高。她认为对外传播应该双向实时互动,用户在互动中进行共同体的建构,同时,通过短视频和移动端渠道传播的内容应契合青年网民的心理,应创新话语策略,减少国际受众的认知障碍,增加对外传播的落地率⑤。许钧(2019)认为除了图书翻译出版外,还应融合数字出版、影视、

① 沈苏儒.对外传播・翻译研究文集[M].北京:外文出版社,2009:274.
② 刘雅峰.译者的适应与选择:外宣翻译过程研究[M].北京:人民出版社,2010:22-25.
③ 程曼丽,王维佳.对外传播及其效果研究[M].北京:北京大学出版社,2011:8.
④ 张昆,王创业.疏通渠道实现中国国家形象的对外立体传播[J].新闻大学学报,2017(3):122-130.
⑤ 张梦晗.青年网民的互动与沟通:复杂国际环境下的对外传播路径[J].现代传播,2018(12):24-28.

网络等各种媒介,发挥新兴媒体、融媒体在对外文化传播中的作用。他认为,《传习录》中英双语漫画读本,以电子文本、音视频的形式走进海外孔子学院,以读者喜闻乐见的漫画为载体,讲述王阳明的心学思想是有效的传播渠道。这种通过多模态传播渠道,将原本停留在古籍经典、珍稀文物中的文化娓娓道来,能够帮助海外读者更深刻地感受到中国文化的自信与力量所在①。

从上述有代表性的研究成果可知,对外传播渠道不应仅仅局限于传统的报纸、期刊、图书、影视、广播传播和人际团体传播等,我们还需要探索新旧媒体融合传播和多模态渠道协同传播,以实现对受众接受资讯渠道的全覆盖,增加受众接受相关资讯的广度和深度。当前随着移动互联网在世界范围的普及,读者或受众能随时随地登录互联网,检索到大量信息。互联网和移动客户端正成为人们获取资讯的主要渠道,因此,探讨对外传播中新兴媒体的传播作用正成为当今学者关注的重点。

当前,西方国家的媒体传播都已从过去的传统纸质媒体为主,转到以网络媒体和数字媒体渠道为主的传播,例如,以英国的 BBC 广播公司(British Broadcasting Corporation)、《泰晤士报》(*The Times*)、《卫报》(*The Guardian*)、美国的美国广播公司(American Broadcasting Company)、哥伦比亚广播公司(Columbia Broadcasting System)、福克斯广播公司(Fox Broadcasting Company)、《纽约时报》(*The New York Times*)、《华盛顿邮报》(*The Washington Post*)、《洛杉矶时报》(*Los Angeles Times*)和《时代》周刊(*Time*)等为代表的资讯媒体都在互联网上设立网站,开通网络版,传播资讯。因此,我国的对外传播应顺应信息化社会资讯传播速度快、读者追求信息时效、信息发布者与读者之间互动多的特点,这就要求文化外译作品的传播应该形成以网络渠道为主、纸质出版渠道为辅的对外传播局面。此外,对外传播渠道还不能忽视海外华人社团、中国海外文化中心和孔子学院在海外的传播作用。这些社团和机构熟悉异国他乡的风土人情、文化禁忌

---

① 许钧.浙江文化"走出去"源流及新时期对外传播路径剖析[J].湖南科技大学学报(社会科学版).2019(6):128-133.

和沟通技巧,因此,海外的华人社团和中国派出的驻外机构不仅可以在当地宣传推广中国外译作品和文化,还可以发挥人际传播渠道的作用。充分调动和发挥这些社团和机构在对外传播中的积极作用是对外传播渠道进行协同式、立体式传播的重要体现。

综上所述,我国文化外译作品的主要对外传播渠道可分为传统的纸质媒体传播、网络媒体传播、海外华人社团传播、中国海外文化中心传播以及在海外的孔子学院传播。这五大对外传播渠道中,后三种渠道即海外华人社团传播、中国海外文化中心传播和海外孔子学院传播可以用社团人际传播这个名称来涵盖。如果社团人际传播外延拓展,还可以把参加海外学术研讨会、参加海外各种展览会等形式纳入社团人际传播范畴。这样,中国的外译传播渠道就能形成涵盖网络媒体传播、纸质媒体传播和社团人际传播的多模态协同化、立体化的对外传播局面,有利于提升中国文化的对外传播力和传播效果。

4)对外传播效果研究

传播效果往往指传播的内容在受众中产生的心理、态度和行为变化。受众的这些变化的大小与传播效果成正比关系。受众接受理解了传播的内容后,在心理、态度和行为上变化越大,传播的效果就越显著,反之,传播效果就越差,甚至没有传播效果。在受众中是否产生传播效果,是信息传播者是否达到信息传播的目的的表现。换言之,对外传播效果的优劣是对外传播的内容有无传播力的体现。国内对传播效果的研究,可分为两个专业研究视角:一是传媒学者从新闻传播学专业角度来探讨传播效果;另一个是翻译学者从翻译学专业视角来探讨传播效果。这两种专业视角对传播效果的研究各有侧重。从新闻传播学专业来探讨对外传播效果的学者主要有程曼丽、王维佳、越永华、卢丹等。程曼丽、王维佳(2011)认为,"可以将影响我国对外传播效果的因素划分为软性因素和硬性条件,所谓软性因素是指影响预期效果实现的意识形态以及民族文化传统等方面的因素,所谓硬性条件是指影响预期效果实现的硬件设施、技术手段等方面的因素"。此外,这两位学者还认为,在对外传播中,国家利益也是影响传播效果的重要因素。国家利益是各国受众接受境外信息的基本立足点,在国家利益的影响下,传播的内容如果与传播对象国的利益或受众的利益相冲突,传播对象国受众就会对传播内容产生反感、进行抵制,引发对外传播的负效应,达不到传播效果。这种情况在涉外新闻报道、涉外经济广告等内容中容易出现①。越永华、卢丹(2020)通过问卷调查法、深度访谈法和焦点小组访谈法,考察外国受众对"一带一路"倡议的认知与评价情况,并以此为基础,探讨"一带一路"倡议的对外传播效果。他们研究发现,"一带一路"倡议的对外传播效果并不十分乐观,外国受众对"一带一路"倡议的基本认知度尚待提高,对具体项目的认知水平存在较大差异。外国受众对"一带一路"倡议中的经贸往来和基础设施建设的认知度较高,对政治领域和民心相通的认知度较低。由此,他们认为,我国对外传播媒体只有重视"民心相通"的贯彻落实,及时回应"一带一路"沿线国家的关切,解答他们的疑虑,才有可能取得更好的对外传播效果②。

　　国内从翻译学专业视角探讨传播效果的学者数量不多,主要有李宁、鲍晓英、刘亚猛、朱纯生等。李宁(2015)对《孙子兵法》的林戊荪译本在译入语中的接受情况进行调查,调查结果表明林戊荪译本在海外接受状况不佳。他认为是中国典籍译本的流通量与保有量偏少,关注度不高影响了译本在美国读者中的传播效果。因此,李宁认为译本传播效果不佳,不是本身的可接受度问题,更多的是因为这些译本还没有走到读者面前,我们需要在译本宣传、销售渠道等方面加大力度③。鲍晓英(2015)对莫言英译作品在西方的译介效果进行了研究。她认为莫言英译作品译介效果总体来看"喜忧参半":"喜"的是莫言及其英译作品通过翻译,让西方读者读懂了莫言作品,并获得了诺贝尔文学奖,让世界目光转向中国文学,这表明莫言英译作品的译介效果极佳,其英译作品在译介主

①　程曼丽,王维佳.对外传播及其效果研究[M].北京:北京大学出版社,2011:139.
②　越永华,卢丹."一带一路"倡议的对外传播效果研究——基于对外国受众的调查分析[J].新闻春秋,2020(6):3.
③　李宁.《大中华文库》国人英译本海外接受状况调查——以《孙子兵法》为例[J].上海翻译,2015(2):77-82.

体、内容和途径等方面的经验能给中国文学的对外译介提供借鉴;"忧"的是莫言英译作品在西方普通受众中影响力不够,她认为提高译介效果的策略应包括重视译介效果,在中国文学外译作品出版后,需要宣传作品和研究作品接受者的接受情况,关注作品市场销售情况等①。刘亚猛、朱纯深(2015)认为对于正力争进入世界文学殿堂的中国文学作品而言,在解决了翻译和流通这类技术障碍之后,必须面对的棘手问题是如何在英语文学体系中被"激活"并在其中活跃地存在下去。解决这个问题的关键在于是否能引起英语读书界的关注并赢得其权威书评机构及书评家的积极评价。他们认为有影响力的国际译评主导着欧美文化语境中和阅读翻译作品相关的舆论,影响并形塑着目标读者的阅读选择、阐释策略及价值判断;对外英译的中国文学作品需要权威书评机构及书评家的积极评价,才能让域外读者产生阅读兴趣,提升英译作品的传播效果。因此,刘亚猛和朱纯深两位学者认为,探索域外涉华译评的生成机制,并寻求通过积极参与译评来影响相关舆论,应是中国译学与比较文学领域的当务之急②。总之,中国文学译本在西方的传播过程中,需要有影响力的书评来引导海外读者的阅读选择,这样有助于提升译本在传播对象国的传播效果。

综观上述学者对传播效果的论述,无论是从新闻传播学专业角度来探讨传播效果,还是从跨文化传播的翻译学专业视角来探讨传播效果,都理据充分、阐释清晰。从新闻传播学专业视角来探讨传播效果,视野宏观、涉及面广,大多聚焦中国政治、经济等中国形象的对外塑造领域;从翻译学专业视角来探讨传播效果,聚焦微观、操作性强,大多关注古典、现当代文学作品等中国文化外译领域。其实,外译资讯或外译作品的传播效果是个抽象的概念。外译作品在海外传播接受达到什么程度才算有传播效果? 在对外的跨文化传播过程中,存在许多可控、难控或不可控的变量因素影响传播效果,导致到目前还没有通行的量化指标作为传播效果好坏的评估依据。程曼丽、王维佳(2011)探讨了对外传播

---

① 鲍晓英.从莫言英译作品译介效果看中国文学"走出去"[J].中国翻译,2015(1):13-17.
② 刘亚猛,朱纯深.国际译评与中国文学在域外的"活跃存在"[J].中国翻译,2015(1):5-12.

效果的评估指标,把评估指标分为客体指标和主体指标。客体指标包含境外媒体涉华舆论状况和国家公众对话态度。她们认为,境外涉华舆论状况和国际公众对话态度直接反映了传播效果,应把这两个指标看作评估对外传播效果的主要指标。主体指标分为对传播主体的评估、对传播内容的评估、对传播渠道的评估和对传播受众的评估这四个方面①。程曼丽和王维佳两位学者的评估分类,阐释详细有理,但略显繁杂,且没有对细化的指标进行量化。没有量化等级表,就无法对传播效果进行逐项打分,这使得对传播效果的考察必然带有主观性,失去客观依据。譬如,在这两位学者制订的境外涉华舆论状况指标中,没有涉及评估涉华报道的篇数指标,那么西方主流媒体基于我国的外译传播内容而发表文章或报道,有多少篇同一话题的涉华报道,才能算对外传播效果为"极好"?有多少篇报道算对外传播效果为"一般"?多少篇报道算传播效果为"差"?多少篇报道算传播效果"无效"?因此,没有客观的量化等级考察表,很难客观地评估传播效果的好坏等级,导致在考察我国文化资讯的对外传播效果时,评估人难免陷入主观判断或不同的评估人可能对传播效果评估出不同的等级。

除了在传播效果上缺乏精准定量评价外,学界还普遍认为外译作品传播到海外的传播对象国,进入该国的图书馆、实体书店和网络销售平台,就算达到了传播目的,这样理解传播效果是有偏误的。外译作品在传播对象国出版发行或进入图书馆或实体书店,只能说明外译作品有被译入语读者阅读接受的可能,并不能确保外译作品就一定被读者阅读理解了;而且,即使读者阅读理解了外译作品的内容,也不能表明读者就认可接受了外译作品内容。我们外译传播的最终目的是要译入语读者理解并接受外译作品的思想、观点、价值导向和中华文化。据此,外译传播效果可以分为三个等级:"差""好"和"极好"。外译作品进入传播对象国,譬如,进入图书馆数据库或书架,进入实体书店或网店,但读

---

① 程曼丽,王维佳.对外传播及其效果研究[M].北京:北京大学出版社,2011:139.

者极少借阅、购买,那么这种传播效果的等级就可以认定为"差",没有达到传播的预期效果和目的;如果读者积极借阅或购买,但阅读理解内容后,不认同内容观点,换言之,外译作品的内容被读者阅读并理解了,对外传播效果就可以认定为"好";如果外译作品被读者借阅或购买,并在阅读理解内容后,接受认可外译作品所承载的思想内容、价值观,并对读者在心理、行为、态度等方面产生了影响,那么这种对外传播效果等级就可以认定为"极好"。当前,外译工作者和对外翻译出版部门要纠正传播效果认知偏误,提升外译作品的译入语读者阅读率和理解度,这是外译作品在读者中广泛传播的前提。在此基础上,让外译作品被译入语读者阅读,外译作品的思想内容或价值观被读者认可并接受,这是对外传播效果追求的终极目标。因此,对外译介和传播应聚焦于上述两个层级的研究,以达到真正提升对外传播效果的目的。

1.2.2　中国文化外译传播的学术研究演化走向

考察上述国内文化外译传播的不同研究路径,我们可以看出不同路径的研究都取得了不少成果。有些虽为感性,却是理性升华的前奏;有些虽缺乏理论深度,却为今后的系统化研究提供了思考的起点。结合国内外翻译学研究和对外传播研究,后疫情时代我国文化外译的研究趋势可以推演为:①从思辨研究为主转向实证研究为主。目前国内缺乏对文化外译研究的田野调查式研究。虽有零星的个案实证研究,但缺乏广度和深度。外译学和传播学都是实践性较强的学科,学科研究必须贴近译入语读者的阅读语境,贴近传播对象国受众的阅读期待和习惯,这样得出的结论更具有科学性、可操作性,更能指导作品的对外翻译与传播。只有根植于翻译与传播实践的研究,产生的理论成果才能有效指导实践。②从零散的外译传播观点到系统的外译传播理论构建。目前绝大多数研究都聚焦于外译传播中的某一方面,尚未形成系统的外译传播理论。没有学者以具体的外译作品为研究对象,调研外译作品在英语世界的传播与接受现状,并基于作品的传播接受现状,对后疫情时代提升国家海外形象的文化译介传播理论进行研究,构建较为系统的外译传播理论。当前,在文化"走出去"和"一带一路"倡议的背景下,文化外译与传播实践亟需系统的理论指导,以提升对外翻译质量与传播效果。③从翻译的本体研究到翻译与传播的跨界研究。文化外译从关注译文的翻译过程、翻译方式方法、翻译质量评估标准的本体研究跨界到传播学,把翻译与传播有机结合,整合成外译传播学,以满足中国文化"走出去"的战略需求。翻译与传播的跨界研究正成为当今学界研究的热点领域之一,这种跨界研究体现了翻译的本质属性,即翻译是跨语言、跨文化和跨社会的一种活动。④从以客体为主的研究到以主体为主的研究。传统的对外翻译研究注重译文与原文内容的一致性,强调如何再现原文思想内容,这种注重原文和译文的客体研究正让位于以译者和读者为主体的研究。在翻译实践中,为满足读者阅读习惯或阅读期待,达到译本被读者容易理解和乐于阅读的目的,译者往往会发挥主观能动性,使用一些翻译技巧或跨文化交际策略来处理双语转换过程中遇到的文化障碍,这正是译者主体性的体现。以译者、传播对象国的读者为研究对象,能聚焦于译者翻译过程的思维活动,突出读者的阅读期待与行文表达习惯,这不仅能为译者对原文的变通式翻译提供理据,而且能提升外译作品在海外读者中的传播与接受效果。

1.3　文化译入到文化译出:和而不同

中国翻译史上的外来文化信息译入中国的翻译高潮大致可分为五个时期:①东汉时期至唐宋时期的佛经翻译;②明末清初的科技翻译;③鸦片战争至五四运动时期的西学翻译;④五四运动后期至中华人民共和国成立的马列主义作品和文学作品的翻译;⑤1978年改革开放至2000年的文学、科技、商贸、旅游、教育、政论等方面的翻译。这五个不同时期的翻译高潮,从单一体裁的佛经翻译、科技翻译到体裁丰富、从业人员众多的、关系国家各行各业发展的信息资料和科技文献的翻译,都是以译入外国科技文化,汲取外来营养,促进中国社会和文化的发展为目的。2000年后,伴随着中国经济、科技、军事等方面硬实力的提升,中国在国际上的影响力、话语权不断增强,中国在海外的文化软实力也急需提升。所谓文化软实力,是一个国家的文化、价值观、社会体制、发展模式等方面的国际影响力与感召力。文化软实力一般同一国的硬实力相匹配。当前,中国在海外的文化软实力还不能匹配中国在国际上的大国形象。因此,国家倡导文化"走出去",提升中国文化在海外的软实力,促使中国的翻译活动从以外译汉为主的文化译入,过渡到了现在的以中译外为主的文化译出为主。

长期以来,学界没有关注过文化译入与文化译出的不同,认为它们之间仅仅是方向不同,理所当然地认为翻译所涉及的要素,如原作、译者、读者、翻译方法、技巧等完全相同,因而对文化译入与文化译出的差异与区别没有进行系统深入的研究,外译传播效果因此受到一定的影响。国内学者谢天振(2014)就译入与译出的区别有过精辟的论述。他认为,译入是建立在一个国家、一个民族内在的对异族他国文学、文化的强烈需求基础上的翻译行为,而译出在多数情况下则是一个国家、一个民族一厢情愿地向异族他国译介自己的文学和文化,对方对你的文学、文化不一定有强烈的需求。基于此,他指出,由于译入行为所处的语境对外来文学、文化已经具有一种强烈的内在需求,因此译入活动的发起者和具体从事译入活动的译介者考虑的问题,就只是如何把外来的文学作品、文化典籍译得忠实、准确和流畅,而基本不考虑译入语环境中制约或影响翻译行为的诸多因素;而译出行为的目的语方对你的文学、文化尚未产生强烈的内在需求,更遑论形成一个比较成熟的接受群体和接受环境。他认为,在这样的情况下,译出行为的发起者和译者如果也像译入行为的发起者和译介者一样,只考虑译得忠实、准确、流畅,而不考虑其他许多制约和影响翻译活动成败得失的因素,包括目的语国家读者的阅读习惯、审美趣味,包括目的语国家的意识形态、诗学观念,以及译介者自己的译介方式、方法和策略等因素,那么这样的译介行为能否取得预期的成功显然是值得怀疑的①。从谢天振对译入与译出的论述来看,译者在译出时需要考虑的翻译要素较多,除了要考虑翻译中的两种语言转换要素外,还需要考虑译入语读者的接受语境、读者的阅读偏好和对译本的接受等要素。可以说,译入时只需简单地考虑如何翻译这个本体问题,而译出则既要考虑翻译这个本体问题,还要考虑译本在译入语读者中的接受传播问题。换言之,译入涉及双语转换的翻译本体研究,而译出涉及翻译与传播研究,是一门新兴的交叉学科,是翻译学与传播学的交叉融合学科,可以命名为外译学或翻译传播学。外译学或翻译传播学是一门研究中国文化对外译介与发展的崭新学科,是翻译学和传播学两门学科研究者的跨学科研究领域,是翻译学和传播学的学术增长点。

近年来,中国文化外译作品在国外传播尚未达到预期的理想效果,以致学界把中国文化对外翻译与对外传播两门学科进行整合研究。很多高校设立了翻译与传播研究中心,如东北师范大学、北京语言大学、中央民族大学、河北师范大学、河南大学、郑州大学、华中师范大学、湖南师范大学、四川外国语大学、江南大学、广东外语外贸大学、广州中医药大学、福建师范大学等。乍一看,文化输入与文化输出都以翻译为基础,这是它们的共同点,但信息走向的方向不同,涉及的接受对象、翻译方式方法及标准、翻译素材的侧重点等都会不同。在译文信息的接受对象上,文化输入的接受对象是国内读者,译者对他们的阅读偏好、审美需求和文化语境等容易把握,可以有的放矢地选择国外原作品来翻译,满足国内读者的阅读需求;而文化输出的接受对象是外国读者,中国译者对他们的阅读偏好、审美需求和文化语境等需要深入调查研究才能把握,把握的正确性直接关涉译作在国外的传播和接受效果。

通常,由于译者对西方读者所处的阅读文化语境认识上的偏误,对西方读者的阅读偏好、行文表达习惯不正确的研究或调查,导致所选择的原作不符合

---

① 谢天振.中国文学走出去:问题与实质[J].中国比较文学,2014(1):7.

译入语读者的偏好或文化阅读语境,最终使得译作在译入语读者中的传播与接受效果大打折扣。在翻译方式方法上,在上述文化输入为主的五个翻译高潮时期,人们生活节奏慢,文化娱乐形式匮乏,空余时间只有品读书籍来提升自己、愉悦身心,对外来的佛经、科技、文学等翻译作品有时间慢慢品读。因此,完整再现原文信息的全译成为我国这五个翻译高潮时期的主流翻译方式,使得全译这种翻译方式在我国近 2 000 年的翻译实践中,成为被译者和普通读者默认的标准翻译方法。而 21 世纪以来的中国文化输出面对的是当今时代的西方读者,他们处在一个生活节奏快、娱乐形式多样的时代,静下心来细细品读中国译作的时间比 21 世纪前大大减少。由于全译作品的篇幅相对于非全译作品来讲篇幅较长,使得西方读者难以在有限的阅读时间里耐心读完来自中国的全译作品。在此背景下,针对西方读者阅读时间不多的各种非全译的变译方法应运而生,这样就使得文化输入与文化输出在翻译方式方法上就有不同的特点,各有存在的价值。

长期以来,在翻译质量的标准设定上,人们对文化输入的译文质量常常用"信达雅"或"信达切"作为判断的准绳,即以是否完整、忠实、通顺地表达了原文语义或思想内容为评判译文质量好坏的标准。综观我国的前五次翻译高潮都是在吸纳有利于中国社会和文化发展的外来养分,譬如,东汉开始的佛经翻译、明末清初的科技翻译、晚清时期的西学翻译等丰富、优化和增强了我国自身的社会经济文化发展。但学界对文化输入的译文质量用"信达雅"或"信达切"来评判,把不符合这两个标准的译作列为批判的对象或看作伪翻译。根据黄克武(1998)在《严复的翻译:近百年中西学者的评论》中的研究,1905 年王国维在其所写的《论近年之学术界》一文中,肯定严复翻译的《天演论》令人耳目一新,产生了很大影响,也批评《天演论》书名的翻译不忠实,认为其对赫氏的《进化论与伦理学》书名译义不全,其译文不忠实于原著,是通过改变原书之意旨的方式来追求"达旨",并援引钱锺书的话,认为严复可和林纾做伴,严、林共有的毛病就是依己意而更改、增补原著,结果把翻译变成了创作①。上述几个著名学者的评论,在当时和21世纪前的学术界中具有代表性。这表明,对内输入性的翻译就是要忠实、完整地再现原文信息,任何对原文语义的变通和篇幅内容的增加或删减都得不到学界认可。而对外输出性翻译的探讨起步于21世纪初,伴随中国文化"走出去"战略的提出和学术研究应服务于国家社会经济发展的理念的深入,再加上国家相继实施的各种对外翻译工程,使得中国文化对外翻译与传播逐渐成了当今学术界的研究热点领域之一。学界认识到,翻译质量的评判不能以是否忠实于原文作为唯一衡量译文质量的标准,西方读者的阅读文化语境与中国读者的阅读文化语境不尽相同,应倡导多元化评价标准。由于西方经济和科技发达,西方读者以西方文化为中心,再加上西方读者工作生活节奏快,导致他们对外来文化的关注度和接受度不高。因此,为增强西方读者对中国文化译本的理解度和接受度,为使译文适应西方读者的阅读文化语境,译者就应该发挥主体性,采用增、减、编、述、缩、并、改、仿等技巧对原文本进行变通式翻译。因此,文化输出的译文质量评判标准应该多元化,可把是否忠实于原文作为评判标准,也可对采用"变通+(全译)"翻译法的译文进行传播接受效果上的考察。如果采用变通式翻译法译介的作品在传播对象国的受众中,达到了译者和出版社预期的理想传播效果,那么这种译文的质量也应得到认可。换言之,文化输出在翻译质量的评判方面应更看重译作在传播对象国读者中的传播接受效果。

1.4 本章小结

由于文化外译传播属于跨学科研究,是一个崭新的学术研究领域,因此学者们聚焦对外翻译策略、外译作品质量、外译传播渠道和译本传播效果等方面

---

① 黄克武.严复的翻译:近百年中西学者的评论[J].东南学术,1998(4):91-94.

的研究,取得了不少成绩。有些虽为感性,却是理性升华的前奏;有些虽缺乏系统性,却为外译传播研究提供了思考的起点;有些虽缺乏理论深度,却为后续研究打下了坚实的基础,有利于消除外译传播认知偏误、提升对外传播接受效果。同时,学界开始认识到,文化译入和译出是两种和而不同的翻译行为,翻译的译出行为比译入行为要复杂得多。译出行为具有翻译与传播的学科交叉融合特征,是我们学术研究较少涉及的研究领域。相比对内翻译的译入研究,我国的译出研究(可以称为外译学)还处于起步阶段。在翻译要服务于中国文化“走出去”的背景下,要让外国读者了解和认同中国文化,提升中国文化在海外的软实力,构建中国海外话语体系,我国的对外传播研究就必须整合翻译与传播两门学科,进行跨学科研究。因此,今后我国的外译传播研究必须顺应外译传播学术发展的四大趋势:①从思辨研究为主转向实证研究为主;②从零散的外译传播观点到系统的外译传播理论构建;③从翻译的本体研究到翻译与传播的跨界研究;④从以客体为主的研究到以主体为主的研究。了解外译传播领域的四大学术研究演化走向,能使外译传播研究紧扣学术发展脉搏,研究成果能有的放矢地在对外翻译与传播实践中起到指导作用,以达到提升中国文化外译传播效果之目的。

第 2 章

国家翻译实践文化外译作品传播状况

中华人民共和国成立以来,国家为了让海外读者了解中国文学文化,展现发展中的中国社会面貌,提升中国文化软实力,先后发起了几次对外翻译出版活动。代表性的翻译出版活动有 1951 年创办的《中国文学》英文版(定期对外出版)、1981 年创办的"熊猫丛书"英文版、1995 年立项的《大中华文库》国家重大出版工程。这三大中国文学文化外译出版工程的作品在西方读者中的总体传播接受效果如何? 对当今中国文化外译传播有什么启示? 了解和探讨这几次有组织、有赞助的对外翻译传播状况,对当今融媒体传播背景下如何从事对外翻译实践具有借鉴作用。下面分三节来对上述问题进行探讨,以期对上述问题有个总体的了解,为后面章节的研究和论述打下基础。

2.1 《中国文学》简介及其外译传播状况

2.1.1 《中国文学》期刊简介

《中国文学》期刊曾是中国文学作品走向世界的唯一窗口。1951 年,在当时的对外文化联络事务局洪深局长倡议、文化部周扬副部长支持下,由作家叶君健先生作为首届主编的《中国文学》期刊创刊,后由翻译家杨宪益任主编。该刊以英、法两个版本对外传播,于 2001 年停刊,期刊的对外传播时间达 50 年。50 年的对外传播状况如何? 能给我国现在进行的文学文化外译传播工作什么启示?

由于《中国文学》是我国官方机构资助的对外传播期刊,是中华人民共和国成立以来我国文化对外传播的肇始,是中国文化对外传播之路的开路先锋,研究其译介传播状况能为今后政府资助的各种对外翻译出版工程提供有益的译

介传播经验。国内学者何琳、赵新宇（2003）①，徐慎贵（2007）②，田文文
（2009）③，吴自选（2012）④，郑晔（2012）⑤，王惠萍（2017）⑥，何琳、赵新宇
（2017）⑦等以《中国文学》期刊英文版为研究对象，从《中国文学》的发展历程、
传播接受状况、翻译选材等多种角度进行了研究论述。下面在整合这些学者和
专家撰写的文章基础上，详细探讨《中国文学》50 年间的外译传播状况。

2.1.2 《中国文学》外译传播状况

就《中国文学》对外传播状况而言，郑晔（2012）在其博士毕业学位论文中，
对涉及《中国文学》对外传播的各种资料进行了梳理和分类。她把《中国文学》
对外传播与接受状况划分为四个阶段：①1951—1965 年：受到意识形态相同国
家的欢迎；②1966—1976 年：资本主义国家的知识分子读者增多；③1977—
1989 年：欧美国家专业读者增多；④1990—2000 年：国外读者群流失，最后于
2001 年停刊。下面我们基于这四个阶段的划分，简明扼要地展现《中国文学》
50 年的对外传播状况。

在《中国文学》对外传播的第一阶段（1951—1965 年），期刊受到意识形态
相同国家的欢迎。根据郑晔的研究，从 1953 年开始，外文出版社除了编译《中
国文学》期刊外，还开始出版中国文学作品的英译本。其中一些是在《中国文
学》上已经译介（节译）过的文学作品的单行本，这些译本与刊物互相配合，受到
海外读者的广泛欢迎。1958 年，《中国文学》英文版由季刊改为双月刊，1959 年

① 何琳，赵新宇.新中国文学西播前驱——《中国文学》五十年[N].中华读书报,2003-9-24.
② 徐慎贵.《中国文学》对外传播的历史贡献[J].对外传播,2007(8).
③ 田文文.《中国文学》(英语版)(1951—1966)研究[D].厦门:华侨大学,2009.
④ 吴自选.翻译与翻译之外:从《中国文学》杂志谈中国文学"走出去"[J].解放军外国语学院学报,
   2012(4).
⑤ 郑晔.国家机构赞助下中国文学的对外译介——以英文版《中国文学》(1951—2000)为个案[D].上
   海:上海外国语大学,2012.
⑥ 王惠萍.《中国文学》(英文版)对新时期女性文学的译介及效果[J].广东外语外贸大学学报,2017
   (5).
⑦ 何琳,赵新宇.《中国文学》(英文版)当事人采访笔录[J].文史杂志,2017(1).

又改为月刊。1964 年增出法文版季刊,1972 年法文版由季刊改为月刊。《中国文学》英文版由季刊改为双月刊,再改为月刊,其出版周期的缩短以及增加出版法文版表明,《中国文学》在海外广大读者中的传播效果比较理想①。通过《中国文学》对古典和近代文艺作品的介绍,不少外国读者改变了其因海外媒体长期反动宣传造成的对中国形象的歪曲观念,增进了对中国文化的认识。刊发的译作中,《太阳照在桑干河上》《李家庄的变迁》《屈原》《离骚》《阿 Q 正传》和《鲁迅短篇小说集》等作品,很受各国读者的喜爱,美国、日本、俄罗斯和西欧的各大国家图书馆及研究汉学(中国学)的主要高校图书馆都有订购《中国文学》②。中国文学社常常收到海外读者来信,有的读者在信中赞扬并感谢《中国文学》的出色工作,并详细地就某一期或某一部作品发表自己的感想,提出问题或建议,譬如,有些读者认为《中国文学》后来选译的作品政治气息太浓厚③。

在第二阶段(1966—1976 年),《中国文学》的对外传播对象逐渐以左派读者为主。据 1966 年 3 月统计,《中国文学》每期发行近 2 万份,发行地区遍及世界 159 个国家和地区。这个阶段,资本主义国家的知识分子读者增多,在美国、日本、俄罗斯和西欧的各大国家图书馆及研究汉学的高校图书馆对《中国文学》的收藏比较齐全。在这个阶段,《中国文学》对外译介的内容主要是经过编辑加工的以大庆、大寨等为内容的报告文学,其中包括"文革"前出版的《跟随毛主席长征》《胸中自有雄兵百万》等革命回忆录,以及鲁迅文章、毛泽东诗词等内容④,而鲁迅文学的翻译是重点⑤。在海外读者中,有的读者把《中国文学》当作社会历史文本来阅读,有的读者把《中国文学》当文学文本来阅读,有的读者把

① 徐慎贵.《中国文学》对外传播的历史贡献[J].对外传播,2007(8):48.
② 郑晔.国家机构赞助下中国文学的对外译介——以英文版《中国文学》(1951—2000)为个案[D].上海:上海外国语大学,2012:103-108.
③ 田文文.《中国文学》(英文版)(1951—1966)[D].厦门:华侨大学,2009:34.
④ 徐慎贵.《中国文学》对外传播的历史贡献[J].对外传播,2007(8):48.
⑤ 何琳,赵新宇.《中国文学》(英文版)当事人采访笔录[J].文史杂志,2017(1).

《中国文学》的目录信息收录入有关中国文学的工具书中①。这显示了《中国文学》在海外传播接受效果较好,拥有不同的读者群,他们有着不同的阅读目的。

在第三阶段(1977—1989 年),《中国文学》杂志译载了我国新时期内容真实、异彩纷呈的文学作品,受到外国读者的欢迎和关注。这期间译介的《爱是不能忘记的》《沙狐》等一二十篇小说被美国出版的《国际短篇小说选》选载②。这段时间,在《中国文学》译介的新时期女性文学作品中,小说与诗歌的译载量最大,其他的文学体裁有回忆录、报告文学、特写、散文等。此外,为了帮助海外读者更好地理解作品的主题,《中国文学》还向海外的读者讲述了新时期女性作家各自的人生经历和文学创作道路,以及作品的社会文化背景和风格内涵等,力图向海外读者展现丰盈立体的作家形象③。这段时期由于中国对外开放,基于中外文化交流的需要以及英语世界的读者对了解中国政治、经济、文化、文学等的需要,《中国文学》杂志向英语世界译介了许多不同题材、反映中国社会发展变化的文学作品,对外译介的文学作品在海外传播接受效果都较为理想,杂志的发行量也得到了较大的提升。美国不少大学用《中国文学》刊载的小说作为教材或参考读物④。但在 20 世纪 80 年代末,由于纸张涨价、苏联解体、东欧剧变等原因,《中国文学》的订阅量大幅降低。

在第四阶段(1990—2000 年),《中国文学》国外读者群流失,在国内市场经济的浪潮下,国家不再为《中国文学》提供大量资金支持。为了增加经济效益,吸引更多的海外读者、汉学家和学习中文的学生,《中国文学》从 1997 年开始开设了"中英对照"栏目,每期刊登一篇中英对照形式的文学作品。至 2000 年,刊

---

① 郑晔.国家机构赞助下中国文学的对外译介——以英文版《中国文学》(1951—2000)为个案[D].上海:上海外国语大学,2012:113-116.

② 徐慎贵.《中国文学》对外传播的历史贡献[J].对外传播,2007(8):49.(注:唐家龙(1998)在刊载于《对外传播》杂志上的《面向世界的中国文学出版社》一文中,认为美国期刊《国际短篇小说选》先后采用了《中国文学》刊载的短篇小说近 50 篇。)

③ 王惠萍.《中国文学》(英文版)对新时期女性文学的译介及效果——基于 1979—1989 年的出版分析[J].广东外语外贸大学学报,2017(5):60-61.

④ 唐家龙.面向世界的中国文学出版社[J].对外传播,1998(7):49.

物全部改为中英文对照形式,译介内容大大缩减,西方读者对刊物的内容和翻译不满意,西方知识分子读者和欧美汉学家关注的只是鲁迅的作品,对"文革"文学兴趣不大,同时《中国文学》的"死译""硬译"的翻译风格并不符合西方专业读者的期待规范,导致国外读者大量流失,发行量也锐减,在 2001 年停刊①。曾在《中国文学》杂志社工作的徐慎贵(2007)认为《中国文学》停刊有三个原因:一是从 20 世纪 90 年代初开始,国内全面实行市场经济,经济效益不佳的文学被边缘化;二是从 20 世纪 80 年代末开始,以美国为首的西方国家对中国实行全面制裁,致使《中国文学》杂志在欧美地区的发行工作严重受挫;三是 20 世纪 70 年代末和 90 年代初中国文学社学贯中西的人才流失较多,导致翻译质量下滑②。徐慎贵先生归纳的第三个原因,印证了翻译家杨宪益后来的说法,即《中国文学》翻译人员的匮乏也是导致停刊的原因之一。除上述原因外,随着中国对外开放,中国与英语国家的文化交流渠道多样化,外国读者可以通过电影、电视、广播、互联网等渠道,也可以通过来华旅游、来华访学、学术研讨等方式了解中国政治、经济和文化,这就使得《中国文学》的订阅量减少,其在海外的传播接受效果下降,《中国文学》杂志社的经济效益不佳,最终停刊。

2.1.3 《中国文学》对外译传播的启示

综观《中国文学》50 年间的对外传播状况,其外译传播的历程可以归纳总结为三点启示,现论述如下,以期今后我国对外翻译传播实践能借鉴其有益经验,规避外译传播过程中的理论与实践偏误,助力今后我国文化外译传播效果的提升。

第一点启示是在外译传播过程中,译者和出版社需要关注读者的需求和意见。在《中国文学》对外传播的翻译实践中,是通过译介(节译)的方式来翻译

① 郑晔.国家机构赞助下中国文学的对外译介——以英文版《中国文学》(1951—2000)为个案[D].上海:上海外国语大学,2012:132-134.
② 徐慎贵.《中国文学》对外传播的历史贡献[J].对外传播,2007(8):49.

入选《中国文学》的作品,译介时考虑了期刊发行面对的读者类型,即那个时代的期刊主要阅读接受对象应该是哪些读者群? 是左派读者? 是右派读者? 是非左非右的中间派读者? 是普通大众读者? 是文学专业读者? 还是汉学家和学习中国语言文学的海外学生?《中国文学》通过编辑与读者信函往来的形式,了解读者对期刊的阅读期待和改进意见。正如中国文学出版社的郭林祥(1997)所说,《中国文学》在编辑出版过程中,需要时刻注意国外读者层的变化和他们的需要,不断地研究和改进刊物的编辑方针,以随时适应国外文化市场变化,才能争取到更多的读者①。这些做法都有别于完全忽视读者阅读文化语境、读者群阅读期待,只顾对原文亦步亦趋地忠实翻译的传统做法。关注读者需求,有利于译者、出版编辑人员根据读者变化中的阅读期待,有的放矢地进行翻译和改进期刊编辑、排版和装帧质量,提升译作的传播接受度,从而提升期刊销量和海外传播接受效果。

　　第二点启示是中英对照形式的排版不利于提升译作的传播接受效果。中英对照形式的排版会流失读者群,因为只有学习中国语言文学的海外学生和对中国语言文学有兴趣的海外读者才会通过中英对照来学习语言和了解中国文学。但这部分读者在海外是少部分,尤其是在以西方文化优越感自居的英美等西方国家更是稀少。此外,海外汉学家阅读《中国文学》英文版期刊主要是为了了解中国文学,了解中国政治、经济、社会、文化等内容。汉学专家不是汉语语言文学初学者,通常不会再通过双语对照形式来学习汉语。设想一下,英国汉学家蓝思玲(Julian Lovell)、德国汉学家顾彬(Wolfgang Kubin)、美国汉学家宇文所安(Stephen Owen)等西方汉学家会不会通过阅读双语对照版的方式来学习汉语呢? 中英双语排版形式会让中文占据期刊固定页码一半左右的篇幅,导致刊发的英译作品数量减少一半左右。这使不以学中文为目的的普通读者、汉学家、文学研究者等不满,导致大量读者流失。此外,双语对照排版时,因为中文

---

① 郭林祥.外宣工作中的新考验[J].对外传播,1997(7):28.

和英文在表达某些段落的相同语义时所用字词数量不一样,导致页码上的双语段落对应参差不齐,影响排版的美观,削弱读者阅读的舒适度和流畅度,引发销量和传播效果的降低,这是我们今后外译作品排版装帧设计时要注意的地方。

第三点启示是西方读者对中国作品的理解力不高,需要对中国文化特色词语进行变通式翻译和调整,以帮助西方读者理解原作内容;同时,对外传播也需要精通跨文化传播的高级外译人才。由于中西方意识形态不同,长期以来西方主流媒体对中国政治、经济、社会、文化等进行歪曲报道,对中国形象进行扭曲塑造,在西方读者中形成对中国的负面认知,再加上西方读者普遍持西方文学文化为中心的文学文化观,对亚非拉等发展中国家的文学作品抱以忽视或轻视的态度,因此西方读者对中国文学作品接触少,了解也甚少。在此背景下,需要译者对《中国文学》里刊载的作品背景进行介绍,对具有中国特色的政治、经济、社会、文化词汇及乡土话语表达等进行阐释,让西方读者明白它们的内容,译作才有被正确理解和传播的可能。换言之,《中国文学》在翻译方式方法上要注意"内外有别"的原则,文学作品中涉及的历史背景、中国乡土语句的含义及表达、中西文化冲突等内容都需要译者采用灵活的变通技巧,譬如,运用增、减、编、述、缩、并、改等变通技巧对原作进行变通式翻译和调整。如果一味对原文"死译""硬译",势必导致译文中的一些语句的语义晦涩难懂,影响读者对作品内容的理解,使其阅读兴趣降低。据此,有学者认为,"没有相当数量的中英文造诣深厚、学贯中西的优秀翻译家(主要包括国内的专家、海外汉学家以及华裔翻译家),中国文学走向世界只能是空谈"[①]。只有中英文造诣深厚、学贯中西的优秀翻译家,才会注重消除中西方文化差异对读者理解所造成的障碍,才会在翻译中有目的地对原文内容进行变通或调整,使得所译内容容易被译入语读者理解。因此,外译传播需要精通跨文化传播的高级外译人才。当前我国高级外译人才数量不足,本书将在6.4章节中论述高级外译传播人才的培养。

---

① 吴自选.翻译与翻译之外:从《中国文学》杂志谈中国文学"走出去"[J].解放军外国语学院学报,2012(4):88.

2.2 "熊猫丛书"简介及其外译传播状况

2.2.1 "熊猫丛书"简介

1981 年,《中国文学》新任主编杨宪益先生倡议以"熊猫丛书"的形式对外出版中国文学译作,以扩大中国现当代文学在海外的影响力。以"熊猫丛书"命名推出文学系列作品这个灵感应该是来自世界著名的英国图书出版商——企鹅出版集团的文学经典系列丛书。其文学经典系列丛书封面上设计有可爱的小企鹅形象,并在旁边印上"Penguin Classics"两词作为丛书名称对外推广。该丛书推出的文学经典作品非常受西方读者的欢迎,在西方读者中产生了深远影响。Penguin Classics("企鹅经典丛书")及其设计的企鹅形象,已成为著名的丛书品牌,企鹅形象也成为该集团的著名商标。可以说,"企鹅经典丛书"是世界最负盛名的文学丛书之一。"熊猫丛书"借鉴企鹅出版集团"企鹅经典丛书"的封面设计思路,在丛书封面上印刷有"Panda Books"两词作为系列丛书的名称,并设计了一个活泼可爱的大熊猫形象标识图,以此增加"熊猫丛书"的国别识别度和生动气息。"熊猫丛书"由中国外文出版发行事业局(外文局)下属的中国文学杂志社负责翻译出版,属于官方资助对外出版的丛书,发行到 150 多个国家和地区。丛书从 1981 年至 2001 年的 20 年外译传播过程中,除了前几年入选丛书的作品是选编自《中国文学》杂志外,其余作品都是没有译介过的新作品。参与这些新作品翻译的主要译者有杨宪益、戴乃迭、沙博理、科恩(Don J. Cohn)、詹纳尔(W. J. F. Jenner)、白杰明(Geremie Barme)、弗莱明(Stephen Fleming)、葛浩文(Howard Goldblatt)等。译者翻译水平高,译文质量好,丛书受到了海外一些读者的肯定和欢迎。

进入 20 世纪 90 年代后,"熊猫丛书"销量逐渐下滑,读者数量减少,原因是多方面的,譬如,中西方文学文化交流中的意识形态不同,互联网的普及和中外影片、电视节目、文艺演出的相互交流日益增多,都会减少和分流一些读者。2001 年因《中国文学》期刊停刊,中国文学出版社撤销,再加"熊猫丛书"销量下滑、资金短缺和人手不足,丛书停止出版。从 1981 年至 2001 年的 20 年间,"熊猫丛书"共出版 195 种作品,对外译介的文学作品以中国现当代文学作品为主,古典文学作品为辅,重在让海外读者了解中国新时期的文学创作成就,并通过阅读中国文学作品,了解中国政治、经济、文化和社会的新发展和新气象。

2.2.2 "熊猫丛书"外译传播状况

通常,外译作品的传播接受状况可以从传播对象国的图书馆藏量、报刊媒体的报道量、主流媒体期刊上发表的读者书评和互联网平台上的读者反馈等几个角度来考察。当前总部位于美国俄亥俄州的 OCLC(联机计算机图书馆中心)是目前世界上覆盖范围最广的提供线上图书馆和文献信息服务的机构,其WorldCat 数据库是全球最大的联合编目数据库,从中检索的图书馆馆藏量能最大程度接近真实数据。下面从图书馆馆藏量、报纸期刊的书评量和网上书城读者的反馈量三个方面来考察"熊猫丛书"的外译传播状况。

1)"熊猫丛书"的图书馆馆藏量

"熊猫丛书"在英语世界的图书馆收藏情况可以通过检索 OCLC 机构的WorldCat 数据库来了解。英美两国的图书馆分为国家级图书馆、公共图书馆和大学图书馆,不同类型的图书馆收藏图书的侧重点不同。譬如,国家级图书馆收藏的图书文献往往比公共图书馆和大学图书馆的更多、更全面;公共图书馆面向普通读者,采购和馆藏的专业性、学术性图书要比大学图书馆收藏的少;大学图书馆属于专业性强的图书馆,馆藏以专业性的学术图书为主。因此,对不同类型的图书馆分门别类地检索,有利于细察"熊猫丛书"的外译传播状况。耿强(2010)就是采用这种分类检索考察法,对"熊猫丛书"的对外传播状况做了详细的考察。他首先考察英美两国的国家级图书馆,发现美国国会图书馆(Library of Congress)共收有"熊猫丛书"43 种,每种图书有 1 个副本,其中文学作品 34 种,回忆录、相声、传说等 9 种。国会图书馆所藏"熊猫丛书"的种类只占"熊猫丛书"全部出版种类的 20% 左右。他发现,虽然国会图书馆没有把丛书出版的种类全部收录,但销售量较好的几个译本都在国会图书馆的馆藏目录中,例如沈从文的《边城及其他》、《三部古典小说节选》、《中国当代七位女作家选》、古华的《芙蓉镇》、张洁和谌容的作品等都在馆藏目录中。据原中国文学出版社英文部主任熊振儒先生回忆,在"熊猫丛书"创刊的第二年,出了一本名为《中国当代七位女作家选》(Seven Contemporary Chinese Women Writers,1982)的专辑,入选的都是有一定知名度的中国青年女作家。这本书出版后卖得相当好,很受国外读者欢迎,以后再版了三四次,销量也相当好。出版社看到国外读者对我国女性作家感兴趣,就接连翻译出版了好多女性作家的作品。熊振儒先生认为,国外读者对中国的女性作家感兴趣是因为国外对女权运动的重视[①]。与美国国会图书馆相比,英国大不列颠图书馆(British Library)从 1981 年至 1989 年间,馆藏"熊猫丛书"29 种,占丛书同期出版种类的一半不到,与美国国会图书馆同时段馆藏的"熊猫丛书"相比,种类显得偏少。英美两国城市的公共图书馆主要面向普通读者,因此公共图书馆的馆藏量可以在一定程度上反映中国文学外译作品在普通大众中的接受度。根据耿强(2010)的考察,美国纽约公共图书馆(The New York Public Library)馆藏"熊猫丛书"共 69 种,而美国克里夫兰公共图书馆(The Clevnet Public Library)馆藏"熊猫丛书"只有 14 种。这两家公共图书馆与美国国会图书馆和英国大不列颠图书馆的馆藏情况有个共同点,那就是都没有把"熊猫丛书"出版的种类全部收藏入馆,但在西方销售较好的那些译本都被收入在公共图书馆中,这反映了"熊猫丛书"中的有些作品还是比较受普通读者欢迎。此外,通过考察以专业性图书为主的英美大学图书馆的馆藏

---

① 耿强,熊振儒. 机构翻译与中国文学的对外译介——原中国文学出版社英文部主任熊振儒先生访谈录[J]. 燕山大学学报（哲学社会科学版）,2020(5):27.

量,可以在一定程度上了解"熊猫丛书"在学习和研究中国语言文学的学生、知识分子或汉学家中的传播接受情况。据耿强的研究考察,华盛顿大学图书馆馆藏1981年至1989年的"熊猫丛书"种类远远少于"熊猫丛书"在这个时期实际出版的种类数量,牛津大学的伯德雷恩图书馆馆藏"熊猫丛书"种类最多,丛书已经出版的译本基本上都能在这里找到①。综合对上述三种类型图书馆的考察,我们可以发现,"熊猫丛书"在三种不同类型的图书馆中的馆藏量不同,表明这三种类型的图书馆在收藏丛书译本的过程中,是有选择性地收藏,而不是全盘接受。从考察的图书馆馆藏种类来看,很多"熊猫丛书"译本根本就没有进入英美图书馆。这就失去了对外传播的机会,浪费了翻译、印刷、制作过程所消耗的人力、物力和财力。少量进入上述英美国家图书馆、公共图书馆、大学图书馆的图书,则反映了这些译本从图书馆馆藏方的角度看,值得收藏、值得阅读、符合潜在读者的阅读期待,会受读者欢迎。当然,这仅仅是预判。图书被馆藏后,只有被读者借出并阅读了,才有传播效果,因此传播效果的好坏还取决于图书的借阅量。

2)"熊猫丛书"的报刊书评量

20世纪80年代至90年代,西方各国读者通过互联网阅读文学作品电子版的形式尚未盛行,阅读纸质版图书仍是西方读者了解中国文学的主要渠道,而向读者做图书推广和书评的载体往往是报纸和期刊。因此,刊发在主流报纸、专业期刊上有关中国文学作品的书评在一定程度上可以反映该文学作品在读者中的传播接受情况。据耿强(2010)研究,在20世纪80年代,《纽约时报书评》(*New York Times Book Review*)关于"熊猫丛书"的书评有两篇。两篇书评中,一篇是由美国著名汉学家林培瑞(Perry Link)撰写。他在书评中对"熊猫丛书"中的《老舍小说选》《丁玲小说选》《茹志鹃小说选》《绿化树》《浮屠岭及其他》这五部译本进行了简

---

① 耿强. 文学译介与中国文学"走向世界"——"熊猫丛书"英译中国文学研究[D]. 上海:上海外国语大学,2010:76-82.

评,褒扬成绩,指出不足。另一篇书评是中国现代文学研究的代表性人物李欧梵
(Leo Ou-fan Lee)评论张洁的《爱,是不能忘记的》的文章。李欧梵认为与多数政
治色彩较强的作品相比,张洁小说的描述新鲜而生动,表现了女性的敏感,同时也
指出了原文与译文的风格问题。美国汉学家何谷理(Robert E. Hegel)1984 年发表
在专业期刊 *Chinese Literature;Essays, Articles, Reviews(CLEAR)* 上的文章《熊猫丛
书翻译系列》(*The Panda Books Translation Series*)和 1985 年李欧梵发表在学术季
刊 *The Journal of Asian Studies* 上的文章《翻译中的现代中国文学综述》可以代表
在专业期刊上发表的书评。在《熊猫丛书翻译系列》书评中,汉学家何谷理对
1981—1985 年出版的丛书进行了评论,称赞丛书定价低、装帧好、翻译好、选材广,
涵盖长、中、短篇小说和散文、回忆录等。何谷理认为张寿辰的《三部古典小说节
选》对学生了解中国古代文学是一本很好的入门书,并认为葛浩文翻译的《边城及
其他》和《湘西散记》,为西方读者进一步了解沈从文的创作作出了积极贡献。在
书评中,何谷理也指出了"熊猫丛书"的不足之处。他认为,在李欧梵撰写的书评
《翻译中的现代中国文学综述》中,"熊猫丛书"无论从形式上还是从设计上来看
都是以"企鹅经典丛书"为榜样,学习中国现代文学的学生应该对这套丛书表示欢
迎。在他看来,巴金的《春天里的秋天及其他》、沈从文的《边城及其他》和《湘西
散记》、老舍的《正红旗下》、《萧红小说选》和《李广田散文选》等译本可读性强,值
得读者关注①。这些汉学家在主流报纸和专业期刊上撰写的书评,一方面,反映了
"熊猫丛书"在西方专业读者中的传播接受效果较好,能引发他们仔细阅读,进而
作出评论和指出不足;另一方面,通过汉学家撰写的书评,对西方读者阅读"熊猫
丛书"能起到一个很好的导读作用,有利于丛书在专业和普通读者中的传播与
接受。

3)"熊猫丛书"在网上的读者反馈量

　　读者在网上对"熊猫丛书"的评价可以从亚马逊网站(Amazon)、艾比图网

---

① 耿强. 文学译介与中国文学"走向世界"——"熊猫丛书"英译中国文学研究[D].上海:上海外国语大
　学,2010:85-87.

站(AbeBooks)和好读网站(Goodreads)上的读者评论数量来考察。全球最大的亚马逊网上书城在1994年7月正式上线,目前已经成为世界各国出版社的线上主要销售渠道,也是世界各国读者网上购买图书的主流网上书城。艾比图是总部位于加拿大的国际知名售书网站,1995年上线,2008年被亚马逊收购。艾比图网站上有世界各地的主流书商出版的图书,各种新书、旧书、绝版书等都可能在此网站找到,是购书者理想的淘宝之地。好读网站是国外爱书之人经常登录的网站,该网站于2007年上线,2013年被亚马逊收购,现已成为全球最大的在线读书社区。我们在此网站上可以看到图书评论以及推荐书单,并能通过读者的评论了解读者对所阅读书目的感悟和意见,以及他们的阅读期待。

耿强(2010)通过在亚马逊网站及艾比图网站上检索,发现可以找到"熊猫丛书"几乎所有的品种。据他统计,读者留言评论较多的是沈从文的《边城及其他》、老舍的《老舍小说选》、萧红的《萧红小说选》、《中国当代七位女作家选》、谌容的《人到中年》、古华的《芙蓉镇》、张辛欣和桑晔的《北京人》、张洁的《爱,是不能忘记的》、王安忆的《流逝》等译作,但"熊猫丛书"其他百分之九十的作品没有读者反馈意见和建议①。由此可以推断出"熊猫丛书"除了上述读者评论较多的作品外,丛书的其他作品在网上销售不理想,因为如果丛书在网上销售量大,购买图书的众多读者不可能都协同一致地不发表读后评论。因此,网上读者评论数量的多寡是图书销量高低的一个直观指标。

2.2.3 "熊猫丛书"对外译传播的启示

从上述"熊猫丛书"对外传播的论述可知,丛书从1981年开始出版到2001停止出版的20年间,共出版了195种作品。其中既有中国的古典文学作品,又有中国的现当代文学作品,总体上采用的是以中国现当代文学作品为主,中国

---

① 耿强.文学译介与中国文学"走向世界"——"熊猫丛书"英译中国文学研究[D].上海:上海外国语大学,2010:88.

古典文学作品为辅的对外翻译传播选材模式。从外译传播学的视角看"熊猫丛书"这 20 年的对外传播,耿强认为在五个方面还有提升的空间:①主持丛书的机构和实际从事丛书翻译的人员没有清醒的文学译介的意识,没有认清对外译介的本质;②由于国家外宣机构对外译介中国文学具有十分明显的政治意图,在对外译介的选材方面限制过多;③应改革国家机构对外译介的译介模式,拓宽译介渠道;④在对外翻译的策略上应尽量采取归化策略及"跨文化阐释"的翻译方法,使得文学翻译作品阅读起来流畅自然,避免过于生硬和陌生化的文本;⑤虽然丛书中的个别译本受到英美读者的欢迎,中国现当代文学在西方也逐渐获得学术界的重视,但中国文学还远没有吸引住英美的多数读者,更遑论对西方文学产生了什么影响①。这五点属于"熊猫丛书"在外译传播过程中在宏观层面上值得注意的地方。从中观层面和微观层面考察"熊猫丛书"的 20 年外译传播历程,我们可以获得四点启示:

第一点启示是洋为中用,敢于借鉴。丛书的封面设计借鉴世界著名图书出版商——英国企鹅出版集团的"企鹅经典丛书"(Penguin Classics)的图书封面设计样式,在封面上增加活泼可爱的中国国宝熊猫的形象图,并印上 Panda Books 两词。熊猫图像和 Panda Books 两词在封面的位置不固定,灵活多变。譬如,《当代七位女作家选》(Seven Contemporary Chinese Women)、《萧红小说选》(Selected Stories of Xiao Hong)将熊猫形象图和 Panda Books 两词印在封面的右下角;而《茅盾作品选》(The Viven)和《三部古典小说选》(Excerpts from Three Classical Chinese Novels)将熊猫形象图和 Panda Books 两词分别印在封面的左下角和封面底部的中间。位置的多样化能避免读者对图书的封面产生视觉审美疲劳。封面上的熊猫形象图和 Panda Books 两词不仅能使西方读者联想到他们喜欢的"企鹅经典丛书"的相似封面,拉近西方读者对"熊猫丛书"的心理接受距离,还能增添丛书的国别识别度和生命气息,助力图书的对外销售和传播,促

---

① 耿强. 文学译介与中国文学"走向世界"——"熊猫丛书"英译中国文学研究[D]. 上海:上海外国语大学,2010:135-139.

使丛书在西方读者中产生好的传播效果,形成中国文学对外译介的品牌。

"熊猫丛书"虽然在 2001 年停止出版,但丛书的名称 Panda Books 还是在西方读者中有一定品牌效度,在国外读者中已成为中国文学出版作品的代名词。因此,在 2009 年德国法兰克福书展中,中国外文局所属外文出版社重新亮出了"熊猫丛书"这个金字招牌,推出了 40 种英文版的中国现当代作家作品,并传承了我国对外出版传播中的洋为中用的优点:所有图书统一采用国际流行的开本及装帧风格,助力提升作品的对外传播与接受效果。可见,积极借鉴世界优秀出版社的出版传播经验,洋为中用,强壮自身,是"熊猫丛书"给我们对外传播的第一点有益启示。

第二点启示是对外译介作品的选择需要顺应不同读者群的不同阅读期待。20 世纪 90 年代中国文学出版社总编辑唐家龙讲到,为了出好"熊猫丛书",需要把读者放在第一位。首先要深入调查了解读者喜欢看什么样的中国图书,哪些图书在西方书业市场具有竞争力,以此来优化图书选题①。这说明丛书在选材时,充分考虑了读者的阅读偏好和期待。丛书对外译介了中国的一些经典的古代文学作品,也译介了一些中国现当代文学作品,其中以现当代文学作品为主。现当代文学作品的题材以现实主义为主,大多聚焦中国现当代社会、文化和现实生活。这样既可以满足专业性读者群对了解中国文学发展情况的期待,也可以满足普通读者群对通过阅读现当代文学作品了解中国政治、经济、社会和文化等内容的期待。由于在 20 世纪八九十年代,互联网还不发达,网络上有关中国的文学作品不多,西方读者阅读中国文学作品主要还是通过纸质版图书和专业期刊渠道,因而编入丛书的文学作品需要考虑西方不同读者群的阅读偏好和阅读目的,这是提升传播效果的必要前提。例如,"熊猫丛书"中的《中国当代七位女作家选》,重印两次,在英语世界与该丛书的其他作品相比,销量很好,因为《中国当代七位女作家选》符合西方当时女性的女权意识觉醒思潮。此外,

①　唐家龙.熊猫丛书走向世界[J].对外传播,1995(1):11.

编入丛书的《三部古典小说节选》摘选《西游记》《三国演义》《镜花缘》三本古典作品的精彩部分进行翻译,把三部作品的节选部分合编出书,定位的潜在读者对象就是那些只想拓宽知识面、对中国文学作品只想浅尝辄止的读者,以及想快速了解中国经典文学作品的学生。这种在选材上考虑不同读者群的阅读期待和偏好的选材思路,使得选出的作品向英语世界译介传播后,获得了好的销售量和馆藏量,也获得了汉学家的好评,譬如,美国知名汉学家何谷理就认为《三部古典小说节选》是国外学生了解中国古代文学一本很好的入门书。因此,对外传播需要考虑不同读者群的不同的潜在阅读需求和阅读偏好,在选材时,把他们的阅读需求和偏好列入考虑之列,这是"熊猫丛书"给我们外译传播的第二点启示。

　　第三点启示是译作出版发行前、发行中和发行后,都应有相对应的市场营销策略。"熊猫丛书"在出版发行前、发行中和发行后,缺乏系统的营销策略,导致在英语世界中缺少对作品的宣传,未能提升作品的知名度,作品的人气不旺。丛书除了在当时的汉学界和专业学生中有比较小的名气,对绝大多数英语世界的普通读者来讲,不知有此丛书。没有有效的营销策略进行广泛的宣传,在意识形态不同、文化不同的英语世界,"熊猫丛书"的销量和传播接受效果必定会受影响。从前面我们对丛书的报刊书评量的论述可知,虽然在英语世界,有一些专业学术期刊发表了一些书评介绍丛书,但有影响力、有深度的只有两篇,这两篇也只在阅读专业期刊的读者群中产生有限的影响。其实,丛书翻译人员、出版社编辑都可以撰写译本介绍、译本导读和书评,也可以请有影响力的英美汉学家、海外华人积极撰写丛书的译本介绍和书评,从译本的思想内容、艺术价值等方面来论述阅读作品后的所思所得。通过在报纸期刊上发表褒贬皆有的各种书评,不仅能潜移默化地引起读者阅读兴趣、激发写作者与读者之间的思想碰撞,还能指导读者阅读,辅助读者理解并提升作品在读者中的知名度。毕竟这是中华人民共和国成立以来首次以官方资助运作的形式向英语世界的读者译介中国文学作品,没有先例可以借鉴。晚清洋务派以官方组织的形式,曾在北京设立同文馆、在上海设立江南制造局,专门对内翻译和引进西方的人文社会、自然学科知识和技术,这属于对内介绍及引进国外的先进知识和技术;而"熊猫丛书"对外译介中国文学时,在译介出版的运作机制、所处的时代背景、面对的读者、翻译的内容和目的等方面都与其存在很大的差异。这使得"熊猫丛书"在对外翻译出版过程中,没有相似的对外译介活动可以参考借鉴。因此,从市场营销学的角度看,"熊猫丛书"错失了出版发行前、发行中和发行后都应进行相应的市场推广的机会,使得英语世界的绝大部分读者不知道其出版和销售,从而导致该丛书在英语世界的传播接受效果在整体上未达预期效果,这是今后我们外译传播需要注意的地方。

第四点启示是中国的对外译介作品在英语世界应设置数量众多、覆盖面广的发行代理商或销售网点,以增加译作的销量,增强其对读者的影响力。"熊猫丛书"在英语世界的发行代理商不多,换言之,发行代理网点覆盖面不广,必然影响丛书的销量和传播效果。在2.2.2节中,我们论述了丛书只有少量作品的译本进入了英美两国的图书馆,其余大部分都没有被英美两国的图书馆采购,原因是多方面的,但与我们在英美两国的发行代理商数量不足有关。产品销售离不开销售网点,网点越多,覆盖的地域范围越广,受众人数就越多,受众接触产品的机会也就越大。同理,"熊猫丛书"在以英国和美国为主的英语国家要想销量好、传播接受效果好,就需要代理商或经销网点覆盖的城市越多越好。但当时丛书的主要发行代理网点很少,以美国为例,当时在美国只有两家经销代理商:一家是位于加利福尼亚州旧金山的中国书刊公司(China Books & Periodicals Inc.),另一家是位于马萨诸塞州波士顿的 Cheng & Tsui Company 公司。如果经销商少,覆盖的区域小,读者就少,图书的销售量就不易提升,从而影响图书在读者中的传播接受效果。

2.3　《大中华文库》简介及其外译传播状况

2.3.1　《大中华文库》简介

1994 年 7 月经国家新闻出版总署批准,《大中华文库》中国文化典籍对外译介重大工程启动。发起出版此典籍工程的人员有杨牧之、黄友义、徐明强、阎晓宏、尹飞舟、李岩、黄松等,目的是要让世界了解中国,向世界说明中国,同世界分享中国文学文化成果,塑造中国形象。该工程由新闻出版总署立项支持、中国出版集团公司组织出版,属于官方支持和资助的国家重大出版工程。《大中华文库》是我国历史上首次采用中外文对照形式出版的图书,收录的作品涵盖了我国先秦至近代的文学、文化、历史、医学、哲学、军事、科技等领域具有代表性的经典著作。迄今为止,已出版 110 多种典籍外译作品,例如,《论语》(*The Analects*)、《老子》(*Laotse*)、《周易》(*The Zhou Book of Change*)、《孙子兵法》(*Sunzi:The Art of War*)、《楚辞》(*The Verse of Chu*)、《中国古代寓言选》(*Ancient Chinese Fables*)、《三国演义》(5 卷本)(*Three Kingdoms*)、《李白诗选》(*Selected Poems of Li Bai*)、《红楼梦》(6 卷本)(*A Dream of Red Mansions*)、《黄帝内经·素问》(*Yellow Emperor's Canon of Medicine:Plain Conversation*)、《黄帝内经·灵枢》(*Yellow Emperor's Canon of Medicine:Spiritual Pivot*)、《本草纲目选》(*Condensed Compendium of Materia Medica*)、《新编千家诗》(*Gems of Classical Chinese Poetry*)、《天工开物》(*Tian Gong Kai Wu*)、《西游记》(6 卷本)(*Journey to the West*)、《醒世恒言》(*Stories to Awaken the World*)、《金瓶梅》(*The Golden Lotus*)、《颜氏家训》(*Admonitions for the Yan Clan:A Chinese Classic on Household Management*)、《南柯记》(*A Dream under the Southern Bough*)、《关汉卿杂剧选》(*Selected Plays of Guan Hanqing*)、《太平广记选》(*Anthology of Tales from Records of the Taiping*

Era)、《聊斋志异选》(*Selections from Strange Tales from the Liao Zhai Studio*)、《水浒传》(*Outlaws of the Marsh*)、《菜根谭》(*Tending the Roots of Wisdom*)、《儒林外史》(*The Scholars*)、《徐霞客游记》(*The Travel Diaries of Xu Xiake*)、《浮生六记》(*Six Records of a Floating Life*)、《牡丹亭》(*The Peony Pavilion*)以及《长生殿》(*The Palace of Eternal Youth*)等。

这么浩大的古代经典作品出版工程,如何在璀璨的中国古代经典作品中找出能代表某个领域的优秀作品? 如何在古汉语与现代汉语的语内翻译和现代汉语与英语的语际翻译中确保对原作语义的忠实? 这些问题对编辑出版方提出了挑战。"据原新闻出版总署副署长、《大中华文库》工作委员会主任杨牧之介绍,《大中华文库》的编辑工作确定了'三个精'原则:一是精选书目,如汉英对照版精选了我国古代思想哲学、文学、历史、科技、军事等领域最具代表性的典籍,并召集各方面专家研讨确定;二是精细编译,遴选中外专家,对中文原文进行细致的校勘整理和今译,同时约请国内外翻译家精心翻译,在出版社三审三校的基础上,工委会再组织专家对中外文进行四审、五审,以确保《大中华文库》的国家水准和传世价值;三是精心制作,《大中华文库》专设印务小组,坚持统一版式、统一装帧、统一纸张、统一印刷,确保整套丛书的印制整齐一致,体现出版宗旨。"①这种由专家对选出的图书进行仔细校勘和整理、然后将古文翻译成白话文、再由外语专家将白话文翻译成英文的编译模式,能在古汉语→现代汉语→英语的两次语义转换中,使译文尽量贴近原文语义,尽量在语义理解和表达上减少甚至不发生失误。值得一提的是,入选《大中华文库》的中国古代典籍,有些原作已经有质量比较好的英译本,就没有组织人员再重新翻译出版,譬如,在英语世界已经有了英国汉学家亚瑟·韦利(1889—1966)的《论语》英译本,在《大中华文库》工作委员会最后敲定典籍《论语》纳入《大中华文库》后,就直接采用韦利的英译本。对于国内外尚无翻译文本的典籍,就在《大中华文库》

---

① 李子木.《大中华文库》:世界共享的中国典籍[N].中国新闻出版广电报,2019-5-7.

工作委员会确定的"三个精"原则下进行译介。由于《大中华文库》工作委员会严格按照"三个精"原则组织译介出版,入选《大中华文库》的作品英文翻译准确传神,印刷清晰,装帧精良,代表了中国的学术、翻译和出版水平。参加《大中华文库》翻译的有许多中外翻译名家,如杨宪益、戴乃迭、许渊冲、葛浩文、沙博理、詹纳尔、黄友义、林戊荪、汪榕培、王宏等名家。

《中国新闻出版广电报》记者李子木在《〈大中华文库〉:世界共享的中国典籍》报道中,把《大中华文库》的对外译介划为三个阶段:第一阶段是 1994 年至 2006 年的 20 多年,我国对外译介出版了汉英对照版典籍 110 种;第二阶段是 2007 年至 2018 年,规划的 193 种多语种对照版已经陆续出版 170 多种,以法语、阿拉伯语、俄语、西班牙语、葡萄牙语、德语、日语、韩语等 8 个语种对外出版中国最经典的典籍作品,国内 30 多家出版单位先后参与这项国家重大文化出版工程;第三阶段是 2018 年,《大中华文库》工作委员会启动了"一带一路"沿线国家语种的翻译出版计划,2019 年,《大中华文库》"一带一路"沿线国家语言对照版(第一批,84 种)被确定为 2019 年度国家出版基金资助项目,第二批也在着手筹备①。从《大中华文库》有规划的对外译介发展过程,我们可以看出:《大中华文库》的外译传播紧贴国家战略,外译传播的范围越来越广,覆盖的受众国家越来越多,《大中华文库》工作委员会要把文库打造成中华优秀传统文化的代称,展示中华文化优秀成果的百宝箱,体现中华民族向人类文明贡献的出版界品牌。

《大中华文库》出版的目的是让海外读者了解中国上下五千年的经典文学文化,与海外读者分享中国知识,贡献中国智慧,助力人类文明交融发展。《大中华文库》代表了中国的学术、出版和翻译水平,文库外译作品出版后,常常被作为国礼送给外国领导人和学术机构。譬如,2006 年 4 月,时任国家主席的胡锦涛访问美国时,就将《大中华文库》(汉英对照版)中的《论语》《礼记》等作为

①　李子木.《大中华文库》:世界共享的中国典籍[N].中国新闻出版广电报,2019-5-7.

礼物,送给耶鲁大学;2010年4月,时任中央政治局常委的李长春向柏林中国文化中心赠送了《大中华文库》一套共150册图书;2014年9月,国家主席习近平向斯里兰卡政府赠送了《大中华文库》(汉英对照版)图书100种188册;2015年5月,时任国务院总理的李克强出访南美四国,向哥伦比亚总统赠送了《大中华文库》西班牙语系列的全套图书。由此可见,《大中华文库》作为中国新闻出版总署立项出版的重大对外译介工程,受到了国家领导人的高度重视,已经成为中国文化对外交流的使者。

2.3.2 《大中华文库》外译传播状况

检索中国知网,发现自《大中华文库》外译项目启动以来,一些专家学者以《大中华文库》译作作为研究对象,撰写的论文大致可分为三类:第一类聚焦《大中华文库》外译作品本身存在的质量问题,如王晓农(2013、2014)分别以《大中华文库》五部译本为案例,分析了英译本在翻译和编辑方面的不足,探讨了如何提高典籍英译出版质量,并认为英译应主要由本土学者和译者承担,以减少误读和误解,促进中国文化输出①,任东升(2014)考察了《大中华文库·金瓶梅》在排版上呈现的两种语言文本不完全对应的现象,并从国家翻译实践的高度对双语对照翻译编辑出版提出了建议②;第二类探讨《大中华文库》翻译实践对翻译教学和人才培养的意义,如李伟荣(2014)以《大中华文库》中的《徐霞客游记》英译的译审为例,从版本及审校准备、地名记述类型及地名的翻译以及原文校读和翻译审校三个方面探讨了中国典籍翻译的实践策略和翻译审校流程,认为这种典籍翻译的实践与研究对促进MTI笔译教学和典籍翻译事业的发展具

---

① 王晓农.中国文化典籍英译出版存在的问题[J].当代外语研究,2013(11):43-48;王晓农,中国传统文论文本英译的问题与对策研究——以《大中华文库》四部译本为例[J].未来与发展,2014(12):46-50.

② 任东升.《金瓶梅》对照版分层现象探究——兼评《大中华文库》[J].山东外语教学,2014(12):99-104.

有重要的意义①；第三类研讨《大中华文库》的传播效果，如李宁(2015)对《大中华文库》林戊荪译的《孙子兵法》在美国的接受情况进行了探讨，认为林译本接受状况不佳的主要原因在于译本的流通量和保有量小，关注度不高②，许多、许钧(2015)探讨了《大中华文库》对外译介工程的多重价值，并对《大中华文库》的译介与推广提出了若干建议③。这三类研究论文都以个案为研究对象，并且没有涉及《大中华文库》系列译作在英国的传播和接受现状以及根据英国读者文化阅读语境进行的译介模式优化研究。

从国家社科基金立项和教育部人文社科基金立项来看(截至 2020 年 11月)，据不完全统计，涉及《大中华文库》研究的立项有两项：一项是"基于《大中华文库》的中国典籍英译翻译策略研究"，另一项是"《大中华文库》外译典籍的汉英对照匹配研究"。这两个项目研究都专注于提升《大中华文库》系列丛书翻译质量的研究，属于本体研究，未涉及在英国实地调查《大中华文库》的传播和接受现状。

综上所述，对《大中华文库》的研究论文都以个案为研究对象，或研究翻译质量问题，或研究翻译人才培养问题，或研究个案传播问题，均未涉及《大中华文库》系列译作在英语世界传播与接受的实地考察。笔者在英国访学期间，专门就《大中华文库》在英国的传播状况进行了实地考察、读者调查和访谈。笔者选择了《论语》(*The Analect*，2008 年外文出版社出版，韦利译)、《老子》(*Laotse*，2008 年湖南人民出版社出版，韦利译)、《孙子兵法》(*Sunzi：The Art of War*，2007年外文出版社出版，林戊荪译)、《中国古代寓言选》(*Ancient Chinese Fables*，2008年外文出版社出版，杨宪益、戴乃迭译)、《三国演义》(5 卷本)(*Three Kingdoms*，

---

① 李伟荣,姜再吾,胡祎萌.中国典籍翻译的实践及策略——以《大中华文库》版《徐霞客游记》英译的译审为例[J].燕山大学学报(哲学社会科学版),2014(4):66-70.

② 李宁.《大中华文库》国人英译本海外接受状况调查——以《孙子兵法》为例[J].上海翻译,2015(2):77-82.

③ 许多,许钧.中华文化典籍的对外译介与传播——关于《大中华文库》的评价与思考[J].外语教学理论与实践,2015(3):13-17.

2000 年外文出版社出版,罗慕士译)、《红楼梦》(6 卷本)(*A Dream of Red Mansions*,1999 年外文出版社出版,杨宪益、戴乃迭译)、《西游记》(6 卷本)(*Journey to the West*,2000 年外文出版社出版,詹纳尔译)、《南柯记》(*A Dream under the Southern Bough*,2006 年外文出版社出版,张光前译)、《水浒传》(*Outlaws of the Marsh*,2004 年外文出版社出版,沙博理译)、《菜根谭》(*Tending the Roots of Wisdom*,2001 年湖南人民出版社出版,保罗・怀特译)、《牡丹亭》(*The Peony Pavilion*,2000 年湖南人民出版社出版,汪榕培译)、《长生殿》(*The Palace of Eternal Youth*,2004 年外文出版社出版,杨宪益、戴乃迭译)等 12 部已出版 10 年以上的译作为重点调研对象。笔者考察了它们在英国高校图书馆、英国大不列颠图书馆(British Library)及各大城市公共图书馆的馆藏量和读者借阅量,调研它们在英国最大的图书连锁店 Waterstones、最古老的图书连锁店 Foyles 中的展销量和库存量,以及在英国最大的图书网站(Book Depository)和全球最大的图书销售网站亚马逊(Amazon)等的销售量和保有量。在如何评估典籍英译作品在西方的接受状况问题上,罗选民和杨文地两位学者建议从以下几个方面来考察:①在国外的发行销量;②在国外图书馆的借阅量;③西方学者的参考和引用;④译著的再版和修订①。虽然这几个方面可以在一定程度上反映英译作品在西方的传播接受状况,但笔者还是想利用在英国访学的有利机会,融入田野调研法。因此,笔者从《大中华文库》在英语世界图书馆的馆藏量、《大中华文库》在英国实体书店的销售状况、对普通受众的访谈调研情况,以及亚马逊网站上的《大中华文库》销售情况这四个方面,研察《大中华文库》在英语世界的外译传播状况。

1)《大中华文库》的图书馆馆藏量

笔者首先考察了上述图书在英语世界的图书馆的馆藏量。通过湖北经济学院图书情报工作人员使用武汉大学图书馆的 WorldCat 数据库,检索上述 12 种图书,得出收藏《大中华文库》译作的图书馆数量。由于此数据库时常更新图

---

① 罗选民,杨文地.文化自觉与典籍英译[J].外语与外语教学,2012(5):65.

书馆藏书量,最后一次检索时间截至 2022 年 5 月。现把检索情况制作成如下
表格:

书名	译者	出版社及出版时间	检索的关键词	收藏该书的图书馆数量
The Analects	韦利	外文出版社,2008	The Analects; Foreign Languages Press	3
Laotse	韦利	湖南人民出版社, 2008	Laotse; Hunan People's Publishing House	0
Sunzi:The Art of War;Sun Bin:The Art of War	林戊荪	外文出版社,2007	Sunzi:The Art of War; Sun Bin:The Art of War; Lin Wusun	37
Ancient Chinese Fables	杨宪益 戴乃迭	外文出版社,2008	Ancient Chinese Fables	1
Three Kingdoms	罗慕士	外文出版社,2000	Three Kingdoms; Moss Roberts	14
A Dream of Red Mansions	杨宪益 戴乃迭	外文出版社,1999	A Dream of Red Mansions; Yang Xianyi; 1999	124
Journey to the West	詹纳尔	外文出版社,2000	Journey to the West; Jenner	91
A Dream under the Southern Bough	张光前	外文出版社,2006	A Dream under the Southern Bough; Zhang Guangqian	69
Outlaws of the Marsh	沙博理	外文出版社,2004	Outlaws of the Marsh; Shapiro	191
Tending the Roots of Wisdom	保罗 · 怀特	新世界出版社,2003	Tending the Roots of Wisdom; Paul White; New World Press	0
The Peony Pavilion	汪榕培	湖南人民出版社,2000	The Peony Pavilion; Wang Rongpei	69

续表

书名	译者	出版社及出版时间	检索的关键词	收藏该书的图书馆数量
The Palace of Eternal Youth	杨宪益 戴乃迭	外文出版社,2004	The Palace of Eternal Youth; Yang Xianyi	67

从检索收藏这 12 种图书的图书馆数量来看,英语国家的图书馆收藏《大中华文库》图书的比例不高,湖南人民出版社 2008 年出版的 *Laotse*(《老子》)和新世界出版社 2003 年出版 *Tending the Roots of Wisdom*(《菜根谭》)甚至没有进入英语世界的图书馆。《大中华文库》覆盖英语国家图书馆的比例需提高。李宁(2015)曾对《孙子兵法》各种英文版本在英语世界的馆藏量做了检索统计,英语世界收藏《孙子兵法》英译本的图书馆数量一般都是几百家。譬如,Samuel B. Griffith 于 1963 年和 1971 年出版的《孙子兵法》英译本就分别有 856 和 985 家英语世界的图书馆收藏;Thomas Cleary 于 1988 年出版的《孙子兵法》英译本有 776 家英语世界的图书馆收藏;John Minford 于 2002 年和 2009 年出版的《孙子兵法》英译本有 315 家和 52 家英语世界的图书馆收藏①。与《孙子兵法》各种英文版本在英语世界的馆藏量相比,收藏国内出版社出版的上述 12 种书目的图书馆数量就显得偏少。谢天振认为,无论是英、法文版《中国文学》杂志、"熊猫丛书",还是《大中华文库》的编辑、翻译和出版,其中的大多数甚至绝大多数译文都堪称"合格"。然而一个无可回避且不免让人感到沮丧的事实是,这些"合格"的译文,除了极少数,并没有促成我们的中国文学文化切实有效地"走出去"②。

---

① 李宁.《大中华文库》国人英译本海外接受状况调查——以《孙子兵法》为例[J]. 上海翻译,2015(2):78.

② 谢天振. 中国文学走出去:问题与实质[J]. 中国比较文学,2014(1):5.

收藏上述 12 种图书的英语世界的图书馆数量少,有以下四点问题值得我们关注和思考:①《大中华文库》汉英双语典籍图书虽然已出版 10 多年了,但却未进入西方的主流发行渠道,国外图书馆在采购新书时,未能获得相关的信息,导致没有采购,图书的宣传及推广工作还有待提高;②即使在西方通过主流发行渠道,已推广宣传了《大中华文库》的图书,但以英美为代表的西方图书馆在采购新书时,有意忽略,其中原因是多样的,比如,采购方以欧美文化为中心,带有轻视中国文化的心态,或认为是中国官方赞助出版的图书,与西方有意识形态、价值观等方面的冲突,或认为图书不具普遍价值,读者不感兴趣,或认为图书可读性不高等;③英语世界的汉学家翻译的《老子》(*Laotse*)和《菜根谭》(*Tending the Roots of Wisdom*)由国内出版社出版发行,未检索到其在英语世界的馆藏量,可能这两种图书没有打入国际市场,抑或图书馆编目人员没有把这两种图书录入数据库;④在检索图书的馆藏量时,笔者发现同一位作者的译本,分别由国外出版社出版和由国内出版社出版,进入国外图书馆的馆藏数量差别很大。由国外出版社出版发行的译本,馆藏量大,国别和城市都分布广,譬如,英国汉学家韦利翻译的 *The Analects*(《论语》)、汉学家怀特翻译的 *Tending the Roots of Wisdom*(《菜根谭》)、汉学家詹纳尔翻译的 *Journey to the West*(《西游记》)等就属于这种情况,这说明国外出版社谙熟英语世界的书刊发行和经销渠道,容易与英语世界的各级图书批发经销商、终端零售商等建立直接的供需关系,而国内出版社在英语世界的发行和经销渠道方面还需努力。

《大中华文库》在西方图书馆的收藏量偏小,表明已出版的《大中华文库》书目在英语世界的图书馆中覆盖面窄、馆藏量小,对外传播效果还有较大的提升空间。即使馆藏量大,传播效果还要看读者的借阅量。即使读者把书借出后,耐心读完,也不能完全断定图书的传播效果就达到了,可能存在读者对书中的某些内容不理解、不认同、不接受的情况,那么传播的效果还是没有达到;也可能读者看了部分内容,虽然后面因各种原因没有继续阅读剩下的内容,那么就可以说这个借阅图书的读者知道有这本书的存在,不管他/她是否认同接受已阅读的内容,只要图书的部分内容被阅读了,那么就是达到了部分的传播效果,最起码读者了解了部分中国文化信息的内容。所以从这个角度看,传播效果的判定是复杂的、多元的。我国文化"走出去"的目的是提升中国文化的海外软实力,提升中国文化的对外话语权,让中国文化在海外的影响力同中国在国际政治经济舞台上的大国形象相匹配。因此,把优秀的中国文化及智慧推向海外,与世界分享中国的优秀文化成果,能助力人类文明的进步。同时也通过外译传播中国文化,让世界更好地了解中国,让世界文化呈现多元绚烂、交融发展的态势,而不是通过文化外译传播的方式,用中国的思想文化、价值观念、人文道德等去取代西方受众的宗教信仰、价值观、道德观,这是我们在外译传播中需要认清和厘清的问题。

2)《大中华文库》在英国实体书店的销售状况

笔者受国家留学基金委资助在英国访学期间,选择了《大中华文库》在英国的传播作为考察对象。为了实地考察《大中华文库》系列丛书在英国实体店的销售情况,笔者选择了英国最大的图书连锁店 Waterstones(国内翻译为水石书店)、英国最古老的图书连锁店 Foyles 作为考察对象。这些知名度很高的连锁品牌在英国读者心中的声誉好,销售的图书种类较为齐全,人流量也较大。

笔者利用周末时间,到英国第二大城市曼彻斯特市中心,找到了一家共两层、每层建筑面积约 500 多平方米的 Waterstones 图书销售实体连锁店。店里面人流量较大。笔者在二楼找到了陈列有东亚文学作品的圆形书桌和书桌旁的一排靠墙书架。在较大的独脚圆形桌上,店方以突出书名的方式扇形陈列了许多中国、日本等国的英文版图书,并在书桌上竖列一块告示,用醒目的英文指明这块区域为东亚文学作品的陈列销售区域。笔者问店员才知道,放在圆形桌上的书一般就是该店重点推荐的该区域的图书,这些书的销量往往比陈列在墙边书架上的东亚图书的销量好。笔者在东亚文学作品区域的圆形书桌上和周边的书架上,仔细搜索《大中华文库》中的下列书目:《论语》(*The Analects*,2008 年外文出版社出版,韦利译)、《老子》(*Laotse*,2008 年湖南人民出版社出版,韦利译)、《孙子兵法》

（*Sunzi：The Art of War*，2007 年外文出版社出版，林戊荪译）、《中国古代寓言选》
（*Ancient Chinese Fables*，2008 年外文出版社出版，杨宪益、戴乃迭译）、《三国演义》
（5 卷本）（*Three Kingdoms*，2000 年外文出版社出版，罗慕士译）、《红楼梦》（6 卷
本）（*A Dream of Red Mansions*，1999 年外文出版社出版，杨宪益、戴乃迭译）、《西游
记》（6 卷本）（*Journey to the West*，2000 年外文出版社出版，詹纳尔译）、《南柯记》
（*A Dream under the Southern Bough*，2006 年外文出版社出版，张光前译）、《水浒
传》（*Outlaws of the Marsh*，2004 年外文出版社出版，沙博理译）、《菜根谭》（*Tending
the Roots of Wisdom*，2001 年湖南人民出版社出版，保罗·怀特译）、《牡丹亭》（*The
Peony Pavilion*，2000 年湖南人民出版社出版，汪榕培译）和《长生殿》（*The Palace of
Eternal Youth*，2004 年外文出版社出版，杨宪益、戴乃迭译）等 12 种译作。遗憾的
是，笔者没有看到它们的踪迹，也没有看到这 12 种书目以外的《大中华文库》的其
他译作，但是看到了美国汉学家葛浩文英译中国作家苏童的《碧奴》英文版（*Binu
and the Great Wall of China*），葛浩文英译中国作家莫言的小说《丰乳肥臀》（*Big
Breasts and Wide Hips*）、《天堂蒜薹之歌》（*The Garlic Ballads*）、《蛙》（*Frog*）等，以及
美籍华人余国潘英译的《西游记》（*Journey to the West*），还看到了几位旅居国外的
华人译者英译的几本非国内主流作家创作的以中国当代社会文化为背景的小说。

　　《大中华文库》上述 12 种译作出版时间比笔者考察的时间早 10 年左右。
在这个大型的连锁店找不到一本《大中华文库》的译作，可能有下面两种原因：
第一种原因是 Waterstones 连锁店在 10 年前采购过这些书，并早已销售完；第
二种原因是 Waterstones 连锁店根本就没有采购《大中华文库》的任何图书。笔
者拿出事先打印在一张 A4 纸上的上述 12 种译作英文书名，找到这家连锁店的
主管，说明来意，请她帮助查一下这 12 种译作是否有库存，或 Waterstones 是否
曾经采购。该主管很耐心地在电脑上查询，然后说没有库存，也没有找到采购
记录。因此，可以判定《大中华文库》未能进入英国的主流发行渠道。笔者翻看
美国汉学家葛浩文英译的《碧奴》英文版的版权页，首版出版时间为 2007 年，由
位于英国爱丁堡的本土出版公司 Canongate Books Ltd（坎农格特出版公司）出

版,陈列在此家 Waterstone 连锁店的《碧奴》英文版是该公司 2008 年出版的纸质平装版。再翻看葛浩文英译的莫言小说《丰乳肥臀》(*Big Breasts and Wide Hips*)、《天堂蒜薹之歌》(*The Garlic Ballads*)、《蛙》(*Frog*) 的版权页,发现 *Big Breasts and Wide Hips* 和 *The Garlic Ballads* 分别在 2011 年和 2012 年在美国由 Arcade Publishing 出版公司出版,而且都是再版,说明比较畅销,而 *Frog* 在 2015 年由英国的 Penguin Books(企鹅出版集团)出版。这说明译作由西方出版公司本地化出版,有助于拓展销售渠道,有利于图书的推广和销售,同时也表明以英语为母语的汉学家作为译者,有助于提升译文内容的可读性、流畅性,有益于使译本符合英语世界读者的阅读习惯和阅读期待,增强译本对英语世界读者的吸引力。

3)对普通受众的访谈调研状况

笔者在英国访学期间,专门就中国文学文化在英国的传播效果进行了读者访谈。访谈对象包括曼彻斯特市区中小学的学生和教师、大学图书馆的工作人员、公园里遛狗散步的老人、实体书店的店员和顾客、曼彻斯特大学的大学生,以及在伦敦大学、利物浦大学附近公园的散步者等不同的读者群体,时间持续约 3 周,随机访谈的人数共计 40 多人次,年龄跨度在 9~60 多岁。虽然调查的人不多,但因受访者学历层次多样、社会地位不同、职业工种有异,具有代表性,能让笔者管中窥豹,对中国文学文化在英国的传播现状有所了解。

为了从受访者中获得真实可靠的数据和回答,避免问卷调查所产生的戒备之心或言不由衷的回答,笔者为不同年龄段的人群准备了不同的问题。笔者先介绍自己是来自中国的访问学者,在曼彻斯特大学访学,寒暄客套后,与被访者谈及中国的社会和文化,然后问如下三个问题:①你看过中国的汉英双语对照的翻译文学作品吗? ②你对中国文学文化的知识和印象从哪里获得? ③如果你想了解中国,你是选择到中国旅游观光还是阅读有关中国的书籍? 以随机闲聊的方式消除被访者的防备之心,在不经意间向被访者提出上述三个问题,以期获得真实的回答。笔者现按年龄段分老年人群、中年人群和青少年分述如下：

老年人群中没有一个人对第一个问题给予肯定回答。对第二个问题，老年人群中的大部分讲是在元旦或新春通过唐人街或电视、电影渠道获得的。他们通过看中国华人在唐人街舞狮和舞龙表演、书法表演、中国功夫表演、美食现场制作等具有中国特色的文化和艺术演出或观看电视上有关中国文化的短片或通过观看成龙（Jacky Chen）、李小龙（Bruce Li）等人的电影等渠道，对中国社会文化有点感性认识。而在中年人群中，对于第一个问题只有一人知道有《孙子兵法》汉英双语版，他是一名大学本科毕业已六年左右的白领，是在读大学期间在大学图书馆借阅的。他讲他浏览过其中的一部分内容，感觉《孙子兵法》能对公司的管理和个人工作实践起到有益的启迪作用。而绝大部分被采访的中年人则认为，他们通过观看影视或网络视频中有关中国社会文化的影像才对中国有所了解。除了对中国功夫、中国美食、中国针灸、中国书法等外在显性的文化有粗浅的了解外，他们对其他诸如社会发展、思想文化、审美价值观等抽象的、隐形的中国文化知识不甚了解。接受访谈的青少年，对于第一个问题全部给出否定回答，对第二个问题的回答是他们通过唐人街举行的各种中国特色节目的表演，或通过 YouTube、My Drama List 等风行欧美的网络视频，直接或间接地了解中国社会文化，获得的都是外在的感性的中国文化感知，对中国文化的核心内容还是知之甚少。对第三个问题，大部分老年人都说当然是到中国旅游观光，因为 Seeing is believing（眼见为实）。也有部分老年人认为要先阅读介绍中国的书籍，了解值得去的景点，然后再到中国旅游，这样才能较好地了解中国社会文化、人文历史及自然风光。对中年人群来讲，他们工作节奏快，没有时间耐心地阅读中国社会文化的译本，喜欢通过旅游这种方式高效地观察、体验中国的社会文化。对青少年来讲，除了认为通过旅游能直观地了解中国社会文化外，更多的人认为，通过互联网上面的各种有关中国社会文化的长短视频，也能高效地了解中国社会文化。

　　整体上看,通过对老年人、中年人和青少年三个年龄段人群的访谈,我们可以归纳出如下三点认识:①这些被访谈的老年人、中年人和青少年,除了一人是在读大学期间阅读过《孙子兵法》的部分内容,其余受采访的人都没有看过汉英双语文学作品,这可以推断出绝大多数普通的英国读者没有接触过《大中华文库》外译作品。普通英国读者主要是通过观看现场的可视化表演,或观看有关中国的电视和电影,才对中国社会文化有一鳞半爪的认知,而非通过阅读有关中国社会文化的译作来了解中国社会文化。②一些英国读者对中国社会文化的粗浅认知,并不是因为自身感兴趣,主动去了解中国社会文化,而是在刷网络视频时,看到一些涉及中国社会、文化、人文、历史、自然风光等的视频内容或部分片段画面,这让一部分英国受众对中国社会文化有了一些粗浅的、主观的了解。这些粗浅认识往往带点偏见。这主要是因为英国受众一般喜欢观看 You-Tube、VIKI、My Drama List 等上的欧美人制作上传的网络视频,而欧美人制作上传的网络视频涉及中国人、中国社会文化等方面的内容时,负面的、非正能量的社会文化形象多于积极、正面的形象,他们对中国本土公司或中国公民制作的宣传中国正能量的视频观看得少。可见,我们不能放任西方国家肆意扭曲中国形象和中国文化,误导英语世界受众对中国的认知;我们需要在中国文化的对外译介和传播效果上下大功夫,多制作出能吸引英语世界受众主动观看的正能量视频。③结合《大中华文库》中的《论语》(The Analects)、《老子》(Laotse)、《孙子兵法》(Sunzi: The Art of War)、《三国演义》(5 卷本)(Three Kingdoms)、《红楼梦》(6 卷本)(A Dream of Red Mansions)、《西游记》(6 卷本)(Journey to the West)等 12 种译作在 WorldCat 全球图书馆数据库检索情况和英国实体书店的考察情况,我们可以作出如下判断:一小部分《大中华文库》译作进入了以英美为主的英语世界的图书馆,但覆盖英语世界图书馆的面不广,这些图书馆收藏的《大中华文库》图书种类及单品数量不多,譬如,笔者在曼彻斯特大学的图书馆就没有检索到《大中华文库》中的任何一本书。可见《大中华文库》在英美为主的英语世界的图书馆馆藏量少,覆盖面窄,英语世界的普通读者完全不知有汉英双语对照的《大中华文库》的存在,这也说明《大中华文库》对外传播接受效果还有较大的提升空间。

4)亚马逊网站上《大中华文库》的销售状况

亚马逊网站是美国最大的一家网络电子商务公司,已成为全球商品品种最多的网上零售商,更以网络经营图书销售而闻名于世。亚马逊网站上的图书覆盖全世界读者,进入亚马逊网站销售渠道的图书在接触网购读者的广度和深度方面都是实体书店无法比肩的。读者只需登录亚马逊网站,输入想购买的相关图书或图书类别,然后轻点鼠标,相关图书就能图文并茂地呈现在读者眼前。网页上有对图书内容、规格、出版信息的详细说明,更有读者购买后的评论,能给读者愉悦的购书体验。因此,从亚马逊网站上检索《大中华文库》的销量及其读者评论,可对《大中华文库》在英语世界的传播接受状况有所了解。

现在对以下 12 种《大中华文库》汉英双语图书在亚马逊网站上的销售状况进行网络研察,最后一次更新检索研察时间截至 2022 年 5 月。研察的图书分别是:《论语》(*The Analects*,2008 年外文出版社出版,韦利译)、《老子》(*Laotse*,2008 年湖南人民出版社出版,韦利译)、《孙子兵法》(*Sunzi:The Art of War*,2007 年外文出版社出版,林戊荪译)、《中国古代寓言选》(*Ancient Chinese Fables*,2008 年外文出版社出版,杨宪益、戴乃迭译)、《三国演义》(5 卷本)(*Three Kingdoms*,2000 年外文出版社出版,罗慕士译)、《红楼梦》(6 卷本)(*A Dream of Red Mansions*,1999 年外文出版社出版,杨宪益、戴乃迭译)、《西游记》(6 卷本)(*Journey to the West*,2000 年外文出版社出版,詹纳尔译)、《南柯记》(*A Dream under the Southern Bough*,2006 年外文出版社出版,张光前译)、《水浒传》(*Outlaws of the Marsh*,2004 年外文出版社出版,沙博理译)、《菜根谭》(*Tending the Roots of Wisdom*,2001 年湖南人民出版社出版,保罗·怀特译)、《牡丹亭》(*The Peony Pavilion*,2000 年湖南人民出版社出版,汪榕培译)、《长生殿》(*The Palace of Eternal Youth*,2004 年外文出版社出版,杨宪益、戴乃迭译)。

书名	译者	出版社及出版时间	检索的关键词	有无在亚马逊网站上架
The Analects	韦利	外文出版社，2008	The Analects；Waley；Foreign Languages Press	有
Laotse	韦利	湖南人民出版社,2008	Laotse；Waley	无
Sunzi：The Art of War；Sun Bin：The Art of War	林戊荪	外文出版社，2007	Sunzi：The Art of War；Sun Bin：The Art of War	有
Ancient Chinese Fables	杨宪益，戴乃迭	外文出版社，2008	Ancient Chinese Fables；Foreign Languages Press	有
Three Kingdoms	罗慕士	外文出版社，2000	Three Kingdoms；Moss Roberts；Foreign Languages Press	有
A Dream of Red Mansions	杨宪益，戴乃迭	外文出版社，1999	A Dream of Red Mansions	有
Journey to the West	詹纳尔	外文出版社，2000	Journey to the West	无
A Dream under the Southern Bough	张光前	外文出版社，2006	A Dream under the Southern Bough	有
Outlaws of the Marsh	沙博理	外文出版社，2004	Outlaws of the Marsh	无
Tending the Roots of Wisdom	保罗·怀特	新世界出版社,2003	Tending the Roots of Wisdom	有
The Peony Pavilion	汪榕培	湖南人民出版社,2000	The Peony Pavilion	无

续表

书名	译者	出版社及出版时间	检索的关键词	亚马逊网站上架数量
The Palace of Eternal Youth	杨宪益，戴乃迭	外文出版社，2004	The Palace of Eternal Youth	有

从上表中 12 种《大中华文库》汉英双语图书在亚马逊网站上的检索情况看，12 种图书有 4 种没有在亚马逊网站上架销售，即约 33.3% 没有进入主流图书销售网站传播。在当前图书销售传播以线上为主的趋势下，《大中华文库》系列图书有部分没有进入世界主流图书销售网站，对其对外销售和传播没有起到助推作用。现对这 12 种图书在亚马逊网站上的上架销售情况论述如下：

第 1 本是 *The Analects*（《论语》）。韦利（Arthur Waley）英译的《论语》有上架，只有 5 人评论。而国外出版社出版的 *An Analects of Confucius*（James Legge 翻译）有 11 人参与评论，国外出版社出版的 *The Analects of Confucius*（Arthur Waley 翻译）有 54 人评论，这从侧面说明外国读者更偏好国外出版社出版的中国图书。

第 2 本是 *Laotse*（《老子》）。韦利英译的《老子》无上架销售。但以 Laotse 为关键词检索，得到 256 种译本，涉及英语、德语、西班牙语、葡萄牙语等语言。译本除了中国译者林语堂编译的 *The Wisdom of Laotse*（《老子的智慧》），其余版本都是国外译者所译；除了湖南文学艺术出版社出版的版本，其余各种语种的版本都是国外出版社出版。

第 3 本是 *Sunzi: The Art of War*；*Sun Bin: The Art of War*（《孙子兵法》）。中国翻译家林戊荪英译的《孙子兵法》在亚马逊网站上架销售，但无读者评论。而由外文出版社 2001 年出版，不以《大中华文库》高山瀑布为封面图案，由林戊荪英译的 *Sunzi: Sun Bin: The Art of War*（《孙子兵法》）（共 345 页）有 5 人评论。

第 4 本是 *Ancient Chinese Fables*（《中国古代寓言选》）。中国翻译家杨宪益和戴乃迭夫妇合译的《中国古代寓言选》上架销售,但无人评论。而由外文出版社于 1996 年和 2001 年出版,不以《大中华文库》高山瀑布为封面图案,由杨宪益英译的 *Ancient Chinese Fables*(《中国古代寓言选》共 263 页)两个版本,各有 1 人评论。

第 5 本是 *Three Kingdoms*(《三国演义》)。汉学家罗慕士(Moss Roberts)英译的《三国演义》上架销售,有 14 人评论。而由外文出版社 2008 年出版,不以《大中华文库》高山瀑布为封面图案,由罗慕士英译的 *Three Kingdoms*(《三国演义》共 4 卷)有多达 454 人评论。

第 6 本是 *A Dream of Red Mansions*(《红楼梦》)。翻译家杨宪益和戴乃迭合译的《红楼梦》上架销售,有 6 人评论。而由外文出版社 2008 年出版,不以《大中华文库》高山瀑布为封面图案,由杨宪益和戴乃迭翻译的《红楼梦》(共 4 卷)有 106 人参与评论。

第 7 本是 *Journey to the West*(《西游记》)。翻译家詹纳尔(W. J. F. Jenner)英译的《西游记》无上架销售。而由香港商务印书馆 1994 年和北京外文出版社 2003 年出版,不以《大中华文库》高山瀑布为封面图案,由詹纳尔节译的《西游记》(节选版)和英译的《西游记》(盒装版,共 4 卷)有 338 人参与评论。

第 8 本是 *A Dream under the Southern Bough*(《南柯记》)。翻译家张光前英译、外文出版社出版的《南柯记》上架销售,但无读者评论。

第 9 本是 *Outlaws of the Marsh*(《水浒传》)。汉学家沙博理(Sidney Shapiro)英译的《水浒传》无上架销售。而由外文出版社 2001 年出版,不以《大中华文库》高山瀑布为封面图案,由沙博理英译的《水浒传》(套装版,共 4 卷)有 138 人参与评论。

第 10 本是 *Tending the Roots of Wisdom*(《菜根谭》)。汉学家保罗·怀特(Paul·White)翻译、新世界出版社出版的《菜根谭》上架销售,但无读者评论。

第 11 本是 *The Peony Pavilion*(《牡丹亭》)。翻译家汪榕培翻译的《牡丹亭》无上架销售,但有五洲传播出版社(China Intercontinental Press)出版的英文版上架,无读者评论。

　　第 12 本是 *The Palace of Eternal Youth* (《长生殿》)。翻译家杨宪益和戴乃
迭合译的《长生殿》上架销售,但无读者评论。而由外文出版社 2001 年出版,不
以《大中华文库》高山瀑布为封面图案,由杨宪益英译的《长生殿》也上架销售,
但无读者评论。

　　考察《大中华文库》中这 12 种图书在亚马逊网站上的上架销售情况,可以
归纳出以下四点认知:①12 种图书只有 4 种没有在亚马逊网站上架销售,占比
约 33.3%。可推断《大中华文库》系列的大部分图书还是进入了国外网站销售
渠道。有些上架的图书没有读者评论,是没有读者购买? 抑或读者购买阅读了
该图书,没有上网评论? 这两种情况都可能存在。当前,要提升图书的网上销
售数量,读者在亚马逊网站上的阅读评论是非常重要的,因为评论能激发潜在
读者的阅读欲望,引导他们购买图书。因此,《大中华文库》出版方需要研究如
何在网上促销,如何使购买了《大中华文库》的读者积极在网上评论。有了读者
积极正面的评价,就能促进《大中华文库》相关图书的销售。②同一种书,譬如,
《论语》都是韦利英译的版本,由英语世界的出版社出版,其销售传播效果要好
于国内出版社出版的同一版本,这表明英语世界的出版社可能在图书发行渠道
或宣传上有值得我们学习的方法。③《大中华文库》的有些图书没有进入亚马
逊网站销售,但这些图书不以《大中华文库》冠名出版,进入了亚马逊网站进行
销售传播。这些图书或由旅居海外的华人译者翻译,或由海外汉学家翻译,从
亚马逊网站的读者评论人数可以看出,有不少读者购书阅读后给了较好的评
价。④同一种书、同一个出版社、同一个译者,以《大中华文库》名义出版,并统
一封面图案和版式,其读者评论数量低于不以《大中华文库》冠名出版的同名书
籍。譬如,翻译家罗慕士(Moss Roberts)英译的《三国演义》,以《大中华文库》冠
名,由外文出版社出版,网上有 14 人评论;而不以《大中华文库》冠名出版,同
样由外文出版社出版,网上有多达 454 人评论。同样的情况也出现在翻译家杨
宪益和戴乃迭合译的《红楼梦》上,以《大中华文库》名义出版,网上有 6 人评论,

而不以《大中华文库》冠名出版,网上有多达 106 人评论。这种评论人数的较大差异是否反映了国外读者偏好非官方组织策划出版的图书? 这将在后面章节再做探讨。总体来讲,从《大中华文库》在亚马逊网站上的评论人数来看,《大中华文库》系列外译作品在海外的销售传播还有较大的提升空间。

2.3.3 《大中华文库》对外译传播的启示

《大中华文库》在英语世界的传播接受尚未达到预期的效果,有其在译介传播中需要优化的地方,也有其在译介传播方面值得借鉴的地方。综观《大中华文库》20 多年的外译传播历程,给我们的外译传播启示可归纳为七点。其中四点为有益的经验,三点为优化。现论述如下:

第一点启示:某个领域的外译系列作品应覆盖面广,从不同视角选择译介的素材,才能全面立体地展示该领域的特点和成就。《大中华文库》涵盖不同领域,首次全面立体地展现中国优秀文化。相比《中国文学》和"熊猫丛书"以译介中国现当代文学作品为主而言,《大中华文库》不再局限于文学领域的对外译介这个特定领域,而是覆盖我国先秦至近代的文学、文化、历史、医学、哲学、军事、科技等领域具有代表性的经典著作,涉及领域广,能较为全面地、立体地向英语世界的读者展现中国古代到近代各领域的优秀成果。《大中华文库》就是中国优秀文化的百宝箱,箱里装有不同领域的译作供西方读者挑选,西方读者打开这个百宝箱,选择自己感兴趣领域的译作,能洞察和了解中国上下五千年的优秀文化。

第二点启示:外译出版工程,若能获得政府部门的重视,能在人力、财力、物力上助力外译作品的对外传播。《大中华文库》是弘扬中华优秀传统文化的国家重大出版工程,代表了中国的学术、出版和翻译水平,获得了国家领导人的重视,并在对外访问时对外推介《大中华文库》,助力《大中华文库》在海外的传播,使得《大中华文库》名副其实地成了国家的文化名片。国家领导人推荐赠送的《大中华文库》中的经典作品都顺利进入了英美图书馆,提升了外译作品在西方读者中的有效传播概率。

第三点启示:外译过程要把关严格,精选译者,保证译文质量,才有可能获得各种国内或国外的图书奖。获得图书奖能扩大该外译作品的知名度,提升其在读者中的传播接受效度。《大中华文库》的外译工作全过程严格按照工作委员会制定的"三个精"原则进行,确保了出版工作按期推进,译本由精选出来的译者翻译,再由外国专家审读把关。优秀的组织实施和质量管控使得"《大中华文库》汉英对照版 110 种,按期全部出齐,并先后获得了国家图书奖最高奖'国家图书奖荣誉奖''全国古籍整理优秀图书一等奖'"①。

第四点启示:译者或责任编辑人员撰写译作导言或导读,有利于激发读者的阅读兴趣,引导读者更好地理解外译作品。由于《大中华文库》收入的经典作品大部分创作于距今久远的时代,与当代西方读者有很大的时间和空间距离,这会增加西方读者正确理解作品内容的难度,影响读者的阅读体验和作品的吸引力。为了帮助西方读者更好地理解《大中华文库》每部经典作品的内容,《大中华文库》工作委员会还请专家为每部外译作品撰写导言,介绍每部译作的主要内容及其在中国文学文化中的地位和影响,以此提升西方读者对作品的阅读兴趣和理解力,增强作品的对外传播力。

以上四点启示也是《大中华文库》成为代表中国传统文化的一张名片的原因。此外,1994—2016 年出版的《大中华文库》聚焦汉英双语版作品,2007 年官方机构又以《大中华文库》名义出版多语种经典作品,2019 年为服务"一带一路"沿线国家,官方机构继续以《大中华文库》冠名,推出沿线国家语言对照版(第一批 84 种典籍,29 种语言)②。可以看出,官方机构有意把《大中华文库》打

---

① 中国出版史编辑部.垂范传统典籍外译项目 打造国家水平文化名片——《大中华文库》访谈录[J].
中国出版史研究,2020(1):10.
② 中国出版史编辑部.垂范传统典籍外译项目 打造国家水平文化名片——《大中华文库》访谈录[J].
中国出版史研究,2020(1):10.

造成中国文学文化"走出去"的第一文化出版品牌。虽然《大中华文库》逐渐成为代表中国文化"走出去"的品牌,体现着中国学术、出版和翻译的优良品质和中国文学文化的特殊价值,但也需正视《大中华文库》汉英对照版在外译传播过程中需要优化的地方,才能完善今后的对外译介,提升外译作品的传播接受效果。

第五点启示:官方机构或非官方机构和个体译者在译介和传播作品的过程中,如果有官方赞助,要淡化作品的官方资助色彩。由于中西意识形态差异,西方主流媒体对中国长期的政治、经济、社会、文化等领域的扭曲报道,使得西方民众对中国官方机构没有一个正确的认识,总认为官方机构组织的出版物政治色彩强、文艺价值低、宣传意味浓,因此西方读者对带有官方色彩的出版物常带有抵触情绪,主观评价较为负面。相比而言,他们喜欢阅读非官方性质的出版物。我们在前面章节论述《大中华文库》经典译作在网上销售状况时,以翻译家罗慕士(Moss Roberts)翻译的《三国演义》和杨宪益、戴乃迭合译的《红楼梦》为例,说明了同一种书、同一个译者、同一个出版社,以《大中华文库》冠名出版,其读者评论数远低于不以《大中华文库》冠名出版的同名译作,原因就在于译作是否带有官方色彩。可见,作品的官方色彩是把双刃剑。一方面通过官方的组织和资金支持,能高效地外译出版译作,在官方的文化交流中,能得到官方的推介;另一方面是非官方性质的出版物在传播效果上往往优于具有官方色彩的出版物。正如彭红艳、胡安江(2019)在探讨网络文学作品的外译传播时认为,"网络文学及其改编作品在海外广受欢迎不是依靠官方组织的对外译介活动,也没有任何权威书评杂志或主流媒体的推介,而是海外的众包译者、翻译网站、出版机构,视频网站自发译介与传播的结果"[1]。由此可见,由民间自发译介完成的作品,即使无官方的宣传、无主流媒体的书评推介,其在海外读者中的传播接受效果也不会逊色。

---

① 彭红艳,胡安江.中国网络文学的译介与传播:现状与思考[J].山东外语教学,2019(4):116.

第六点启示:译者在对外译介时,需要为顺应西方读者的阅读接受环境而对原作相关语句进行适当的变通处理。在《大中华文库》的翻译出版过程中,工作委员会的人员发挥主观能动性,为每部译作找专家撰写导言,介绍译作的内容和背景,目的是帮助西方读者正确理解译作。然而,《大中华文库》工作委员会没有明文说明译者可在翻译中发挥主体性,那么译者只能以忠实再现原作语义为翻译原则,忽略中西方文化差异、审美观、价值观等方面的不同,这样难免造成译者在翻译中对原文亦步亦趋,影响译作的可读性和阅读体验。其实,工作委员会经过严格程序遴选出来的优秀译者往往精通英汉双语文化。如果他们在翻译过程中,有权利考虑内容的中西方文化差异以及审美观、价值观的不同对读者理解和接受译作带来的障碍,那么译者必然会为了读者能对译文有好的理解和阅读体验而发挥主体性,进而对原作有文化障碍的语句进行一些变通处理,消解阅读障碍,提升译作的传播接受效果。

第七点启示:如果译介的内容能引发读者的共情和共鸣,那么作品在读者中将产生理想的传播接受效果。纳入《大中华文库》的作品都是我们从自身的视角审视作品的文化价值和文艺价值后精选的,没有从西方读者的阅读文化语境角度去选择外译作品。这样势必会出现如下问题:一方面我们对选出的优秀作品感到很自豪;另一方面西方普通读者对译作可能不感兴趣,他们不感兴趣的原因之一就是我们没有挑选一些具有普遍价值的典籍作为文化传播的开路先锋。上节对《大中华文库》12 种图书的传播效果考察表明,《大中华文库》外译作品未达到理想的传播效果,原因之一是译介的作品在激发读者共情和共鸣上还有提升的空间。在当今西方读者仍以西方文学文化为中心的背景下,要让相对弱势的中国文学文化吸引西方读者,不能急于求成。我们可以选择与西方读者价值观及文化兼容的作品作为对外传播的先锋队,因为这些作为先锋队的外译图书具有普遍价值,与西方读者的价值观、文化语境具有兼容性,就容易引起西方读者的阅读兴趣,激发他们与外译作品的共情和共鸣,达到好的传播接受效果。

2.4　本章小结

本章探讨了三次国家翻译实践的外译传播状况:《中国文学》的外译传播、"熊猫丛书"的外译传播和《大中华文库》系列译作的外译传播。这三次外译传播效果虽未达预期,但给我们今后的文学文化"走出去"提供了可以借鉴的经验和启示。《中国文学》的外译传播给我们的启示是:①在外译传播过程中,需要关注读者需求和意见;②中英对照形式的排版不利于提升译作的传播接受效果;③西方读者对中国作品的理解力不高,需要对中国文化特色语句进行变通式翻译和调整,以利于西方读者理解原作内容;同时,对外传播需要精通跨文化传播的高级外译人才。"熊猫丛书"的外译传播给我们的启示是:①洋为中用,敢于借鉴;②对外译介作品的选择应符合不同读者群的不同阅读期待;③译作出版发行前、发行中和发行后,都应有相对应的市场营销策略,以此扩大译作的知名度和促销力度;④中国外译传播的作品在英语世界的传播需要增加英语世界的代理商数量,拓宽代理网点覆盖面,以扩大译作对读者的覆盖面。《大中华文库》系列译作的外译传播给我们的启示是:①某个领域的外译系列作品应覆盖面广,从不同视角选择译介的素材,才能全面立体地展示该领域的特点和成就;②外译出版工程若能获得政府部门的重视,能在人力、财力、物力上助力外译作品的对外传播;③外译过程要把关严格,精选译者,保证译文质量,才有可能获得各种国内或国外的图书奖;④译者或责任编辑人员撰写译作导言或导读,有利于激发读者的阅读兴趣和引导读者更好地理解外译作品;⑤官方机构或非官方机构和个体译者在译介和传播作品的过程中,如果有官方赞助,要淡化作品的官方资助色彩;⑥译者在对外译介时,需要为顺应西方读者的阅读接受环境而对原作相关语句进行适当的变通处理;⑦在选择外译的古典作品时,要优先选择能在西方读者中产生共情和共鸣的作品。我们从三次国家翻译实践中获得的启示,对于我们今后的外译传播实践具有很好的指导作用和借鉴作用。

第 3 章

中国文化外译传播面临的
外部挑战

我们在第 2 章探讨了中国文化外译传播效果未达预期,投入与产出不成正比等问题。究其原因,除了我们在外译传播中存在上述微观层面的、可操作性的认知偏误,也与中国文化外译传播还面临宏观层面的外部挑战有关。中国文化的外译传播涉及翻译学与传播学,这两门学科属于人文社会科学,人文社会科学的研究和实践都少不了对"人"这个主体的研究。中国文化外译传播的接受主体是"人",是西方的广大受众,也就是说,我们的文化对外传播在西方接受度低、传播效果不理想,关键是"人"的原因。是什么因素导致西方受众对中国的外译作品热情不高呢? 我们不妨跳出学科框架,以宏观的视角,从以下五个方面论述中国文化外译传播面临的外部挑战:①西方眼中的中国文化偏见:由仰慕到偏见的演变;②西方媒体不实报道形成的中国文化偏见;③西方精英阶层不实言论形成的中国文化偏见;④中西经济贸易矛盾形成的中国文化偏见;⑤中西地缘问题分歧形成的中国文化偏见。现分论如下:

3.1　西方眼中的中国文化偏见:由仰慕到偏见的演变

3.1.1　西方对中国社会文化的仰慕

西方人对中国社会文化的看法是不断演变的。从历史角度看,西方接触中国社会文化较早的时期可以追溯到 13 世纪,以意大利商人马可·波罗(Marco Polo,1254—1324)到中国元朝生活游历后撰写的《马可·波罗游记》所展现的中国社会文化为代表。该游记在西方以多种语言出版,其第二卷记录了蒙古大汗忽必烈及其宫殿、都城、朝廷、节庆、游猎等事,以及自大都南行至杭州、福州、泉州及东海沿岸和诸海诸洲等事。该游记让处于中世纪神权统治下的西方看到了中国当时政治、经济、文化的繁荣,使得西方人向遥远的东方大国——中国抱以仰慕之情,激发了西方人想了解中国社会文化的兴趣与热情。到了明朝,以意大利传教士利玛窦(Matteo Ricci,1552—1610)为代表的大批西方耶稣会传教士来到中国。他们除了在中国传教,还向西方大量译介了中国的古代典籍,并介绍中国的社会、政治、经济和文化,这进一步激发了西方人对中国社会文化的兴趣。他们欣赏中国文化,许多中国典籍、社会文化作品被译介成不同语言在西方传播。譬如,元代杂剧作家纪君祥创作的《赵氏孤儿》于 1732 年被法国传教士马若琴(Joseph de Prémare)翻译成法文在法国出版,标题改为《赵氏孤儿:中国悲剧》,在法国深受读者欢迎,很快被编入由法国传教士编著的《中华帝国全志》中,并在法国巴黎出版。"《中华帝国全志》在法国出版以后,英国的出版家们争相翻译,1736 年,由约翰·瓦茨(John Watts)主持翻译的选译本出版,八开本四册;1738—1741 年,由爱德华·凯夫(Edward Cave)主持翻译的全译本接着出版,对折本两大册。这样,英国在 18 世纪 30 年代就有了《赵氏孤儿》的两种英译本。据法国汉学家高地爱(Henri Cordier)编著的《西人论华书目》介绍,《中华帝国全志》德文转译本刊行于 1748—1756 年,俄文转译本刊行于 1774 年,这两种转译本中也都包括《赵氏孤儿》。"[①]1755 年,法国大文豪伏尔泰(Voltaire,1694—1778)根据《赵氏孤儿》改编成五幕剧的《中国孤儿》在巴黎上演,引起轰动,"伏尔泰生活的时代,正值中国的康乾盛世,他改编《中国孤儿》表现了对中国政治制度和文化传统的钦敬之情。他曾细读中国儒家经典的拉丁和法译文,赏识儒家所主张的中庸之道和仁政,并且很称赞中国皇帝奖励农业的政策,认为欧洲君主应该仿效"[②]。从 13 世纪《马可·波罗游记》在西方的出版传播,到 18 世纪以中国元代戏曲《赵氏孤儿》为代表的中国文学文化在欧洲各国的传播,反映了西方对遥远而神秘的中国的社会文化有着极其浓厚的了解兴趣和仰慕心态。西方积极主动译介中国的古典作品,除了《赵氏孤儿》以外,还有戏曲《汉宫秋》、小说《好逑传》《玉娇梨》等古典作品。

---

① 王丽娜.中国古典小说戏曲名著在国外[M].上海:学林出版社,1988:444-445.
② 同上:447.

3.1.2 西方对中国社会文化的偏见

但是,到了 18 世纪中后期,英国开始了工业革命(1760—1840),使得欧美的机器生产大量代替手工作业,科学技术和生产力水平大大提高。到 1840 年左右,英国完成了工业革命,成为世界上第一个工业化国家,以其先进的工业技术称霸世界,民众的物质生活得到了极大改善,文化也得到快速发展。与此同时,在欧洲大陆的法国,1789—1794 年爆发了反封建的资产阶级大革命,历时长达 5 年,使得民主、人权、法制在西方取代了君主制,以英美为主的西方社会在政治、经济、文化等方面都发生了翻天覆地的变化。反观工业革命时期和法国大革命时期的中国社会,处于乾隆盛世末期,闭关锁国,对西方的发展了解少,夜郎自大。欧美列强通过工业革命和法国大革命使得它们的综合国力大大超越同时期仍处于农耕文化为主的清王朝。1840 年开始的鸦片战争以及紧跟其后的西方列强的侵略、反清的太平天国运动、北洋军阀混战等,使得中国社会动荡,国力衰退,民不聊生。在这样的背景下,西方不再对中国社会文化采取仰视的态度,反而以傲慢的态度批评责难中国社会文化。譬如,20 世纪初,法国社会学家涂尔干把中国社会划为原始体系(primitive system),"它用家庭宗族而非个人将社会联系起来。换言之,中国社会缺乏现代性,难以跟上西方"①。涂尔干就是比较典型的西方社会文化优越论的代表。这种表达西方社会文化具有现代性、优于中国社会文化的言论在当时的西方比较普遍。西方从仰慕中国社会文化逐渐转变为轻视、批评、责难,甚至排斥中国社会文化。这种对中国文化普遍持有的轻视、批评、责难,甚至排斥,从鸦片战争后开始一直延续至中华人民共和国成立。1978 年中国实施改革开放政策以后,中国的综合国力已大幅提升,如今已成为世界上第二大经济体,政治、经济、军事等方面在世界上的影响力越来越大。在这种背景下,虽然西方对中国社会文化的看法有较大的好转,

---

① 单波,刘欣雅.国家形象与跨文化传播[Z].北京:社会科学文献出版社,2017:74.

但由于西方在经济、科技上仍然强大,西方人仍以西方的文学文化为中心,再加上西方媒体长期对中国的扭曲报道,使得西方普通民众对中国自鸦片战争以来形成的文学文化偏见仍未完全消除。譬如,在对中国文学的评价上,英国汉学家蓝诗玲(Julia Lovell,2005)曾坦言,"许多大型出版商普遍认为,中国现代文学鲜为人知,也缺乏文学价值,不大可能吸引受众,因而对其出版十分谨慎"①。这种认为中国文学缺乏文学价值的偏见,反映了西方知识界和出版界对中国文学作品的轻视心态,一定程度上阻碍了中国文学作品在英语世界的传播和接受,使得中国文化的对外译传播难度不小。这就需要我们加强对外译介与传播研究,唱好中国好声音,让外国人读懂中国、理解中国。

3.2　西方媒体不实报道形成的中国文化偏见

中国是中国共产党执政的社会主义国家,西方是资本主义国家。两种不同的社会制度,必然在意识形态、社会价值观等方面会有不同。以英美为代表的西方国家,常常通过报纸、广播、互联网等渠道,对中国政治、经济、社会等发表扭曲的言论,抹黑中国,使得西方民众读到对中国不切实际的、肆意歪曲的新闻报道,从而在潜移默化中对中国社会文化持有一定的负面看法。潘志高(2003)研究了 1993—1998 年《纽约时报》关于中国人权的报道,他发现报道内容呈现中性与负面之比为 14：86；关于香港回归前后的报道,中性与负面之比为 23：77；关于西藏问题的报道,中性与负面之比高达 10：90②。此外,西方报刊媒体常常以他们资本主义的新闻价值和政治制度为导向,对中国社会文化蓬勃发展、蕴含正能量的新闻报道不多。它们主要以社会阴暗面的东西作为报道内容,并将其渲染放大,最终目的是抹黑中国社会文化在西方普通读者中的形象。

---

① 彭红艳,胡安江.中国网络文学的译介与传播:现状与思考[J].山东外语教学,2019(4):117.
② 潘志高.《纽约时报》对华报道分析:1993—1998[J].贵州师范大学学报(社会科学版),2003(3):53.

长期浸润在对中国不实报道环境中的绝大部分西方读者,因不了解真相,会对中国产生负面看法,进而会对中国译介的文化作品产生负面看法或抵触情绪。读者对以官方机构形式组织出版的对外译介书籍和刊物,更会存在一定的心理接受距离,这对我国文化走出去效果形成一定的压制和阻碍。

3.3 西方精英阶层不实言论形成的中国文化偏见

中国文化上下五千年,源远流长、博大精深,有过四大发明,有过唐诗宋词、宋明理学,但为何中国的许多典籍在西方的接受度、认同度不理想呢? 这与西方精英阶层向普通民众散布贬损中国社会文化的不实言论有关。西方人的文化优越感早在公元前 4 世纪的古希腊亚里士多德时期就有苗头。亚里士多德错误地认为希腊人是世界上优秀的人种,东亚人属于落后愚昧的人种,只能处于被统治的地位。古罗马帝国在欧洲的统治崩溃后,欧洲各独立的新兴民族国家经过文艺复兴、宗教改革、思想启蒙、资产阶级革命等启发民智、改良社会,倡导科学、民主、独立精神的运动和思潮后,摆脱了中世纪神权统治造成的社会、思想、文化、科技等停滞不前的黑暗时期。西方各国在政治、经济、文化、科技等方面的发展突飞猛进,进入了现代文明社会;而这个时期的中国,由于清朝闭关锁国、夜郎自大、以"天朝上国"自居,中国的民族文化、科学技术的发展被束缚,使得经济、科技、文化、军事等落后于西方,处于被动挨打的境地。这使得西方在谈论东方时有一种高高在上的优越感,导致西方精英肆意对中国社会、中国文明和文化散布不切实际的贬低言论。许多西方著名人物贬低中国文明是落后的文明,中国社会是半文明半野蛮的社会。譬如,德国近代著名思想家、哲学家黑格尔错误地认为,中国社会没有历史,中国文化没有哲学,中国人没有内在道德性。可以说,黑格尔对中国社会、文化和中国人的看法就是一种明显的贬低。爱因斯坦 1922 年曾到上海,逗留了三天时间,他把在上海的所见记在日记本上。2018 年普林斯顿大学整理了爱因斯坦私人日记,以《阿尔伯特·爱因斯坦游记》为书名出版。此书中有爱因斯坦对中国人的看法,他在日记中写道:中国人迟钝、勤劳、肮脏,不喜欢坐在椅子上吃饭,而是端着碗蹲在地上吃,这种姿势跟欧洲人在丛林中大小便没有什么区别。此外,曾有一个学生问爱因斯坦:中国有无科学,爱因斯坦回复说:中国没有科学。他还错误地认为中国人没有逻辑思维、没有数学天赋。处于社会精英阶层的黑格尔、爱因斯坦等在西方有影响力的著名思想家、科学家对中国社会文化散布的带有轻视和偏见的言论和观点,影响着西方的普通大众,使他们认为中国文化落后,从而在西方普通大众的心目中,逐渐形成以西方文学文化为中心、轻视和抵触中国文化的文化接受语境。何明星(2020)的研究印证了这个观点,他认为,精英人士汇聚的欧美学术界常常从西方中心主义的文化价值观出发,带有偏见地解读、评价中国当代文学,然后凭借欧美主流媒体对这些解读和评价进行放大传播,最后影响西方读者对中国文学作品的阅读选择,而西方读者对中国文化作品的误解又会影响欧美世界的翻译出版机构对于中国当代文学图书的选题投入[①]。由此可见,无论是西方社会的精英阶层人士还是学术界,他们对中国文学文化带有偏见的看法,以及发表带有偏见的评论,对西方普通大众都会产生潜移默化的误导作用。

3.4　中西经济贸易矛盾形成的中国文化偏见

中国同西方的经济贸易矛盾是导致西方许多底层的普通民众对中国文化抱以漠然态度或抵触情绪的原因之一。众所周知,1978 年中国改革开放以后,因中国有性价比高的人力、物力资源,并且对外资公司来华经商实行优惠政策,所以有大量的外国公司为了降低公司人工成本和产品物料成本,纷纷来华投资建厂,中国因而获得了"世界工厂"的声誉。大量欧美公司把劳动力密集产业搬

---

① 何明星. 西方对于中国当代文学的接受屏幕:特点、成因及对策[J]. 中国当代文学研究,2020(6):22-23.

到中国,使得欧美本国的普通底层工人的就业岗位相对变少,在普通工人中形成了中国抢了他们工作岗位和饭碗的错误认识。譬如,华盛顿保守派智库"经济政策研究所"曾发布报告称,"2001 年到 2013 年间,美国与中国之间的贸易赤字扩大使美国丧失了 320 万个工作岗位,这些工作岗位中 3/4 是在制造业领域"①。此外,中国改革开放后,国家需要大量外汇储备用于中国发展所需的战略物资的国际采购,因此中国大量的外向型出口企业生产的价廉物美产品远销英美等西方国家,直接给西方国家的同类产品的销售带来压力。特别是 21 世纪以来,由于中国出口型企业的科研经费投入不断增多,中国企业的创新能力迅速增长。"根据世界知识产权组织(WIPO)的统计,2016 年中国专利申请数量达到了 125.7 万件,与 2007 年相比增长了 7.8 倍,而美国同期专利申请数量仅增长 1.07 倍。从全球创新指数而言,2018 年中国首次迈进前 20 行列,达到全球第 17 位,相比较而言,美国却呈现出了下跌趋势。"②中国企业专利技术的增多,直接促进了产品制造技术的提高。中国产品质量的性价比获得长足的进步,与以英美为主的西方国家的产品在性价比上的差距逐渐缩小,甚至在一些专、精、尖技术领域方面,中国已经赶上西方,这使得英美等西方国家的产品竞争优势不复存在,引发英美制造业的产品销路不畅、消费不景气、企业裁员增加、经济增长乏力。以英美为主的西方国家进而对中国设置贸易壁垒,挑起贸易摩擦,特别是美国,除了向中国的一些企业发起无理的 301 调查以外,还把中国价廉物美的工业产品在美国的畅销看作中国企业对美国市场的产品倾销。"截至 2017 年中国已经连续 23 年成为全球遭遇反倾销调查最多的国家,据全球反倾销数据库的数据统计显示,2000—2015 年中国遭遇反倾销调查年均达到47 起。2018 年美国对中国实施了较大规模的反倾销,其中涉及化学品、光伏产品及部件、车船运输设备及部件等中高端产品,成为近年来实施反倾销较多的

---

① 参见 http://world. people. com. cn/n/2014/1216/c157278-26219645. html.
② 李双杰,李众宜,张鹏杨. 对华反倾销如何影响中国企业创新?[J]. 世界经济研究,2020(2):106.

年份之一"①。由此可见,以英美为首的西方国家肆意对中国企业施行反倾销调查,制造中国企业和中国产品影响了美国工人就业岗位的假象,增加了西方普通工人对中国企业及中国文化的不实看法。

总之,中国改革开放后,特别是从 20 世纪 90 年代初期开始,中国沿海及内地的优惠外商投资政策吸引了大量西方企业来中国设厂,由于生产线转移到中国,使得以英美为主的西方国家制造业岗位减少,叠加中国企业的产品性价比逐渐提高,中国产品上标注的 Made in China(中国造)成为西方消费者眼中物美价廉的代名词,产品在欧美畅销。这使得欧美生产同类产品的企业竞争优势不复存在,欧美国家就业岗位减少、经济增长缓慢。这无形中在为数不少的欧美政府机构、企业主和工人中形成了对中国或中国产品的一种负面认知,无理地认为中国抢了他们的工作岗位,不断对中国企业发起 301 调查和对中国产品进行无理的所谓产品反倾销调查。这些经济贸易矛盾不可避免地在一些普通民众中滋生出对中国产品、中国社会和中国文化的抵触心态和扭曲的负面看法,这对中国文学文化在英语世界的传播接受效果有一定的阻碍作用,同时也是中国文学文化面向英语世界传播必须面对的传播接受语境。

3.5　中西地缘问题分歧形成的中国文化偏见

1949 年国民党败退台湾后,以英美为首的西方国家,尤其是美国,常常干涉中国的台海问题,阻碍两岸和平统一进程。特别是进入 21 世纪以来,以美国为首的西方国家对中国在南海诸多岛屿的主权事务横加干涉,以航母战斗群巡航南海的方式对中国进行军事恫吓,并对中印边界争议采取扭曲事实的报道。《纽约时报》《华盛顿邮报》和《洛杉矶时报》等代表美国利益的主流报刊对中国在东海、台湾海峡、南海的军事演习,南海填海造岛等事宜进行扭曲报道,渲染

---

① 李双杰,李众宜,张鹏杨. 对华反倾销如何影响中国企业创新?［J］. 世界经济研究,2020(2):107.

中国威胁论,扭曲事实、大放厥词、哗众取宠,严重误导西方不明真相的读者。2014 年 5 月 15 日,《华盛顿邮报》就以"Rein in China in Its Dispute with Vietnam over Energy Resources"(《约束中国与越南的能源争端》)为标题,刊登了一篇报道,通篇报道罔顾事实,向不明真相的读者抹黑中国。譬如,报告中开篇写道:"The China National Overseas Oil Corporation(CNOOC)began drilling in Vietnamese-claimed waters last week,accompanied by more than 70 vessels,including armed Chinese warships."(中国海外石油总公司[中海油]上周开始钻探越南宣称拥有主权的水域,有 70 多艘船只随行,其中包括中国战舰。)众所周知,中国对中国南海自古以来就拥有主权,但该报道却严重扭曲事实,认为中国侵犯了越南的领海,这严重误导了英语世界的读者;报道的中段还写道:"…Beyond these two motivations,it does not hurt that Chinese oil companies are eager to operate in the region. By cloaking its military excursion in commercial garb,Beijing might have hoped to defuse some of the inevitable opposition."[①](除了这两个动机以外,中国石油公司急于在该地区开展钻探活动无伤大雅。通过披着商业外衣进行军事航行,北京或许希望借此化解一些不可避免的反对意见)。以美国为首的西方主流报刊,把中国在南海上名正言顺的主权活动,撰写成类似的歪曲事实的报道,严重误导了西方读者对中国的看法。随着中国的崛起,中国威胁论等方面的报道在西方媒体上也时常出现。譬如,2014 年 7 月 4 日《华盛顿邮报》就刊登了一篇"China's Territorial Advances Must be Kept in Check by the United States"(《中国的领土扩张必须受到美国的遏制》)为题的报道,全篇报道扭曲事实、混淆视听。譬如,该报道讲:"China appears to be taking carefully calibrated steps—such as seizing small islands with coast guard vessels,unilaterally asserting greater administrative rights over contested territories,building small outcrops into military installations and drilling for oil in disputed waters—designed to change the territorial status

---

① Elizabeth,Economy et al. Rein in China in Its Dispute with Vietnam over Energy Resources[N]. *The Washington Post*,2014-5-15.

quo in Asia without provoking a serious response from its neighbors or the United States."①(中国似乎正在采取谨慎措施——比如通过海警卫队船只抢占小岛，单方面针对有争议的领土宣布更大的行政权力，把裸露海面的珊瑚岛建设成军事基地，在有争议的水域钻探石油——这些措施旨在改变亚洲的领土现状，同时不至于引发来自邻国或美国的严厉回应。)这些歪曲事实的报道，严重误导读者对中国的客观看法。以美国主流报纸为代表的欧美强势媒体对中国军事、中国周边地缘问题大做文章，抹黑中国形象，煽动西方民众的对华负面情绪，这直接或间接引发西方民众对中国形象的负面塑造。西方媒体对这些地缘问题的扭曲报道，削弱了对华友好的西方外交人士、海外汉学家和旅居西方的中国学者通过各种途径和方法对中国形象的正面塑造，造成一些西方民众对中国社会文化产生心理距离和抵触情绪。

3.6　本章小结

综上所述，我们可以看出，13 世纪至英国工业革命和法国大革命之前，西方社会对中国社会文化采取的是仰慕的态度，中国文化有过对外极具吸引力的辉煌。西方人主动译介和改编中国古典作品并在西方传播，使得中国文化经典在欧洲广泛传播，得到了很好的接受效果，对西方文学和文明的进步产生了积极作用。英国工业革命和法国大革命完成后，欧美诸国在社会政治、科技、军事、经济等方面超越了同时期的中国清王朝。中国在经历了鸦片战争、太平天国运动、甲午战争、八国联军侵华、清王朝灭亡后的军阀混战和日本的侵华战争后，社会动荡，国力削弱，民不聊生，社会政治经济等都处于崩溃边缘，西方对中国社会文化的态度由仰视羡慕为主逐渐转变为以轻视、批评、责难，甚至排斥中国

---

① Michèle, Flournoy et al. China's Territorial Advances Must be Kept in Check by the United States[N]. *The Washington Post*, 2014-7-4.

社会文化为主。这种对中国文化态度的转变直到中国改革开放后,随着中国综合国力的提升,在世界政治、经济、军事等方面的影响不断扩大,西方对中国文化的看法才有所改善。当前,西方凭借经济的发达、科技的强大,仍以西方文化为中心,对中国文化采取俯视的态度。此外,西方媒体对中国的不实报道、西方精英阶层对中国的不实言论、中西经济贸易矛盾形成的对中国社会文化的心理距离,以及西方对中国周边地缘问题的扭曲报道和军事挑衅等因素,使得西方一些不明真相的大众对中国社会文化形成一种负面的看法,进而形成中国文学文化在西方不易传播接受的语境。因此,中国文学文化外译传播要达到理想的传播效果,还面临诸多宏观接受语境的挑战。在这种背景下,要唱好中国好声音,让外国人读懂中国、了解中国,推动构建人类命运共同体建设、实现国家文化"走出去"战略,就必须加强对外译传播的理论研究和实践探索。

第 4 章

中国文学外译传播的典范例析:启示与借鉴

从第 2 章和第 3 章的论述可知,我们三次以官方机构支持的中国文学外译传播实践在海外产生的传播和接受效果尚未达到预期目标,同时西方受众对我们的文化还存在一定的接受障碍。从宏观层面看,根据伊塔玛·埃文-佐哈尔(Itama Even-Zohar)在 20 世纪 70 年代提出的文学多元系统理论观点,翻译文学要成为一国多元文学系统的中心,必须符合下面三种情形之一:①当一个民族的文学处于起步阶段时,即文学刚处于"幼稚期",必然要从国外吸收借鉴现成的文学模式;②当一国文学与他国文学比较而言是处于边缘地位时,或弱势地位,或两者都有,那么翻译文学就会因输入了他国的文学模式而进入中心地位;③当一种文学处于危机之中或经历转折时,或出现某种形式的文学空白时,翻译文学也会处于文学多元系统的中心地位。综观这三种情形,中国文学在对外传播中,要从边缘进入以英美为代表的英语世界的文学系统核心位置,受到西方读者的关注和喜爱,暂时还不具备进入西方文学系统中心的条件。中国文学文化作品译作在以欧美文学文化为中心的英语世界处于边缘地位,传播和接受效果不达预期,可以用佐哈尔的文学多元系统理论给予合理解释。在这种情况下,是否因为中国的古典文学和现当代文学在中西意识形态、价值观、审美观、艺术表现形式等方面存在差异,而无法实现从"走近"西方读者到"走进"西方读者的愿望呢?答案是否定的。下面我们以《道德经》作为古典文学个案,《狼图腾》作为当代文学个案,考察这两部作品在海外读者中成功传播的奥秘。

4.1 《道德经》:中国古典文学"走出去"的典范

春秋末期,道家学派创始人老子创作的《道德经》,又名《老子》,共 5 000 多字。《道德经》以三言、四言韵句为主,散句为辅,韵散结合,语言简练,朗朗上口,言简义丰,富含哲理,被誉为"万经之王"。该著作由 81 章组成,前 37 章阐释"道",后 44 章讲解"德",故称《道德经》。该作品"围绕着'道'这一核心,辅以'德、天、地、人、圣人、有、无、无为'等概念,构建了一个内涵丰富、意蕴深远的哲学体系"①。2 500 多年来,《道德经》一直被奉为治国、治学、做人、管理等方面的殿堂级著作。《道德经》同《易经》《论语》被称为对中国人影响深远的、最负盛名的三大经典作品。据联合国教科文组织统计,在世界各国经典名著中,《道德经》是被翻译成外语语种最多、发行量最大的传世经典,可以作为中国文化对外传播的典范。下面我们探究《道德经》在英语世界的传播与接受状况。发掘其在英语世界成功传播的奥秘,既可增强我们对外传播的文化自信,也可借鉴其译介传播之道。

4.1.1 　《道德经》在英语世界的传播与接受

自《道德经》问世以来,因其作为中国道教的经典著作,并富含人与自然、治学、做人、管理等方面的智慧,使得《道德经》在国内外成为人们乐于阅读和传播的作品。在国内,从春秋时期的庄子和韩非子,到当代学者,对《道德经》的阐释从没中断过。由于阐释者所处的社会文化语境不同、人生经历各异、知识储备和对作品的理解力不同,使得古代的文人墨客和当代的专家学者对《道德经》有不同的解读。据不完全统计,国内从古至今对《道德经》注疏的作品就达 700 多部。在海外,许多外国传教士、汉学家、哲学家、旅居海外的华人学者等为代表的翻译人员对《道德经》进行了译介,在英语世界产生了许多不同类型的译本,如全译本、节译本、编译本、阐译本等译本类型。据尹飞舟、王佳娣(2022)研究,《道德经》的英译传播最早可追溯到 1868 年英国传教士湛约翰(John Chalmers)的译本《老子玄学、政治与道德之思辨》(*The Speculations on Metaphysics*, *Politics and Morality of "The Old Philosopher"*)。据此算来,《道德经》的对外传播至今已有 150 余年的历史。截至 2021 年 9 月,《道德经》已出版英文全译本 288 部,其中不包括《道德经》的摘译本、创作本、研究性著作以及通过网络出版的译本②。

① 尹飞舟,王佳娣. 媒介融合时代《道德经》英译传播中的经典重构[J]. 中国文学研究,2022(2):188.
② 尹飞舟,王佳娣. 媒介融合时代《道德经》英译传播中的经典重构[J]. 中国文学研究,2022(2):189.

由于《道德经》成书于 2 500 多年前,其撰写的时代背景久远,内容的含义具有开放性,造成后世不同的注释者或翻译者对《道德经》的内容阐释有异。从 1868 年英国传教士湛约翰(John Chalmers)翻译的《道德经》英译本算起,至今已有 150 多年。在这 150 余年的岁月中,《道德经》在英语世界的翻译、传播和接受就没有停止过,这是因为《道德经》内容含义的开放性和具有的社会价值,引发不同时代的译者从自己所处的时代语境出发来翻译和阐释《道德经》,以达译本的内容服务社会、服务读者之目的。换言之,《道德经》具有学以致用的社会价值、哲学上的学术价值以及文学上的美学价值等,使得其在英语世界被大量翻译,并在英语世界的读者中获得了很好的传播接受效果。在这 150 余年中,出版的《道德经》英译版本纷繁复杂。为化繁就简,展现脉络,突出《道德经》英译版本的社会价值、学术价值和美学价值,我们可把《道德经》在 150 余年中的译介史浓缩划分为几个时间段,分别论述。辛红娟(2008)在其专著《〈道德经〉在英语世界:文本行旅与世界想像》中,把《道德经》在英语世界的传播划分为三个高潮时期:1868—1905 年,1934—1963 年,1972—2004 年。该划分比较科学,下面的探讨就按此时间段分别论述。

《道德经》第一个翻译传播高潮在 1868 年至 1905 年间。在这段时间内,有 14 个英译版本出版发行,其中有 6 个版本在伦敦出版发行。这些译本中,大部分译者以基督教的视角,运用基督教的概念和术语从事《道德经》的翻译①。我们认为,从当代译学的观点看,运用基督教的概念和术语来代替《道德经》中一些抽象概念,这样的译介方法使得《道德经》的内容具有本地化效果,能减少西方读者在阅读译本语句上的陌生感,拉近译本与译入语读者的心理距离,无形中能减少《道德经》译本在基督教徒中传播的阻力,提升译本的传播力。

第二个翻译传播高潮在 1934 年至 1963 年间。在这段时间里,西方经历了 20 世纪 30 年代的经济萧条、第二次世界大战对社会经济的摧残以及战后经济

---

① 辛红娟.《道德经》在英语世界:文本行旅与世界想像[M].上海:上海译文出版社,2008:19.

和社会生活的重建三个阶段。在这个时间阶段里,译者纷纷译介《道德经》,期望《道德经》的内容能在哲学上、思想上、宗教上和社会生活方面展现东方智慧,助力战前和战后的西方社会渡过危机、混乱与迷茫。在这段时间里,先后有 25 个英译版本出版发行,其中有 13 个英译版本在美国出版发行。结合学者杨玉英[①]的统计和笔者的补充,这期间在英美两国出版发行的《道德经》英译版本非常多,现列举部分译本:韦利(Arthur Waley)1934 年英译的《道与德:〈道德经〉及其在中国思想中的地位研究》(*The Way and Its Power：A Study of the Tao Te Ching and Its Place in Chinese Thought*),宾纳(Winter Bynner)1944 年英译的《老子的生活之道》(*The Way of Life According to Laotzu*),初大告(Ch'u Ta-Kao)1937 年、1942 年、1959 年、1973 年英译的《道德经新译》(*A New Translation of Tao Te Ching*)以及 1982 年配有插图的英译本,林语堂(Lin Yutang)1948 年编译的《老子的智慧》(*The Wisdom of Laotse with an Introduction and Notes*),布兰克利(Raymond B. Blakney)1955 年英译的《生活之道:道德经新译》(*The Way of Life：A New Translation of the Tao Te Ching*),吴经熊(John C. H. Wu)1961 年英译的《道德经》(*Tao Teh Ching*),刘殿爵(D. C. Lau)1963 年英译的《道德经》(*Tao Te Ching*)和陈荣捷(Wing-tsit Chan)1963 年英译的《老子之道》(*The Way of Lao Tzu (Tao-te Ching) with Introductory Essays，Comments and Notes*)。

众多译本的出版,表明了西方读者对《道德经》译本内容的喜爱程度。我们知道,西方译者翻译《道德经》都是自发的,没有官方赞助,译本如果在英语世界没有阅读需求,如果不受英语世界读者的喜爱,译者是不会译介的,出版社也不会亏钱出版。这期间,英国汉学家韦利的英译本《道与德:〈道德经〉及其在中国思想中的地位研究》(*The Way and Its Power：A Study of the Tao Te Ching and Its Place in Chinese Thought*)每隔五六年就要重印一次,传播效果最出色;初大告的英译本《道德经新译》1937 年底由英国伦敦 Buddhist Lodge 出版社出了第一版,

---

① 杨玉英.《道德经》在英语世界的传播与接受研究[M].北京:学苑出版社,2019:32-35.

汉学家翟林奈(Lionel Giles)为此译本撰写前言,此英译本很畅销,到1959年由英国伦敦 George Allen & Unwin Ltd 出版社出了此英译本的第五版,在英语世界中产生了极大的影响力。这段时期的各种译本,为了向读者展现《道德经》在哲学、宗教和服务社会生活方面的价值,都在内容上比较忠实地译介内容,翻译时还对内容另加阐释,帮助读者理解原作的思想内涵和语用价值,从而提高了译本的接受度和传播效果。

第三个翻译传播高潮在1972年至2004年间。1973年,在湖南长沙马王堆汉墓出土了帛书版的《道德经》,轰动了世界学术界;1993年又在湖北荆门郭店出土了楚简版《道德经》。帛书版《道德经》和楚简版《道德经》在文字内容上,与魏晋时期王弼注释的传世本《道德经》在文字内容上有所不同,这引发了国内外学界对《道德经》的重新研讨和解读。在此期间,英语世界译介出版了78个英译版本,其中59个不同的英译版本在美国出版发行,出版的不同版本数量远超前两次翻译传播高潮。结合杨玉英(2019)的统计及笔者的补充,现列举在英美两国出版的部分译本,以证明《道德经》在英语世界读者中传播接受效果比较理想:冯家福和简·英格里希(Gia-Fu Feng and Jane English)1972年英译的《道德经》(Tao Te Ching),朗姆和程荣捷(Ariane Rump and Wing-tsit Chan)1979年英译出版的《王弼〈老子注〉》(Commentary on the Lao Tzu by Wang Pi),刘殿爵(D. C. Lau)1982年英译的《中国经典:道德经》(Chinese Classic Tao Te Ching),莫勒(Herrymon Mauner)1982年英译出版的《道:众道之道》(Tao: The Way of the Ways),海德(John Heider)1985年英译出版的《领导之道》(The Tao of Leadership: Lao Tzu's Tao Te Ching),史蒂芬·米切尔(Stephen Mitchell)1988年英译出版的《带前言和注释的〈道德经〉》(Tao Te Ching with Forward and Notes),韩禄伯(Robert G. Henricks)1989年英译出版的《老子〈道德经〉:基于马王堆新发现的文本新译》(Lao Tzu Te-Tao Ching: A New Translation Based on the Recently Discovered Ma-wang-tui Texts),梅维恒(Victor H. Mair)1990年英译出版的《〈道德经〉:德与道之经典》(Tao Te Ching: The Classic Book of Integrity and the Way),阿迪斯和拉姆巴多(Stephen Addis and Stanley Lombardo)1993 年合译的《道德经》(*Tao Te Ching*)和米切尔(Stephen Mitchell)1999 年英译的插图版《道德经》(*Tao Te Ching：An Illustrasted Journey*)，等等。由于篇幅原因，还有很多英译版本没有在此列出。在英语世界中，几乎每年都有《道德经》英译本的翻译出版。在没有国家机构赞助的情况下，如果《道德经》没有好的读者购买阅读预期，国外私人投资成立的出版社是不可能冒着亏钱的风险出版如此多的不同翻译版本。这么多不同版本的《道德经》英译本，表明《道德经》的内容兼容西方的审美价值观和为人处事道德观，西方读者阅读后能给他们带来哲学、文学、宗教、人与自然、为人处世等方面的新认识、新感悟，因此，《道德经》英译本在西方读者中的销售量和传播接受度都非常好。

进入 21 世纪，经济全球化进程和人们的生活节奏日益加快、世界范围内各种思想文化相互激荡，以及互联网的发展和数字技术与传媒的结合，使得信息资讯传播速度更快，传播渠道多样化，传播形式多元化。《道德经》除了继续以传统的图书形式在西方出版传播以外，还通过有声书和电子书的形式传播，使其在英语世界的发行量仅次于《圣经》和《薄伽梵歌》。据杨玉英(2019：91-98)的统计及笔者的补充，进入 21 世纪以来，不少于 30 种《道德经》英译版在英美两国以图书形式出版，其中包括：亨顿(David Hinton)2000 年英译的《道德经》(*Dao-te Ching*)，韩禄伯(Robert G. Henricks)2000 年英译出版的《老子〈道德经〉：郭店文本英译》(*Lao Tzu's Te-Tao Ching：A Translation of the Startling New Documents Found at Guodian*)，霍奇(Stephen Hodge)2002 年英译的《插图版道德经：新译与评注》(*The Illustrated Tao Te Ching：A New Translation and Commentary*)，安乐哲和霍尔(Roger T. Ames and David L. Hall)2003 年合译的《〈道德经〉的哲学阐释：让今生有意义》(*Dao De Jing "Making This Life Significant"：A Philosophical Translation*)，戴尔(Wayne W. Dyer)2007 英译出版的《改变你的思维，改变你的生活：体验道之智慧》(*Change Your Thoughts，Change Your Life：Living the Wisdom of the Tao*)，戴尔(Wayne W. Dyer)2008 英译的《体验道之智慧：〈道德经〉全译及评价》(*Living the Wisdom of the Tao:The Complete Tao Te Ching and Affirmation*),沃尔特(Peter Fritz Walter)2017 年英译的《老子道德经》(*Tao Te Ching:Lao Tzu*)和戈达德(Dwright Goddard)2022 年英译出版的《道德经》(*Tao Te Ching*)。以有声书形式英译传播的《道德经》版本包括:戴尔(Wayne W. Dyer)2007 年英译出版的《改变你的思维,改变你的生活:体验道之智慧(朗读版)》(*Change Your Thoughts,Change Your Life:Living the Wisdom of the Tao* <audio book>),米歇尔(Stephen Mitchell) 2009 年英译的《道德经新译本(朗读版)》(*Tao Te Ching:A New English Version* <audio book>)和托罗德(Sam Torode)2016 年英译出版的《道德经(朗读版)》(*Tao Te Ching* <audio book>)等。

进入 21 世纪以来,《道德经》除了以有声书形式传播以外,更以电子书的形式在读者中传播。绝大部分 21 世纪后出版的英译版《道德经》图书,同时在亚马逊网站有 Kindle 电子版销售传播。譬如,戴尔(Wayne W. Dyer)2007 年英译出版了《改变你的思维,改变你的生活:体验道之智慧》纸质精装版和平装版后,又在亚马逊网站上推出了 Kindle 电子版,使得《道德经》在英语世界的传播类型多元化——纸质版、电子版、有声版多类型、多渠道覆盖英语世界的受众,形成立体化、多模态的传播模式。

从戈达德(Dwright Goddard)在 2022 年英译出版的《道德经》(*Tao Te Ching*)来看,《道德经》在英语世界的翻译、传播不会停止,只会与时俱进,并结合英语世界的人与社会的发展不断译介和阐释。历经 150 余年的海外传播,《道德经》已经成为在英语世界的发行量仅次于《圣经》和《薄伽梵歌》的世界名著,这也证明了《道德经》在英语世界有很好的传播和接受效果。《道德经》的思想内容对英美为主的英语国家产生了广泛的影响,社会精英和普通大众都能从《道德经》中获得自己认可的人生观、价值观、方法论等知识和感悟,从中汲取营养,强壮自身。譬如,1988 年,时任美国总统里根在国情咨文中引用《道德经》中的一句"治大国若烹小鲜",来表明自己的治国理念,表示政府管理者处理问题要小

心谨慎,政策要有稳定性,治国家不可瞎折腾。1993 年 6 月 15 日,美国《纽约时
报》(*New York Times*)刊发了一篇题为"以老子的忠告致克林顿"的文章,用老子
《道德经》中的 13 句话来评论克林顿就职总统;2011 年连任联合国秘书长的潘
基文在就职演说中援引《道德经》"天之道,利而不害;圣人之道,为而不争"的
名言,表示将用道家"不争"思想践行《联合国宪章》的时代精神,并要将这一智
慧应用到工作中,与各国共同应对当今世界的挑战,求同存异,消除争端,找到
行动上的统一性①。20 世纪 60 年代,英国著名的摇滚乐队披头士(The Beatles)
成员 George Harrison,痴迷于东方文化,根据《道德经》第 47 章内容:"不出户,知
天下;不窥牖,见天道。其出弥远,其知弥少。是以圣人不行而知,不见而明,不
为而成",撰写了一首歌名为"The Inner Light"(内心之光)的歌曲。此外,在美
国、英国、加拿大,不少综合性大学还开设了研究老子的课程,使得《道德经》在
校园内广泛传播。2011 年 12 月 10 日,美国华文媒体《侨报》报道,美国纽约中
央公园西边的德怀特学校(The Dwight School)根据美国诗人米歇尔(Stephen
Mitchell)英译的《道德经》内容,推出了学生舞台剧《道》(*The Way*),将老子的
《道德经》搬上舞台。这些例子都表明,《道德经》英译本在英语世界的译介传
播效果很好,在社会精英和普通大众中产生了很好的接受度和影响力。

4.1.2　《道德经》成功传播的原因探析

　　从上节的论述,我们可以知道《道德经》的英译传播从 1868 年英国传教士
湛约翰英译出版的《老子玄学、政治与道德之思辨》开始,到 2022 年戈达德英译
出版的《道德经》为止,译介的时间跨度已达 150 多年。在这 150 多年中,《道德
经》在英语世界的翻译、传播、接受没有停止过,《道德经》在英语世界的传播获
得了很好的效果,在以英美为主的英语国家产生了广泛的影响。何明星(2018)
统计后认为,《道德经》堪称有史以来在世界上影响最大的一本中国图书,创造

---

① 王华玲,辛红娟.《道德经》的世界性[N].光明日报,2020-4-18.

了外译语种最多、版本最多、专业评论与研究数量最多、读者评论数量最多的历史记录,迄今为止尚未被超越①。其成功传播的原因可归纳为以下几点:

1)内容具有普遍价值

《道德经》内容蕴含着的深邃而无尽的智慧,涉及天道、哲学、政治、经济、文化、艺术、管理、军事、处世、修身等各个方面,不仅具有哲学上的学术价值,更具有学以致用的社会价值。英语世界的读者能从老子的思想中汲取智慧,助力个人成长,指导工作实践,提升服务社会能力,这是西方读者喜欢阅读《道德经》的原因之一。同时,《道德经》的很多内容与西方社会的价值观、审美观、认知观等不相冲突,具有兼容性,这也是《道德经》容易获得读者认可、容易使得读者产生共鸣和共情的原因之一。此外,《道德经》5 000 余字,短小精悍、语句简洁、含义深奥、语义具有模糊性和开放性,不同的译者结合自己的人生经历和理解,对《道德经》的语义和内容进行了不完全相同的解读,在英语世界中形成了百家争鸣、百花齐放的译介传播局面。英国汉学家翟林奈(Lionel Giles)曾有个形象的评述,他说:"原文的措辞极为模糊、简洁,从来都没有如此深邃的思想被包裹进如此狭小的空间。宇宙中散着一些人们称为'白矮星'的星体。它们常常体积很小,但拥有的原子重量相较于它们的体积来说则异常巨大,以致这些星体表面的温度比太阳表面的温度都高得多。《道德经》堪称哲学文献中的'白矮星':密度极高,且以白热程度散发着智慧之光。"②我们认为,正是这种有效内容密度高、语义深邃的作品,使得不同的译者能结合自身所处的特定政治、经济、文化和社会背景,对《道德经》进行与时俱进的解读阐释,使得译本内容具有时代气息;同时,不同的译者对《道德经》的解读和阐释成果,丰富了《道德经》在天道、哲学、政治、经济、文化、艺术、管理、军事、处世、修身等各个方面的内容,从而丰富《道德经》的思想内容体系。而丰富的思想内容体系又进一步增强

---

① 何明星.《道德经》:影响世界的中国智慧[J].人民论坛,2018(20).
② 王华玲,辛红娟.《道德经》的世界性[N].光明日报,2020-4-18.

了《道德经》学以致用、服务社会的价值,从而进一步激发后面的译者和读者对《道德经》的兴趣,形成《道德经》在英语世界的翻译、传播与接受的良性循环。这种类似滚雪球效应的东学西传模式,值得中国典籍外译传播在理论与实践层面学习和借鉴。

2）译者或出版社自主选材翻译

《道德经》东学西渐150多年,至今其在英语世界的翻译和传播仍在继续,反映了《道德经》在英语世界传播接受度很好。从上节列举的《道德经》不同译者英译的不同版本可以看出,在《道德经》150多年的译介过程中,都是译者根据社会需求、自身兴趣自发性地选择《道德经》进行翻译,且自主决定是选择《道德经》王弼注释版、马王堆帛书版,还是湖北荆门郭店楚简版作为原文进行翻译。在上述所有不同版本的《道德经》译介过程中,没有政府机构来组织译者从事翻译,也没有政府资助译稿出版。在英美为代表的英语国家,无论是《道德经》的译者还是出版社,他们译介和出版《道德经》,除了抱着满足读者需求、服务社会现实、启发民智的目的之外,还需得到一定的经济回报。在资本主义国家,没有哪一个出版社愿意做亏本的翻译出版买卖。从这个角度看,译者自发性地选材翻译,会考虑自己翻译的劳动付出与经济回报能否成正比的问题,所以选材是译者根据所处的社会文化语境,预判所选作品翻译后有好的销售预期,才会选择该作品进行翻译,并向出版社提交出版申请和译稿。出版社会评估读者对该作品的接受状况,考察出版与销售能否创造利润的问题。换言之,《道德经》在英语世界的出版传播都是译者和出版社的商业行为,只有译者和出版社根据预判的读者阅读偏好和需求,有的放矢地选择译本进行翻译出版,才会实现经济效益和社会效益的双赢。因此,译者或出版社自主选择《道德经》进行翻译和出版,提前考虑了市场因素和读者接受效果。《道德经》不同的英译版在英语世界能获得好的传播接受效果,与译者和出版社自主决定翻译素材有密切的关系。

3）译者采用"翻译＋阐释"或"翻译＋写作"的变通式翻译法

常规翻译遵循的原则是"信达切"，"信"是译文忠实于原文，"达"是译文通顺流畅，"切"是译文贴近原作风格和行文方式。但是在《道德经》150余年东学西传、纷繁复杂的各种英译版本中，绝大部分译本都有一个共同点，那就是译者在翻译时，基于忠实的原则传递自己理解的原文语义后，会对原文的内涵进行阐释，有些阐释会结合译者和读者所处的时代背景、语言文化语境，帮助英语世界的读者了解《道德经》的内容的深刻含义及其在现实工作和生活中的应用。从变译理论的视角看，为了让读者对《道德经》的内容能有清晰而深入的理解，译者采用了变通式的翻译方法：即"翻译＋阐释"的翻译方法或"翻译＋写作"的变通式翻译方法；前者简称为阐译，后者简称为译写。譬如，米歇尔（Stephen Mitchell）于1988年英译出版的 *Tao Te Ching with Forward and Notes*，就是在翻译完后，在译文前加写"前言"，在"前言"中向读者说明书名的翻译有多项选择，可以翻译成 *The Book of the Immanence of the Way*，或 *The Book of the Way and of How It Manifests Itself in the World*，或 *The Book of the Way* 等译名。由于书名音译为 *Tao Te Ching* 的译本很多，此英文书名为许多西方译者采用，在读者中已是被高度认可和接受的译名，因此米歇尔就选择了音译方式，把 *Tao Te Ching* 作为书的英文名。他在"前言"中还向读者讲述他翻译《道德经》的内容时，参考、采用或借鉴了其他译者的译文，并对译文进行了阐释①。米歇尔撰写的"前言"能让读者了解译者的翻译过程，增加对译本背景知识的了解。这种"前言"有利于拉近译者与读者之间的心理距离，增加译者之于读者的亲切感和读者对译者或译本的好感。米歇尔撰写"前言"的翻译方法就是"译写"；"译写"中"写"的内容一定要跟翻译的内容相关，有先译后写，也有先写后译等模式。米歇尔翻译后对译文含义进行阐释说明，这种翻译方法就是"阐译"。

除了米歇尔翻译《道德经》采用这两种方法外，还有很多译者也采用这两种

---

① 杨玉英.《道德经》在英语世界的传播与接受研究[M].北京：学苑出版社,2019：38.

方法。譬如,韩禄伯(Robert G. Henricks)1989 年、梅维恒(Victor H. Mair)1990 年的译本都采用了阐译和译写的翻译方法。正是绝大部分译者采用阐译或译写这两种翻译方法,或在翻译中,把阐译和译写这两种翻译方法同时融入翻译中,才使得《道德经》的英译本能让英语世界的读者容易理解古老的东方智慧,才使得读者在阅读《道德经》时,有好的阅读体验和感悟。换句话说,正是译者为读者的阅读理解着想,采用阐译或译写或阐译与译写融为一体的翻译方法,才使得《道德经》能跨越时空、跨越文化障碍,在英语世界得到好的传播与接受效果。这种变通式翻译中国典籍的方式在近现代的西方汉学家中就已经比较流行了。据张其海和王宏的研究,英国汉学家翟林奈(Lionel Giles, 1875—1958)在英译《论语》时,就把原 81 章内容进行筛选、编排与调整,将择取的三分之一内容按不同主题分类,依次为政务、个人品行、孔子评人、孔子自评、杂语杂论、孔子轶事、人评孔子、弟子之语八部分,旨在拓展读者对象,使普通读者易于把握《论语》的要义与孔子思想①。这样的《论语》英译本属于编译本。对中国古代典籍采用变通式翻译方法,是译者注重译入语读者对译本接受度而采用的行之有效的翻译方法。

4.2　《狼图腾》:当代文学"走出去"的典范

中国当代长篇小说《狼图腾》由作家姜戎创作,51 万多字,2004 年 4 月由长江文艺出版社出版,后有不同出版社再版。姜戎 1946 年 4 月生于北京,籍贯上海,1967 年赴内蒙古锡林郭勒大草原插队,1978 年返城。《狼图腾》以作者的亲身经历为叙事视角,通过小说中的主人公陈阵这个北京知青,向读者讲述了 20 世纪六七十年代内蒙古草原上的游牧民族生活以及牧民与草原狼之间的故事。全书由几十个有机连贯的"狼故事"组成,引领读者进入狼的生活世界,展现了

---

① 张其海,王宏. 翟林奈翻译思想的影响及借鉴意义[N]. 中国社会科学报,2021-8-10.

狼的团队精神和家族责任感、狼的智慧、顽强和团队精神,以及倔强可爱的小狼在失去自由后艰难的成长过程。该书被称为一部描绘、研究内蒙古草原狼的"旷世奇书"。姜戎凭此作荣登"2006 第一届中国作家富豪榜"。《狼图腾》自2004 年首次出版发行,后由国内其他出版社再版多次,至 2008 年底,4 年时间发行量就达到 240 万册,连续 4 年高居中文图书畅销书榜。2015 年 2 月,根据《狼图腾》改编的同名电影《狼图腾》上映。该片由中法合拍、擅长拍摄动物题材的法国导演让·雅克·阿诺执导,影片广受欢迎,引发了《狼图腾》在国内读者中的广泛阅读和热议。2019 年 9 月 23 日,《狼图腾》入选"新中国 70 年 70 部长篇小说典藏"。可以说,《狼图腾》在国内是一部影响力比较大的优秀长篇小说,在国内发行量大,阅读传播效果好。那么这部带有中国特殊的时代背景、讲述中国游牧民族与狼故事的小说,译介到海外,传播效果如何?

4.2.1 《狼图腾》在英语世界的传播与接受

《狼图腾》2005 年由英国的企鹅出版集团购买英文版版权,由美国汉学家葛浩文翻译,2008 年面向全球发行。《狼图腾》英文版(*The Wolf Totem:A Novel*)共有三个版本:分别是面向北美和拉美地区发行的美国版、面向亚太地区发行的澳大利亚版以及面向欧洲地区发行的英国版。不同地区版本的封面图案设计不同,以示区别。根据 WorldCat 检索,全球馆藏《狼图腾》英文版的图书馆达 1116 家。在亚马逊网站上,《狼图腾》英文版分平装版、Kindle 版销售,其中平装版有 269 条读者书评,其中给予 5 星好评的读者占 74%,给予 4 星好评的读者占 13%,给予 3 星好评的读者占 7%,给予 2 星好评的读者占 5%,给予 1 星好评的读者占 1%,最终获得读者的综合评分为 4.5 颗星。269 条读者书评大都写得比较详细,说明了读者对《狼图腾》英文版阅读较为细致。现列举几位读者评论的核心观点:网名为 Steve Koss 的美国读者在详细论述了《狼图腾》的故事内容后,写道"该书讲述了一个了不起的故事,书中对狼的行为和游牧生活的细腻描述让人着迷,该书内容具有极强的自然主义特点与洞悉中华民族心理的独特视角";网名为 Mary K. Wylie 的美国读者认为,"《狼图腾》包含了丰富的蒙古游牧民族的智慧,寄托了读者对原始蒙古草原生活的深情回忆,让人明白人类、植物和动物之间复杂的相互依存关系。这本书对狼的描写非常棒,通过这本小说能很好地了解中国";美国读者 Belinda J. Walker 认为"这本书对我们所知甚少的土地和民族有着奇妙的洞见,写得很好,对我来说,这本书我反复阅读,并从中获得了知识和得到了享受"。除了美国读者的好评留言外,还有许多英国读者的好评,譬如,英国读者 L. Richard 在阅读完《狼图腾》后,认为"这是一本非常棒的书,通过此书可以了解到一些世界历史,同时欣赏到对内蒙古草原生活的戏剧性描述,这是本值得推荐的书";网名为 Diane U 的英国读者在评论中写道:"我不止一次把这本书作为礼物送给别人,因为它提供了一个可读的、完全新鲜的主题,并具有与我们这个时代相关性很强的真正见解"。从英美读者的这些评论可以看出,《狼图腾》在英语世界的传播接受效果比较好,获得了理想的传播接受效果。

在国际知名图书分享及在线读书网站 Goodreads 上面,西方读者对《狼图腾》的书评达 618 条(检索更新时间为 2022 年 10 月 2 日),绝大部分书评的篇幅都较长,读者在书评中把《狼图腾》的主要内容以及他们的读书心得都写得比较详细,这表明他们都曾仔细阅读此书。此网站显示,读者对《狼图腾》的平均评价得分是 4.6 星,接近满分 5 星。从得分来看,《狼图腾》在海外读者中是受欢迎的,现摘录两位读者的评论作为代表。网名为 Moushine Zahr 的读者在书评中写道:"From the first page of the first chapter of this novel, the reader is readily immersed into the story and the action in the middle of the Inner Mongolia's steppe. From the first page, I was captivated by the story and intrigued by what's next. From the first page, I felt this novel was going to be amazing to read and it surpassed my expectations… Thanks to this novel so much about Inner-Mongolia, the lives of shepherds and/or hunters, the disappeared ecosystem of Steppe, and of course about wolves and humans. No wonder that this novel sold 20 million copies in China after its first publication in 2004. "（从这本小说第一章的第一页开始，读者就很容易沉浸在发生在内蒙古大草原中部的故事情节中。从第一页开始，我就被小说的故事迷住了，也被接下来的情节所吸引。从第一页开始，我就觉得这本小说读起来会很精彩，它超出了我的预期。……多亏了这部小说，我们才能对内蒙古、牧羊人和/或猎人的生活、草原消失的生态系统，当然，还有关于狼和人类的故事有如此多的了解。难怪这部小说在2004年首次出版后，在中国销售了2 000万册。）网名为 Wendy 的读者在书评中写道："I do have other reasons for loving this book, that's just reason that makes it so important. The exploration of a culture and a way of thinking so alien to my own was eye-opening, and I think it will stick with me for a long time. I'm used to reading Western literature, and this was something completely different. I enjoyed it immensely, and found it extremely fascinating… The descriptions were so vivid and so three-dimensional that I could picture it clearly in my head… I highly, highly recommend this book, probably more than any other book I've read. "（我喜欢这本书还有其他理由，这些理由使得这本小说非常重要。探究跟自己的文化和思维方式截然不同的文化和思维方式能让我大开眼界，我想这本小说将会长伴我左右。我习惯了阅读西方文学，而这本小说与西方文学完全不同。我非常喜欢这本小说，发现它非常迷人……小说中的描写太生动，太立体啦，我可以在我的脑海中清晰地把它们描绘出来……我强烈、强烈推荐这本小说，推荐强度远超过我曾读过的其他书。）从这两位读者的书评来看，《狼图腾》在英语世界的读者中是受欢迎的，它在英语世界中的传播接受效果是令人满意的。

《狼图腾》英文版出版后，引起英美国家主流媒体广泛关注和热议。英国《卫报》评论为：《狼图腾》英文翻译的水平高超，使作品流畅生动，是大师和指挥的完美合作。美国《时代》周刊认为，《狼图腾》对内蒙古草原上的凶猛原住民——狼进行了异乎寻常、发自肺腑的颂扬。在同一领域，美国文学史有惠特曼和梭罗，中国则非姜戎莫属。他徜徉在广阔无际的草原中，歌颂着那些原始

的元素。美国《纽约时报》认为,姜戎的小说还原了内蒙古草原的浪漫与孤寂,
成功唤起了人们对草原的回忆和向往。《华尔街日报》认为,《狼图腾》具有强
烈的现实意义,随着现代文明的侵入,原始家园中某些弥足珍贵的东西正在逐
渐丧失①。

4.2.2　《狼图腾》成功传播的原因探析

《狼图腾》在海外读者中的成功传播与接受,可以看作中国当代文学走出去
的典范之一。考察其在英语世界成功传播的原因,可以归纳为以下三点:

1)内容的通约性

《狼图腾》是一部描绘人与狼、人与自然、人性与狼性、狼道与天道的小说。
小说内容充满了人与动物、人与自然应该和谐共生的生态思想。这与英语世界
关注人与环境和谐共存的理论是一致的,使得小说内容所反映的精神主旨对西
方读者来讲具有通约性,即能在西方读者中产生共鸣和共情。《狼图腾》中,食
草动物与植物之间相互构成了动态的生态平衡,这种生态平衡离不开草原上的
狼。草原狼不仅吃草原上的食草动物,防止食草动物数量过大而打破草原生态
平衡,而且是草原上的清道夫,能把草原上牛、羊、马、旱獭、野兔、野鼠的尸体统
统处理干净,使草原清洁纯净;反过来,清洁纯净的草原又有利于草食动物的生
存和植物的生长。但人类驱杀草原狼,开垦大片的草原土地,破坏了草原生态
系统,使得草原上鼠害横行,大片的草原沙化,最后引发黄沙漫天。对这些内容
的描绘,表达了作者对生态环境失衡的惋惜和不满。

在 21 世纪后工业化时代,随着人类不断地扩大人工生态系统的范围,导致
人类面临的自然生态系统不断缩小和失衡,这是当今人类的共识,无国界之分。
因此,小说《狼图腾》所展示的生态警示很容易引起西方读者的共情与共鸣,从
而得到好的传播接受效果。此外,《狼图腾》通过书中主人公陈阵在草原生活期

---

① 姜戎. 狼图腾[M]. 北京:北京十月文艺出版社,2020:精装版外封套.

间,从与狼搏斗、掏狼窝、养小狼、观察狼、崇拜狼,到痴迷狼的生活过程,让他"觉得他身上萎靡软弱无聊的血液好像正在减弱,而血管里开始流动起使他感到陌生的狼性血液,使他觉得生命的真谛不在于运动而在于战斗"[①]。而狼性血液就是狼身上勇猛顽强、坚韧不拔,拼搏进取、团结协作的精神,更有以死捍卫自己的尊严和自由的精神。小说中表达的人与自然和谐共生的生态思想,以及小说主人公对狼性精神的感悟和追求,与英语世界读者的认知具有通约性,传递了人类共同追求的价值观。其思想内容和深层寓意是世界性的,因而《狼图腾》的故事内容能在读者头脑中产生共情和共鸣,这是《狼图腾》成功传播的基础。

2）翻译的灵活性

翻译应以忠实于原文为第一要义。《狼图腾》的译者在遵循这一要义的情况下,积极发挥译者的主观能动性,对《狼图腾》中涉及的不符合西方行文表达习惯的地方,以及中国特色的内容和词汇进行了灵活的变通处理。例如,译者把原文中的有些句子浓缩翻译,有些同义反复的句子删减,对含有中国特色文化背景知识的词汇则添加注释,目的是使译文符合译入语读者的行文表达方式和阅读习惯,方便读者清晰地理解原文内容,化解译文在传播和接受上的理解障碍。在《狼图腾》原作中,作者从《汉书·匈奴传》《魏书·蠕蠕匈奴徒何高车列传》、司马迁《史记·大宛列传》等古籍里摘录与狼有关的古代文言文作为按语,以增强小说所表达的狼文化的历史底蕴,有的按语多达两段,所有按语都单独置于小说每章正文的第一段上面。譬如,第一章的按语是"犬戎族自称祖先为二白犬,当是以犬为图腾。周穆王伐畎戎,得四白狼、四白鹿以归",第二章的按语是"匈奴单于生二女,姿容甚美,国人皆以为神。单于曰,吾有此女,安可配人,将以与天。乃于国北无人之地筑高台,置二女其上。曰,请天自迎之……复一年,乃有一老狼昼夜守台嗥呼,因采穿台下为空穴,经时不去。其小女曰,吾

---

① 姜戎.狼图腾[M].北京:北京十月文艺出版社,2020:274-275.

父处我于此,欲以与天,而今狼来,或是神物,天使之然。将下就之。其姐大惊曰,此是畜生,无乃辱父母也。妹不从,下为狼妻,而产子。后遂滋繁成国。故其人好引声长歌又似狼嚎"①。由于小说中摘录的按语大都比较冗长,涉及古代历史背景、历史人物,如果亦步亦趋地把按语翻译成英文,需要译者添加额外的信息来向译入语读者解释按语中的历史背景和人物等信息。这些与小说故事情节不相关的信息,从西方读者的角度看,会影响小说的逻辑性和连贯性,也会影响读者阅读小说的流畅度,干扰小说情节的紧凑性。由于西方小说的创作者在每章或每节的前面通常是不撰写按语的,因此葛浩文删除了小说中所有章节前的按语。此外,小说作者姜戎在《狼图腾》故事结尾的地方,向读者说明了《狼图腾》书稿从腹稿、修稿到定稿的几次具体时间、地点,以说明该小说是作者构思多年,经过漫长时间的打磨和修改后推出的作品。汉学家葛浩文从西方读者的阅读接受角度考量,把这些修改书稿的具体地点和时间也完全删除。

除了因中西行文写作习惯差异而删除影响作品接受效果的一些信息,葛浩文为了让英语世界的读者对小说内容能有正确的理解,还使用了增补的技巧。譬如,他在译文中增补了三点内容:①对小说中涉及的一些中国特定历史语境中出现的词汇,增设了一个专业词汇列表,并给出英文解释,作为小说的附录,比如"走资派(capitalist roaders)""生产队(production bridge)""四旧(four olds)""工分(work point)"等诸如此类的特色词都给出了详细的内涵解释;②译作增加一页有关作者姜戎的简介作为附录,便于译入语读者对作者的生平经历有所了解,这有助于增强读者对译文内容的正确理解;③由于中文版中《狼图腾》的序言是该书责任编辑撰写的,是写给中国读者看的,译者在翻译《狼图腾》时,删除该序言,改为翻译家葛浩文自己撰写的"译者前言"(Translator's Notes)。在"译者前言"这篇序中,葛浩文向英语世界的读者简要介绍了《狼图腾》作者以知青身份,从北京到内蒙古草原与牧民生活学习的简要过程,草原狼

---

① 姜戎. 狼图腾[M]. 北京:北京十月文艺出版社,2020:2-26.

的特性及其维持生态平衡上的作用,《狼图腾》小说受欢迎的程度,以及翻译时遇到理解问题时,如何获得作者的帮助等信息。同时,译者还在译作的结尾处附上了一张中国地图,上面清晰地标明了小说《狼图腾》故事发生的地理方位以及地方名称。"译者前言"所含信息有助于读者了解小说的创作背景,理解小说内容。换言之,英文版《狼图腾》能在英语世界成为受欢迎的作品,与翻译家葛浩文没有对小说亦步亦趋地翻译,而是灵活运用增词、减词、加注等翻译技巧对原作的一些语句进行跨越文化障碍的变通处理分不开。葛浩文灵活运用翻译技巧对原著作一些语句施变的目的就是使译作易于被英语世界读者阅读和理解,从而有利于小说译本的传播与接受,达到社会效益和经济效益双赢的目的。

3)译者的优秀程度

《狼图腾》英译本在英语世界受读者欢迎的原因之一与译者葛浩文(Howard Goldblatt)是美国优秀的汉学家有关。葛浩文出生于1939年,20世纪60年代服兵役期间在中国台湾学习汉语,服兵役结束后,在美国印第安纳大学师从柳无忌进一步学习汉语言文学,获得中国文学博士学位。2000年,他因翻译朱天文的《荒人手记》获得美国国家翻译奖(National Translation Award),2009年获得古根海姆奖,更以翻译莫言作品助力莫言小说获得诺贝尔文学奖而在国际汉学界名声大噪。葛浩文是当代英语世界中地位最高的中国文学翻译家,也是有史以来把现当代中文小说推向英语世界最多的翻译家。他已经翻译了30多个中文作家的60多部作品。他翻译出版过萧红的《呼兰河传》,莫言的《红高粱》《天堂蒜薹之歌》《酒国》《丰乳肥臀》《生死疲劳》《檀香刑》《蛙》,苏童的《我的帝王生涯》《碧奴》,王安忆的《富萍》《流逝》,毕飞宇的《推拿》《青衣》,王蒙的《选择的历程》,王朔的《玩的就是心跳》《千万别把我当人》,白先勇的《孽子》,冯骥才的《三寸金莲》等中国现当代作家的优秀作品。葛浩文精通汉语言文化,熟悉中国历史,翻译质量高,翻译责任感强,被称为中国文学海外传播的国外"接生婆"。葛浩文在翻译中始终把英语世界的读者能否正确理解原文语义作为他的重要职责,为了读者易于理解译作内容,他对一些词、句采用变通式的翻译。他在给《狼图腾》英译本增加的附录中，列出了小说中一些具有中国特色的词汇，譬如"走资派（capitalist roaders）""四旧（four olds）""工分（work point）"等具有特定含义的词汇，并且把"四旧"通过直译＋阐释方式，变通地英译为："four olds：old ideas，old culture，old customs and old habits"，把"工分"通过直译＋阐释方式，变通地英译为"work point：computations of labor rewards in the country-side"。这些中国特色的文化负载词的内涵都被他阐释得简洁明了，准确达意。这一方面表明葛浩文深谙中国的历史文化，另一方面也说明他的翻译责任感强，为了读者能理解小说中文化负载词的内涵，他发挥译者主体性，站在不熟悉中国文化历史的读者角度去翻译，帮助读者跨越理解上的文化障碍，使读者能阅读到准确、流畅、易懂的译文。

葛浩文读博士期间的研究方向是中国现当代文学，他具有很好的中国文学素养，曾续写了中国作家萧红未完成的作品《马伯乐》，再加上葛浩文的妻子也是从事中国文学研究的中国人，这使得葛浩文在翻译中国现当代文学作品时，能准确理解原文中具有的历史文化背景和内涵。即便葛浩文谙熟中国语言文化和历史，他在翻译《狼图腾》时，还是遇到不少疑难问题，他说："这和我以往所译的文学作品有一些出入，姜戎不像一般作家写得那么文学化，他是写实的，很多东西写得很直，这可能与他学院派的身份有关系。在故事的叙述方面，他常常毫不含糊，一定会交代清楚前因后果，所以有的时候故事讲着讲着，突然就来了一段理论，还长篇大论的。这种现象以往是比较少见的"①。对原作品中出现的各种问题，他会主动想法解决，不把问题带入译本中，以确保译文质量。譬如，在英文版《狼图腾》的"译者前言"（Translator's Notes）中，葛浩文讲述他主动联系《狼图腾》的作者姜戎及其妻子，目的就是为了弄清他在翻译中所遇到的文本和文化问题②。这种做法是葛浩文对读者负责、对原作者负责、具有高尚的翻译职业道德的表现。因此，葛浩文自身的中国文学素养、翻译素养、职业道德素

---

① 参见 http://zqb.cyol.com/content/2008-04/01/content_2125921.htm.
② 姜戎.狼图腾[M].北京：北京十月文艺出版社，2020：266.

养使得他翻译的《狼图腾》及其他中国现当代文学作品,在英语世界的读者中都有很好的口碑,传播与接受度都比较理想,使他成了推动中国现当代文学作品走向英语世界的首席汉学家和美籍翻译家。可以说,《狼图腾》英译本出自葛浩文之手是其能在英语世界取得好的传播接受效果的原因之一。

4）出版发行的本地化

《狼图腾》英文版由国际著名图书出版机构企鹅出版集团购买版权,由美国汉学家葛浩文翻译,并分为美国版、英国版和澳大利亚版三个封面不同、内容相同的译文版本,分别向北美、拉美、欧洲和亚太地区发行。企鹅出版集团是世界著名的大众图书出版商,"企鹅"也是世界出版界最受欢迎的品牌之一,已成为高质量图书的代名词。该集团为全世界100多个国家的读者出版发行小说、人文社科类图书、畅销书、经典图书、儿童图书以及参考书,规模位居世界前列。作为具有国际影响力的图书出版集团,企鹅出版集团有图书市场策划营销的精英团队,在图书的市场营销方面有丰富的运作经验。为了配合《狼图腾》英文版三个版本的营销,企鹅出版集团策划并组织在英国伦敦的泰晤士河畔搭起蒙古包,在澳大利亚的墨尔本召开游牧文化研讨会、在美国的洛杉矶举办《狼图腾》读书演讲,以此扩大《狼图腾》英文版在社会上的知名度和吸引力。

在图书编辑上,企鹅出版集团的编辑人员往往能准确把握出版物的读者阅读期待和偏好,更关注读者对出版物的阅读和接受效果。为此,《狼图腾》英文版三个版本的封面图案设计和色彩各不相同,以便经销商和读者区别,也为读者减少混淆度。出版社同意葛浩文把《狼图腾》中文版责任编辑撰写的序言改换为葛浩文的"译者前言",也同意葛浩文把中文版中每章正文前面的文言文删除不译,使得葛浩文能发挥译者的主体性,对原作做出一些变通和调整,降低读者对内容的理解难度,使译文符合英语世界小说的行文和结构,增强作品的传播效果和接受度。可以说,《狼图腾》英文版由英语世界的主流出版商出版,能实现英译本在英语世界从版面设计、印刷、经销,到传播和接受等各环节的本地化运作,有助于《狼图腾》英译本在内容编辑、装帧设计,营销方式和广告宣传等方面都能精确定位读者的阅读与接受偏好,再加上英语世界的读者认可老牌知名出版商出版的图书质量,使得《狼图腾》在英语世界读者中的传播与接受得到了理想的效果。

4.3　中国文学外译传播典范的启示与借鉴

从上面的 4.1 节和 4.2 节的论述,我们可知,《道德经》和《狼图腾》在英语世界的翻译、传播和接受都达到了好的效果。在中国文化相比西方文化仍处于弱势地位,西方各国仍以西方文化为中心、仍未形成对中国文化强烈内在需求的背景下,《道德经》和《狼图腾》能在英语世界得到好的传播接受效果,表明以《道德经》为代表的中国古典作品和以《狼图腾》为代表的中国现当代作品可以在英语世界的读者中获得成功的传播和好的接受效果。

4.3.1　从外译传播典范中获得的启示

我们可以获得的启示是:既然《道德经》和《狼图腾》在英语世界中能成功地得到译介传播,并且这两种作品分别代表中国古典作品和现当代作品,那么可以表明,本书第 2 章探讨的以《中国文学》、"熊猫丛书"和《大中华文库》为代表的三次国家对外翻译实践,在外译传播中国古典文学、现当代文学的效果未达预期,并不是中国的古典文学、现当代文学的文艺性差,也不是我们的文学文化进不了西方读者的阅读视野,只是说明我们外译传播的方式方法、译介的选材,以及译介传播的模式等方面需要改进。此外,我们还需对译介传播所涉及的各个环节进行深入系统的研究,以便纠正各环节的认知偏误。

我国的翻译实践从东汉时期的佛经翻译到 20 世纪末的科技、商贸、政论、文学、传媒、旅游等翻译,都是以译入为主,大致从 21 世纪初逐步转向以译出为主。黄友义(2018)在《服务改革开放 40 年,翻译实践与翻译教育迎来转型发展的新时代》一文中,给出了中国的翻译实践已从译入为主转变到译出为主的数据。他在文中指出"2013—2015 年,中国输入版权分别为 17 613 种、16 321 种、15 973 种,输出版权为 8 444 种、8 733 种、8 865 种。一个明显的趋势是引入逐年下降,输出逐年增加。即使 2016 年输入与输出的数字分别增长到17 174种和9 811 种,输出增加的幅度仍然大于输入的幅度。根据中国翻译协会的统计,2011 年中译外占据了整个翻译市场工作量的 54%,第一次超过了外译中的比重,使中国翻译市场从输入型为主转变为以输出型为主。这一里程碑式的变化继续发展,2014 年中译外占到了翻译总工作量的 60%"①。虽然现在我国已从译入为主转向为译出为主,但由于我国长期以来以吸收外来文学和非文学领域的有用信息为主,学界对"译入"为主的翻译在理论与实践上研究较多,而对对外译介的"译出"研究很少。虽然谢天振(2014)对译入与译出的区别有过精辟的阐述②,但因学界对译出所涉及的翻译与传播这个交叉学科领域的研究尚不深入,当前大部分的译学界和非译学界的学者和翻译者以及社会上的翻译实践部门,仍把"译出"想当然地等同于"译入",这种认识上的偏误必然削弱中国文学文化的外译传播效果。《道德经》和《狼图腾》两种作品在英语世界的成功译介和传播证明了中国文学文化的对外译介是可以获得好的效果的,不能因为前期的翻译出版工程推出的译作在英语世界的传播效果未达预期,就对中国文学文化有效"走出去"失去自信。只要我们在理论上加强对外译传播这个学科交叉领域的研究,在实践上改进对外译介方式方法和模式,消除长期以来以译入为主形成的一些认知偏误,就可以提升我国的文学文化外译传播效果。

4.3.2 外译传播典范中可资借鉴的经验

《道德经》和《狼图腾》在英语世界中的译介和传播都获得了好的效果,那

---

① 黄友义.服务改革开放 40 年,翻译实践与翻译教育迎来转型发展的新时代[J].中国翻译,2018(3):5-6.
② 谢天振.中国文学走出去:问题与实质[J].中国比较文学,2014(1):7.

么这两种作品有什么好的译介传播经验值得今后我国外译传播在理论与实践上借鉴呢? 综观《道德经》和《狼图腾》在英语世界的译介传播历程,我们可以归纳出以下四点可资借鉴的经验:

第一点,无官方机构资助或主持译介的图书更易于传播。《道德经》和《狼图腾》的译介和传播无官方机构资助和主导,都是海外汉学家、旅居海外的译者或海外出版社等从事的翻译活动。由于没有官方机构资助,海外出版社负责人或个体译者在选择译介的素材上非常谨慎,需发挥主观能动性,根据自己所在国的读者阅读需求和偏好,选择有读者市场的图书进行翻译。有了译本的潜在读者群,出版者或译者就能有的放矢地译介,达到译本易于传播的效果。

第二点,对原作采用“翻译 +(变通)”的译介方法有利于译作的传播。“变通”加上括号是指译者对原作有些地方采用全译的形式,无需对内容变通,而有些地方需采用变通式的翻译方法。例如,译者采用阐译、译写、摘译、编译、译述等方法,能化解译者在翻译中遇到的中西文化障碍和中西行文表达差异,提升读者对译文的理解度,增强读者阅读的愉悦体验,或以这些变通式翻译方法来增加译作的使用价值,突出译作的当代价值等。《道德经》和《狼图腾》的译介就大量采用了“翻译 +(变通)”的译介方法,这是我们今后译介中国文学文化值得借鉴的译介方法。

第三点,译者积极发挥主体性,为译作赋能和增值,增加译作的使用价值和阅读价值,有利于译作的传播。《道德经》在英语世界的译介传播,除了译者忠实于原作的翻译外,更重要的是很多译者结合当时译者和读者所处的社会文化语境,在译文中对《道德经》的相关内容进行额外的阐释,目的是加深读者对《道德经》内容的理解,提升读者在社会生活中运用《道德经》相关内容解决问题的能力。因此,通过译者对古典作品相关内容进行学以致用的阐释和译写,赋予原作当代价值,凸显原作的使用价值,这样有利于译作的传播。在当今人们工作生活节奏快、压力大的背景下,读者更愿阅读语义易解、具有使用价值、能学以致用、能提升他们智慧或生活能力的译作。我国的《论语》《三国演义》《菜根谭》等经典作品的外译传播都可以借鉴《道德经》这种翻译模式,即"翻译＋阐释"或"翻译＋译写"。通过译者对相关内容的阐释和译写,给译作赋能,让原作的使用价值得到提升和显化,最终使读者受益。

第四点,海外出版发行的本地化有利于译作的传播。所谓本地化,通常是指企业在国际化过程中,为了提高市场竞争力,同时降低成本,将产品的生产、销售等环节按特定国家和地区或语言市场的需要进行组织,使之符合特定区域市场需求的组织变革过程。出版发行的本地化,就是在出版的编辑印制过程中,译者和出版社的编辑人员对译文内容、版式进行适当的改造,目的是消除原作内容或行文排版中与译入语读者文化或行文方式不兼容的地方,使译作满足译入语读者的阅读和文化习惯,从而增强译作对译入语读者的吸引力。海外出版发行的本地化要求译者采用归化为主的翻译策略,而不是采用异化为主的翻译策略,因为归化的翻译策略能使译作符合译入语读者的阅读习惯和要求,使译文通顺流畅。此外,海外出版发行的本地化除了在拓展译作营销渠道的广度和深度上具有优势,还能使译作在编辑印制过程中,从封面设计、排版格式、印刷字号、装订规格等都符合译入语读者所在的文化语境和阅读偏好。因此,海外出版发行的本地化能提升中国文学文化作品的传播接受效果。

4.4　本章小结

本章以《道德经》和《狼图腾》在英语世界的成功译介和传播为典型案例,探讨了《道德经》和《狼图腾》在英语世界的传播状况,分析了这两种作品译介和传播获得成功的原因。《道德经》译介传播的成功原因有:①内容具有普遍价值;②译者或出版社自主选材翻译;③译者采用"翻译＋阐释"或"翻译＋写作"的译法。《狼图腾》译介传播的成功原因可归纳为:①内容的通约性;②翻译的灵活性;③译者的优秀程度;④出版发行的本地化。《道德经》能代表中国古典作品,《狼图腾》能代表中国现当代作品,并且这两部作品在英语世界的传播接受效果好,这给我们的启示是:中国古典作品和现当代作品在英语世界的译介传播是可行的。如果我们的作品在译介和传播效果上不理想,只能说明我们的翻译方式方法或传播模式还不对路。我们不能因为前期的翻译出版工程推出的译作在英语世界传播效果未达预期就对中国文化的外译传播失去信心。我们应增强文化自信,加强对外译传播领域的理论研究和实践探索,消除外译传播中的认知偏误。中国文学文化的外译传播可以从《道德经》和《狼图腾》两个案例中获得四点借鉴:①无官方机构资助或主持译介的图书有利于作品在海外读者中的传播接受;②需要对一些外译作品采用"翻译＋(变通)"的译介方法;③需要译者积极发挥主体性,为译作赋能或增值,增加译作的使用价值和阅读价值;④海外出版发行的本地化有益于传播效果的提升。

第 5 章

中国文化外译传播渠道

《中国文学》、"熊猫丛书"、《大中华文库》这三次国家翻译实践的英译作品在英语世界的传播接受效果尚有较大的提升空间,而提升传播效果涉及很多环节,对外传播渠道是关键的一环。传播渠道决定了文化外译信息传播的广度和深度。因此,探讨中国文化外译的传播渠道,优化外译的传播渠道结构,这是提升中国文化外译传播效果的前提。只有传播渠道畅通,传播渠道覆盖受众面广,才能让英语世界的读者有更多机会接触和了解中国文化信息。为方便论述,我们将中国文化外译的传播渠道分为传统传播渠道、新兴媒体传播渠道和人际传播渠道。

5.1　传统传播渠道

传统对外传播的渠道有报纸、期刊、图书、影视和广播等。虽然现在信息资讯对外传播的主流正从以传统媒体为主转向以互联网和移动互联网为主的新兴媒体渠道,但传统媒体的传播功效依然存在,它正与新兴媒体共同携手进入融媒体传播时代。左顺荣、姜圣瑜(2019)在分析研究了全国 120 多份报纸关于国庆盛典的版面和标题后,认为在融媒体传播背景下,报纸要在众多媒体传播的竞争中立于不败之地,需要在三个方面创新发力:①靠标题画龙点睛;②用版面语言说话;③让视觉震撼发声①。由此可见,报纸这种传统的媒体传播渠道只要与时俱进、大胆创新,就会有生存空间,在传播效果上也不会逊色。

5.1.1　报纸渠道

1)国内对外报纸

我国的对外传播报纸主要有:*China Daily*(《中国日报》),*South China Morn-*

---

① 左顺荣,姜圣瑜.融媒体背景下——看全国 120 多家报纸的国庆盛典报道如何后发制胜[J].传媒观察,2019(11):85-86.

ing Post(《南华早报》),*The Macao Post Daily*(《澳门邮报》),*Beijing Weekend*(《北京周末报》),*Shanghai Daily*(《上海日报》),*Shanghai Star*(《上海英文星报》)等。

我国面向国外读者为主的英文大报是《中国日报》。该报创刊于改革开放之初的 1981 年,是中华人民共和国第一份也是目前唯一一份全国性英文日报。《中国日报》坚持"让世界了解中国,让中国走向世界"的办报宗旨,目前已成为国内外公认的中国最具权威性的英文报纸,也是我国被国外主流媒体转引率很高的报纸。被誉为"中国之声"的《中国日报》,总部设在北京,在上海、广州、香港、纽约设有印点,日均发行量逾 20 万份。其中三分之一发往世界 150 多个国家和地区。《中国日报》的外国读者大多数是关注中国政治、经济发展的西方社会中的政界、商界精英,以及国际知名研究机构的领导人和管理者。《中国日报》常驻国内的外籍读者包括跨国公司驻华机构、中外合资企业、国际经贸组织、外国媒体驻华机构、国际组织驻华机构、使领馆的外籍读者。

《南华早报》创刊于 1903 年,是中国香港特别行政区最具影响力的英文报纸,也是东南亚地区最有影响力的英文报纸。《南华早报》于 2015 年 12 月被阿里巴巴集团收购,该报主要提供全面的国内国际新闻报道及权威性的商业和金融分析。

《澳门邮报》成立于 2004 年 8 月 27 日,根据百度百科介绍,它是中国澳门特别行政区仍然在出版的最早的英文日报,主要销售对象为澳门市民和旅澳的外国游客。《澳门邮报》每日出版,逢周六、周日休息。

《北京周末报》于 1991 年 10 月创刊,是中国日报社主办的一份生活指南性英文周报,集文化、消费、休闲、娱乐于一体,贴近生活,突出文化,强调服务,是在京外籍人士和高级白领首选的英文报纸之一。

《上海日报》创刊于 1999 年 10 月,根据百度百科介绍,它由文汇新民联合报业集团出版发行,是中国第一份地方性英文日报。自 2005 年起,《上海日报》的发行已扩展到整个长江三角洲地区,是这一经济发达区域最具影响力的外文媒体,读者主要是在华生活的外籍人士、在外企工作的国内精英和以百万计的入境游客。

《上海英文星报》是 20 世纪 90 年代中国内地出版的第一份综合性地方英文报,于 1992 年第四季度正式创刊,是《中国日报》报系在上海的主要产品。《上海英文星报》设有时事焦点、新闻简讯、时尚文化、人物专访、旅游采风、医疗健康、饭店餐饮、娱乐指南、演出预告、体育特写等版面。报道内容包括社会要闻、经济、金融、科技、商业和文化生活、娱乐、旅游、对外交往活动等。《上海英文星报》国内发行对象主要为常驻我国的外商机构、国外使领馆人员、外国专家、国外留学生,以及临时来华的海外旅游者和商务人员等。

2）国际主流报纸

我国还可以通过国际主流报纸对外译介传播中国文学文化。英语世界有影响力的主流报纸主要分布在英国、美国、澳大利亚、加拿大等国,它们创刊历史悠久,新闻资讯时效性高,在读者中的影响力大。中国的社会、文化等外译资讯也可以选择在这些有影响力的主流报纸上刊发传播。下面简要论述英语世界的主流报纸。

（1）英国的主流报纸

英国的主流报纸有 *Times*（《泰晤士报》）、*The Financial Times*（《金融时报》）、*The Daily Telegraph*（《每日电讯报》）、*The Guardian*（《卫报》）。《泰晤士报》于 1785 年由约翰·沃尔特在英国伦敦创刊,被誉为"世界第一大报纸"（the First Newspaper in the World）。据百度百科介绍,它是在英国全国发行的综合性日报,是一种对全世界政治、经济、文化发挥着巨大影响的大报。《泰晤士报》每天 40 版左右,版面主要可以分为两部分:一是国内外新闻、评论、文化艺术、书评,二是商业、金融、体育、广播电视和娱乐。《泰晤士报》的报道风格十分严肃,报道内容也很详尽。其读者群主要包括政界、工商金融界和知识界人士。1981 年,《泰晤士报》被报业大王鲁伯特·默多克（Rupert Murdoch）收购。默多克收购《泰晤士报》后,图片新闻更多,社会新闻的比例在加大。英国以报道金融资讯为主的报纸《金融时报》于 1888 年在伦敦创刊,是英国金融资本的晴雨表,也是世界著名的国际性金融媒体,2015 年被日本媒体公司日经新闻(Nikkei)收购。据百度百科信息,该报在伦敦、法兰克福、纽约、巴黎、洛杉矶、马德里、中国香港等地同时出版,日发行量 45 万份左右,其中 70% 发行于英国之外的 140 多个国家。该报为读者提供全球性的经济商业信息、经济分析和评论,由该报创立的伦敦股票市场的金融指数更是闻名遐迩。英国的《每日电讯报》于 1855 年在伦敦创刊,以"时效性"而著称。百度百科信息显示,该报大部分股份为加拿大人布莱克所有,由电讯报业公司出版,在伦敦和曼彻斯特印刷。该报注重国际新闻报道,在华盛顿、巴黎、莫斯科和北京等大都市派有记者。报道内容比较丰富,设有体育、旅游、艺术、妇女与金融等专栏,读者主要是中产阶级。英国的全国性综合内容日报是《卫报》,它与《泰晤士报》《每日电讯报》合称为"英国三大报",由约翰·爱德华·泰勒创办于 1821 年 5 月 5 日,因总部设于曼彻斯特而称为《曼彻斯特卫报》,1959 年 8 月 24 日改为现名。其总部于 1964 年迁至伦敦。该报注重报道国际新闻,擅长发表评论和分析性专题文章,其主要读者为政界人士、白领和知识分子。

(2)美国的主流报纸

美国的主流报纸有 The New York Times(《纽约时报》)、Washington Post(《华盛顿邮报》)、The Los Angeles Times(《洛杉矶时报》)、The Christian Science Monitor(《基督教科学箴言报》)、International Herald Tribune(《国际先驱论坛报》)、Chicago Daily Tribune(《芝加哥论坛报》)。《纽约时报》于 1851 年 9 月 18 日在纽约创办,在全世界发行,有很大的影响力,是美国主流报纸的代表之一。百度百科信息显示,每天早晨在上班前在地铁站买一份《纽约时报》,已经成为许多美国人生活中不可或缺的一部分。《华盛顿邮报》于 1877 年由斯蒂尔森·哈钦斯在华盛顿创办,它是继《纽约时报》后美国最有声望的报纸。《洛杉矶时报》于 1881 年 12 月 4 日在洛杉矶创刊,是美国西部最大的对开日报,其影响与地位仅次于《纽约时报》和《华盛顿邮报》，被称为美国的第三大报。该报发行量经常保持在 100 至 150 万份，成为美国仅有的几家销量在百万份以上的主流报纸之一，其广告登载量为全美报纸之冠。《基督教科学箴言报》于 1908 年由科学基督教创始人玛丽·贝克·埃迪夫人(Mrs. Mary Baker Eddy)在美国马萨诸塞州的波士顿创刊，由基督教科学出版社出版，报名便由此而来。百度百科信息显示，该报虽与宗教团体有关，而且报名上有"基督教"字样，但并不是纯宗教性的报纸，而是一份普通的面向"世俗"的报纸。《基督教科学箴言报》是美国的一份国际性日报，以对国际问题的报道和分析见长。该报所报道的内容及题材具有广泛性，开设有文学、艺术、文化、科学、教育、生活等方面的特稿专栏，读者以美国中上层知识分子和国际问题研究人员为主。《国际先驱论坛报》)是《纽约时报》全资拥有的一份国际性英文报纸，1887 年 10 月 4 日创立，总部设在巴黎。《国际先驱论坛报》着重报道国际新闻和文化动态，以迅速报道纽约股票行情而受到国际金融界重视。除在巴黎外，该报还以卫星传送版面，在伦敦、苏黎世、新加坡、海牙、马赛、迈阿密等地印刷发行，行销 164 个国家和地区。《芝加哥论坛报》创办于 1847 年，是美国重要的报纸之一，在芝加哥出版。

（3）英语世界的其他主流报纸

　　加拿大有两大影响力广泛的报纸，分别是 *The Globe and Mail*（《环球邮报》）和 *National Post*（《国家邮报》）。百度百科信息显示，《环球邮报》是加拿大最具影响力的报纸和主流媒体，也是加拿大唯一的全国性报刊。它由《环球报》《邮报》和《帝国报》三大报刊从 1844 年起发展合并而成，后于 1936 年正式更名为《环球邮报》。该报主要读者为加拿大政府官员、工商金融界人士、高级知识分子以及常驻加拿大的外交人员。在西方各国中，《环球邮报》对中国新时期情况的报道、介绍较多，颇具影响力。该报采写的有关中国的文章，除供该报刊登以外，也常被美国《纽约时报》、英国《泰晤士报》和《观察家报》等报纸转载。《国家邮报》于 1998 年 10 月创刊，读者主要为高级知识分子、工商金融界人士、加拿大政府官员以及常驻加拿大的外交人员。目前，该报发行量约 35 万份，其社论和新闻报道经常被国外报刊引用或转载。澳大利亚的主流报纸有 *The Australian*(《澳大利亚人报》)和 *The Sydney Morning Herald*(《悉尼先驱晨报》)。百度百科信息显示,《澳大利亚人报》是澳大利亚最具影响力的全国性报纸,创刊于 1964 年,隶属于默多克的新闻集团,报社总部位于悉尼。该报以新闻、政治、经济、高科技报道为主,读者主要是工商界人士和知识分子。《悉尼先驱晨报》于 1831 年创刊,是澳大利亚英文对开日报,在悉尼出版。该报保持了高级报纸的风格,它的金融版、国际新闻和联邦首都新闻都较有特色,日发行量 25 万份,读者主要是悉尼工商界及各地知识分子。新西兰的主流报纸有 *The New Zealand Herald*(《新西兰先驱报》),是英文对开日报,1863 年创刊于奥克兰,是新西兰最大的日报。该报以内容丰富、新闻渠道多、报道及时而著称,除在本国发行外,还向澳大利亚发行。熟悉英美两国以外的其他英语国家的主流报纸,有利于我们在外译传播中国文学文化的过程中选择合适的报纸刊登相关的译介内容。

5.1.2 期刊渠道

能承载中国文学文化资讯的英文期刊可分为普通期刊和学术性期刊。期刊出版周期相对报纸较长,一般分为周、月或季。对外学术性期刊一般为单月刊、双月刊或季刊。期刊的信息资讯在时效性和内容的多样性方面比不上报纸。虽然报纸信息资讯的时效性高,报道的新闻或资讯丰富,但由于报纸每个栏目的篇幅有限,有时会形成大量的资讯与有限的版面之间的矛盾,使得报道的新闻或刊载的资讯在内容上无法深入和全面;而期刊能更关注读者感兴趣的新闻事件或信息资讯,能对每个话题深入分析报道,向读者呈现令人感兴趣的、条分缕析的、能深入了解某个话题或事件的报道。即使在当今社会强调信息资讯时效性的背景下,期刊也有其存在的价值。下面把期刊渠道分为国内对外传播的主要期刊和英美主要期刊两大渠道进行论述。

1）国内对外传播的主要期刊

我国对外传播资讯的主要期刊有 *Beijing Review*（《北京周报》）、*China Pictorial*（《中国画报》）以及 *China Today*（《今日中国》）。百度百科的信息显示，《北京周报》是英文新闻周刊，于 1958 年在周恩来总理的亲切关怀下创办，是中央级重点对外宣传刊物之一，江泽民同志曾为《北京周报》题词："中国之窗，世界之友"。此刊主要报道中国的政治经济现状，介绍中国政府对内对外的重大方针政策，常设的栏目有 WEEKLY WATCH（一周大事），WORLD（国际新闻与评论），NATION（国内新闻与评论），BUSINESS（经济报道），MARKET WATCH（市场观察），CULTURE（文化），FORUM（争鸣），EXPAT'S EYE（外国人看中国）等栏目，为外国政府官员、投资人、商人、学者提供有关中国发展的新闻和评论。《中国画报》是于 1951 年创刊的一份英文月刊，它的前身是创刊于 1946 年的《人民画报》中文版。百度百科信息显示，该刊对外传播的内容包括中国的政治、经济、文化以及人民生活、自然风光、历史文物等，报道方式主要以成组的图片和简明文字组成专题。该刊曾以《大河上下》《万里长江》《丝绸之路》为题，连载系列图片，报道黄河、长江和千里丝绸之路的风貌。该期刊不仅记录着改革开放以来中国翻天覆地的变化，同时也向世界展示着进取中的中国和中国人民昂扬向上的精神风貌，成为我国新世纪对外宣传的重要窗口。《今日中国》是综合性对外报道月刊，1952 年 1 月由孙中山夫人、国家名誉副主席宋庆龄创办。《今日中国》英文版致力于及时、深度报道当代中国的经济发展、社会进步、人民生活、文化艺术、山川风貌、民族风情等方面的真实情况，秉持真实报道的传统和社会化的报道手段，同时提供相关的服务信息。《今日中国》的读者对象主要为来华、在华的西方各国商界人士、文化人士、留学生和旅游者，兼顾国外英语地区各界中的上层人士。该刊主要栏目有深度报道中国情况的"特别视点"专栏，剖析中国经济热点的"经济"专栏，生动讲述普通人生活状况的"人与社会"专栏，介绍中国文化现象的"文化"专栏，介绍旅游景点及资讯的"旅游天地"专栏等。

2) 英美主要期刊

英国综合性期刊主要有 *The Economist*（《经济学人》）、*The Spectator*（《旁观者》）、*The New Statesman*（《新政治家》）。《经济学人》是 1843 年在英国创刊的周刊。百度百科信息显示，《经济学人》是一份国际性新闻和商业周刊，提供对全球政治、商业、金融、科学及技术的清晰报道、评论和分析，是全球阅读量最大的时政杂志之一。作为最知名的全球发行杂志之一，《经济学人》在 200 多个国家和地区发行，并拥有一批在全球范围内有影响力的读者。2012 年 1 月 28 日，《经济学人》杂志开辟了新的中国专栏，为有关中国的文章提供更多的版面。2015 年，李克强总理为《经济学人》撰文"中国经济的蓝图"，论述了 2016 年中国经济的发展方向。同年 11 月，印度总理莫迪与李克强总理会面时说："我看到您在《经济学人》年终特刊发表的文章，给我留下了很深刻的印象。"这表明《经济学人》传播范围广，读者以精英阶层和知识分子居多。《旁观者》是英国的一本周刊，于 1828 年开始发行，是英语世界中最古老的杂志之一，期刊内容主要涵盖政论、音乐、电影、书籍等。《新政治家》是英国较有影响的杂志，创刊于 1934 年，在伦敦出版，主要发表有关政治、社会问题、书刊、电影、戏剧等方面的评论，读者多为知识界人士。

美国的综合性期刊主要有 *Reader's Digest*（《读者文摘》）、*Life*（《生活》）、*People*（《人物》）、*Cosmopolitan*（《大都会》）等。《读者文摘》是 1922 年于美国创刊的家庭杂志，每月出版，在全球多个国家和地区都有发行。百度百科信息显示，这份每月出刊的杂志文章风格简明易懂，内容丰富，富含恒久的价值和趣味；同时，它还致力于为不同年龄、各种文化背景的读者提供信息、开阔视野、陶冶身心、激励精神。它所涉猎的主题有健康保健、大众科学、体育运动、美食烹饪、旅游休闲、金融与政治、家居与园艺、艺术与娱乐、商业与文化。其他固定的专栏还包括笑话、谜语、测试、动画及读者来信。《生活》是于 1936 年在美国纽约创刊的图画杂志，原为周刊，1978 年改为月刊。该刊以新闻摄影叙述故事的方式为主，题材广泛。《人物》是 1974 年美国时代华纳（Time Warner）媒体集团出版的杂志,主要以图文并茂的方式报道名人和普通人的故事。根据百度百科信息,《人物》是全球定位最精确且最有效的杂志之一,聚焦主流的风云人物,不仅刊载大量的明星新闻图片,还有深度的明星访谈,八卦而不媚俗,强调短小文章迎合时代阅读习惯。《大都会》杂志是1886年在美国创办的国际知名女性杂志,针对时尚、生活、健身和美容等问题为妇女出谋划策,是世界上最畅销的妇女杂志之一。

5.1.3　图书渠道

"图书以文字、符号、图形、图像为基本要素,记录和描述了人类的知识及信息,并以纸张等物质为媒介将这些信息进行大批量复制,在广泛范围发行和传播,起到了保存和传播知识和信息的作用。"[①]在当今网络时代、数字化时代背景下,传统的信息传播方式方法在改变。许多人认为互联网时代,一切信息的存储都在走向数字化、无纸化,以图书为信息载体的传播方式将会被数字化完全取代。细究起来,这种观点不完全正确。图书这种以纸张为信息传播媒介的方式有其继续存在的合理性和必要性。首先,以图书作为载体,向受众传播信息,可以不受时间、网络、电子设备的制约,随时可以翻开书阅读,读者可坐着、站着、躺着读;而电子书、网络文献都需要电子设备和电量支持。无网络、无电子设备或电子设备电量不足,都会阻碍读者获取文献资讯,但从图书中获取信息就没有这些障碍。其次,著书立说的作者往往都是某个行业或领域的学者专家,通过图书来论述和阐释某一专题,往往系统而深入。再加上有出版社相关编辑人员审阅把关,书稿内容的准确性能得到保障。特别是在国内外的知名出版社,责任编辑对书稿的把关更严,无论内容、体例、行文格式等都会做到最好,毕竟白纸黑字印刷成文,装订成书后,作者撰写的内容就成为历史,无法修改。读者、出版社或管理部门对图书内容,抑或对作者、责任编辑的褒贬都是基于图

---

① 刘武辉.图书的信息传播特征[J].出版发行研究,2005(11):5.

书内容、装帧形式等。通常,著书立说者往往对所撰内容的认识有深入的研究和独到认识,才敢于著文成书、立言于世,撰写出代表自己水平的作品。从这个角度看,图书往往代表着人类对某一话题进行了系统而深入的研究后的成果,是该领域的深入研究和科学认知的结晶。

图书的篇幅远远超过期刊和报纸对某一话题的论述字数。以国内出版的期刊、报纸和图书情况为例,一般情况下,大部分期刊每篇文章的字数为5 000 ~ 10 000 字,报纸每篇文章字数为1 500 ~ 3 000 字,而图书篇幅字数一般为15 ~ 30 万字。可见,图书承载的字数是期刊和报纸版面承载字数的十几倍。期刊和报纸适合发表某一话题的"小文章",而图书适合承载某一话题的"大文章"。刘武辉(2005)认为,"和其他信息媒体不同的是,图书信息在到达最终读者受众之前,往往总是传递摘要的、综合性的、片面的信息;为了炒作,有时传递的甚至是虚假的、夸大的信息。而只有当图书最后到达读者手中以后,才能接触到全部的、真实的信息"①。此观点虽然有点偏激,但表明图书要得到好的传播效果,往往离不开广告宣传,"好酒不怕巷子深"的观念在信息化时代读者选择余地大的背景下行不通。因此,我国外译图书的对外传播,不能忽视在西方传统媒体和新兴媒体上做宣传广告。只有宣传到位,扩大了外译图书的知名度,才有可能在西方受众中得到好的销售和传播效果。

从上述论述可知,虽然期刊、报纸的文章篇幅远远小于图书,但期刊、报纸所刊文章因篇幅小,撰写所花时间少,从撰写到发表的时效性要强于图书。因此,在信息传播方面,期刊与图书比较而言,具有短平快的信息传播优势,适应当今读者的碎片化阅读趋势,这是期刊、报纸能在数字化时代仍然存在的原因。即使是世界上最早把纸质图书和期刊做成电子版发行的德国学术出版巨头施普林格(Springer),也一直保持着纸质图书的出版。在亚马逊网站上,可以看到美国出版巨头兰登书屋(Random House)、西蒙舒斯特(Simon & Schuster)、哈珀

① 刘武辉.图书的信息传播特征[J].出版发行研究,2005(11):7.

柯林斯（Harper Collins Publishers LLC）、哈佛大学出版社（Harvard University Press）、耶鲁大学出版社（Yale University Press）、英国出版巨头企鹅出版集团（Penguin Books）、劳特利奇出版社（Routledge）、牛津大学出版社（Oxford University Press）、剑桥大学出版社（Cambridge University Press）等具有全球影响力的出版社，上架的图书既有 Kindle 电子版，也有纸质版。因此，通过对书稿的印刷、以纸质传承人类知识的形式不会过时，也不会因电子图书的出现而消失。

5.1.4　影视渠道

电影和电视具有视觉和听觉效果。视觉和听觉相辅，能给观众强烈的现场参与感和娱乐感。相比报纸、期刊、图书，电影和电视去除了纸质版媒体渠道的抽象描述，还能在短时间内把报纸、期刊、图书中的抽象表述生动形象地演绎出来，展现给观众；通过人物对白，把无生命气息的扁平文字变成立体的、形象的、动态的相关画面传递给观众。由于影视具有视听兼容的功能，因此影视传播的内容和通过人物对白传播的资讯信息，能长久地留在观众的脑海中。换言之，影视传播比报纸、期刊、图书等印刷品传播更形象生动、更富有生命气息，能增加作品的娱乐价值和记忆价值。

1）电影渠道

中国新闻出版广电网 2020 年 11 月 25 日转载了一篇题为《开拓中国电影国际传播路径》的文章。该文作者丁瑶瑶认为，中国电影要为世界输出具有国际视野的中国影像，就需要在以下几方面着力开拓国际化的传播路径：①挖掘新生代导演潜力。中国新生代导演受多元文化影响颇深，能对中华传统文化大胆地创新，能为观众展现出独具时代风格的作品。②利用新技术支撑国际化表达。该文认为互联网拥有的社交、搜索、大数据等方面的技术和资源，改变了传统电影制作、发行和盈利的模式，也改变了观众的消费习惯和影院的商业模式。通过科技赋能，使电影制作效果、效率得到质的提升，为海外的观众带去更为丰富的视听体验。③推广新型中外合拍模式。该文认为,合拍片承担着全球化时代中国电影跨界传播、跨文化传播、打造电影强国和走向世界的重要使命,中美合拍片能够将全球资本和资源充分整合,使得中国电影文化的影响力和传播力大大增强,同时也促使中国电影不再仅仅讲述一个东方故事,而是向世界展现全球故事①。

笔者赞同此文章提出的拓展中国电影国际传播的三条路径,下面分别阐释论述。

对于第一条路径,笔者认为,新生代导演绝大部分受过良好教育,有海外视野,有市场意识,有创新观念,能遵循中国故事世界表达这个对外传播原则。譬如,在西方很受观众欢迎的电影《卧虎藏龙》,导演李安在电影制作的过程中,融合了中西双方的人才与力量,使得影片在情节内容上兼容西方的叙事技巧和价值观。在音乐背景上,中国传统乐器笛子、二胡等与西方乐器相融,让不熟悉中国传统乐器的西方观众不产生听觉上的突兀感;中西乐器融合出现在电影的背景音乐中,能给观众一种全新的音乐感受。这种通过对情节叙事和音乐背景上的创新来讲述中国故事的方式,大大提升了音乐和影片的传播接受度,使得《卧虎藏龙》获得第 73 届奥斯卡金像奖的最佳外语片奖和最佳原创音乐奖。因此,大力挖掘培养新生代导演,充分发挥他们在电影拍摄制作中的多元文化思维,是拓展中国电影国际传播的路径之一。

对于第二条路径,笔者认为,当今世界是一个技术赋能的时代,人工智能已在各行各业中逐渐使用,人们处在一个休闲娱乐形式多元化的时代,传统的娱乐放松形式——电影,要想不失去观众,就需要给观众带来特殊的视觉和听觉冲击和享受。当代西方电影很强调画面的视觉和听觉对观众的震撼效果,而很多电影画面要具有对观众产生视觉冲击力的震撼效果,往往要运用一些电影技术特效。因此,大部分好莱坞大片都采用技术特效,给观众带来视觉和听觉的

① 参见 http://data.chinaxwcb.com/epaper2020/epaper/d7366/d8b/202011/111786.html.

震撼效果。譬如,美国战争电影《拯救大兵瑞恩》(*Saving Private Ryan*)中震撼人心地再现了第二次世界大战诺曼底登陆的战争场面;惊悚电影《狂暴巨兽》(*Rampage*)中基因突变后的巨型怪兽与人之间的大战,令人身临其境、毛骨悚然;科幻电影《第九区》(*District* 9)中令人震撼的外星飞船,以及人与外星人的大战场面。这些电影中的技术特效都能给观众带来极致的视觉和听觉冲击,使观众从繁忙的快节奏工作生活中释放压力,达到放松身心的积极效果。所以,中国电影需要利用新技术支撑国际化表达,与国际电影业发展接轨,才有利于中国电影在海外受众中的传播与接受。

对于第三条路径,笔者认为,在中国电影界推广新型中外合拍模式是非常正确的观点。中国电影界与英美为主的西方国家合作,拍摄讲述中国故事的电影,会使得电影在内容上兼具中国与西方的审美价值观,能兼容中西方文化。拍出的电影,既具有中国故事内容和文化特色,又能与西方观众的审美、价值观等兼容,这是跨文化传播非常重要的路径。譬如,成龙主演的电影《红番区》《尖峰时刻》这两部电影,拍摄地主要在中国香港、美国纽约等地,演员涵盖中外,具有国际性;同时,成龙的功夫动作结合了西方的拳击与中国武术的散打动作,没有沿用早期在中国香港拍摄的古装戏中的中国传统武术动作套路,这既保留了成龙一贯的灵活幽默的打斗风格,也使他的功夫动作符合西方观众的接受心理。此外,成龙主演的影片内容是正义与邪恶的较量,体现了不畏强权、伸张正义的中外都接受的价值观,这是成龙能够被不同国家观众所接受的基础,也是成龙电影打入西方电影市场的重要原因之一。中外合作的例子还有中国东方梦工厂和美国梦工厂合作拍摄的动画电影《雪人奇缘》,在美国上映票房喜人。在谈到《雪人奇缘》的成功原因时,美国导演卡尔顿说,位于上海的“东方梦工厂与美国梦工厂动画公司在策划、编剧、人物塑造等各个环节都共同决策,有的工作以美方为主,有的工作以中方为主。我作为导演主要在美国这边开展工作,但也多次飞到中国与中方团队面对面沟通"。①可见,中美两国电影制片团队通过密切合作,探寻符合中西方文化共性和价值观的电影内容,能激发观众的情感共鸣和审美共情,这是该动画电影获得美国观众喜爱的重要原因之一。

2)电视渠道

我国电视对外传播渠道主要有中国国际电视台、上海广播电视台外语频道和广州电视台英语频道。据百度百科信息,位于北京的中国国际电视台(英文名称:China Global Television Network,英文简称:CGTN,中文别称:中国环球电视网)是中华人民共和国面向全球播出的新闻国际传播机构,成立于 2016 年 12 月 31 日,是中央广播电视总台下设机构,开办 6 个电视频道、3 个海外分台、1 个视频通讯社和新兴媒体集群,播出的内容涵盖综合新闻、财经、访谈、文化、体育等。上海对外传播的电视渠道是上海广播电视台外语频道(The International Channel Shanghai,简称 ICS)。该频道为城市高端人群、英语使用者和国际居民等受众群体提供新闻、财经、生活、时尚、文化和娱乐视听服务等全方位的信息,从而成为展现中国、上海经济、文化、社会健康繁荣发展的舞台和促进中西方文化互动的窗口。位于广州的广州电视台英语频道于 1994 年开播,是全国首家区域性全英语频道。据统计,目前约有 30 万外籍人士在广州工作、经商、生活和学习,广州电视台英语频道为他们提供了一个及时了解本地政治、经济、文化、生活等资讯的窗口。作为连接广州和世界的一道桥梁,该英语频道通过引介国外优秀的文化产品和展示广州本土的人文特色,致力于促进广州的对外文化宣传和涉外经济交流,以其独特的传媒视角搭建起广州与世界的双向沟通平台。该英语频道以资讯发布为基础,以经济发展为亮点,以岭南文化为特色,凸显广州改革风貌,传播本土主流声音。

---

① 参见 https://baijiahao.baidu.com/s?id = 1659470912998755988&wfr = spider&for = pc.

5.1.5 广播渠道

1906 年圣诞节前夜,美国人费森登和亚历山德逊在纽约附近设立了一个广播站,这是人类有史以来进行的第一次广播。从 1906 年到当今互联网时代的近 120 年间,各种传播媒体迭代出现,但无线广播仍然是人类对外传播信息的一个重要渠道,这主要得益于广播的传播具有覆盖传播对象范围广、传播时效性强的特点。广播还能通过播音员声音的轻重缓急、抑扬顿挫,引导广播听众对信息内容的理解和增强信息内容对听众的吸引力、感染力和关注度。这是报纸、期刊和图书等纸质版印刷品不具备的功能。此外,与电视和电影传播相比,由于广播电波具有很强的穿透力,电波传播的距离更远,譬如,虽然英国的伦敦和美国的华盛顿两座城市分别距离中国的上海约有 9 200 千米和 12 000 多千米,可以说在地理位置上距离中国非常遥远。但 20 世纪改革开放以来,我国的大学生、中学生能通过收听 BBC 广播和 VOA 广播中的英语教学节目学英语,正是得益于广播覆盖地理面积广、传播距离远的特点。因此,广播渠道要比电视和电影渠道传播覆盖的受众多。

我国当前的对外广播渠道主要是中央广播电视总台的中国国际广播电台(China Radio International),对外统一称为"中国之声"。据百度百科信息,它是我国面向全球广播的新闻国际传播机构,创办于 1941 年 12 月 3 日,是国务院直属正部级事业单位中央广播电视总台的下设单位。中国国际广播电台使用包括英语在内的 65 种语言全天候向世界广播,是全球使用语种最多的国际传播机构。

英语世界中影响力最大的广播电台分别是:英国广播公司(British Broadcasting Corporation,简称 BBC)的世界广播电台(World Service)和美国的美国之音广播电台(Voice of America)。英国广播公司的世界广播电台是英国目前最大的新闻广播机构和世界上最大的新闻广播机构之一。英国广播公司的工作人员有 23 000 多人,其中世界广播电台的工作人员就达 2 000 多人。丰富的人力资源为英国广播公司世界广播电台提供了源源不断的新闻稿件,使得世界广播电台能 24 小时连续不断用英语或其他语言向世界广播,经常收听此台节目的听众在全球有一亿四千万以上,可见其对外传播能力的强大。美国之音广播电台创办于 1942 年,是美国官方广播电台,也是世界上最大的国际广播电台之一,隶属美国新闻署,总部设在华盛顿。美国之音广播电台近年来用 43 种语言,每周广播约 1 200 小时,其中英语广播每天 24 小时连续对外广播。如果可能,可通过借船出海的方法,借助英语世界的广播电台,译介传播中国的社会文化资讯。

5.2 新兴媒体传播渠道

新兴媒体是相对于传统媒体报纸、期刊、广播、影视等而言的一种媒体形态,指在各种数字技术与互联网技术的支持下,通过电脑、手机、数字电视等一切互联网终端向用户提供信息或服务的新的媒体形态,譬如,微信、微博、抖音、快手、Twitter、Facebook、YouTube、自媒体等都属于新兴媒体。顾亚林、赵龙祥(2022)撰文认为,在互联网环境下,新兴媒体传播具有多层次、分类化、开放化、碎片化、即时性和互动性等特点①。正因为新兴媒体具有这些特点,全球互联网用户和移动互联用户数量急剧增长,据"市场数据统计门户(Statista)的数据显示,截至 2021 年 1 月,全球社交媒体用户已超过 42 亿,占全球人口的三分之一。社交媒体平台正在走向'基础设施化',极大影响了传播的权力结构,新兴媒体也成为当今海外用户获得资讯、传播资讯、交流资讯的主要阵地"②。新兴媒体可以分为三类:①社交类新兴媒体,譬如国内的微博、微信、百家号等,国外的Facebook、Twitter、Instagram 等;②视频类新兴媒体,国内的抖音、快手,国外的YouTube、VIKI、Dramafever、抖音国际版 TikTok 等都属于此类;③直播类新兴媒

---

① 顾亚林,赵龙祥.视频化、移动化、立体化:全媒体时代学术期刊融合发展路径[J].传媒观察,2022(2):88.
② 参见 https://zhuanlan.zhihu.com/p/448598794 .

体,譬如国内的哔哩哔哩、抖音、快手、斗鱼 TV 等,国外的 TikTok、YouTube Live、Livestream、Periscope 等,如果是直播带货平台,主要有 Lazada、Shopee、Facebook 等新兴媒体平台。

5.2.1　国内新兴媒体渠道

国内社交类、视频类和直播类新兴媒体主要面对的是国内受众。当然,也可以利用国内各种新兴媒体,对在中国境内的外籍人士进行中国政治、经济、文化、科技等方面的传播,或以主播者或网红的身份,用英语向外籍人士图文并茂地讲述自己所了解的真实的中国,帮助和引导外籍人士更好地理解他们所看到的中国。但中国的对外传播采用的新兴媒体渠道更多的是西方受众中流行使用的新兴媒体,因此,本书重点论述下面几类海外新兴媒体渠道。

5.2.2　海外新兴媒体渠道

1)社交类新兴媒体渠道

当前,英语世界中流行的社交类新兴媒体渠道主要有 Twitter(推特)、Facebook(脸书)、Instagram(照片墙)等。Twitter、Facebook、Instagram 相当于中国的"微博",有各自不同的成长经历和使用特点,是海外网民使用最多的三大社交平台。

Twitter 是一家美国社交网络及微博客服务的公司,由杰克·多西(Jack Dorsey)在 2006 年 3 月与合伙人共同创办。用户在 Twitter 上发的短文,称 tweet(译为:推文)。每篇推文的字符数限制在 280 以内,使得每篇短文信息短小精悍。对信息阅读者来讲,推文的信息易读、易解、易记、不耗时间。同时,Twitter 也有与读者互动的功能,读者可以在推文下写评论,可以点赞,可以转发。它就如中国的新兴媒体微博在中国非常流行一样,Twitter 在英美等西方国家也非常流行。大量的政界、商界名人、组织机构等都是 Twitter 的忠实用户,都在 Twitter 上注册了账号,并拥有大量的粉丝,譬如美国前总统奥巴马(Barack Obama)、特朗普（Donald Trump），英国首相约翰逊（Boris Johnson），亚马逊公司创始人贝索斯（Jeff Bezos），特斯拉公司创始人马斯克（Elon Musk），微软公司创始人比尔·盖茨（Bill Gates），股神沃伦·巴菲特（Warren Buffett），美国明星 Lady Gaga，加拿大歌星贾斯汀·比伯（Justin Bieber），以及美国有线新闻网（CNN），美国《纽约时报》（New York Times），英国广播公司（BBC）等。为了更好地对外沟通和传播中国资讯，中国的外交部、央视网（CCTV）、中国环球电视网（CGTN）、《中国日报》（China Daily）、新华社（China Xinhua News）、《环球时报》（Global Times）等机构都在 Twitter 平台上开设了账号，传播中国资讯。

Facebook 是创建于 2004 年的一家美国著名社交网站，以分享照片为主，创始人是马克·扎克伯格（Mark Zuckerberg），公司总部位于美国加利福尼亚州的圣马刁县（San Mateo County）附近的门洛帕克（Menlo Park）。由于该公司业务的不断拓展，公司于 2021 年 10 月改名为 Meta（元宇宙公司），以覆盖所有业务范围。Facebook 的社交功能类似我国的微信朋友圈，用户可以上传照片，发布信息，读者可以转发照片，评论及点赞。很多名人、机构都在 Facebook 上开设账号、分享生活、点评时政热点、与粉丝互动。例如，足球明星罗纳尔多（Cristiano Ronaldo）有 1 亿多粉丝，美国著名演员范·迪塞尔（Vin Diesel）有近 1 亿粉丝，中国环球电视网（CGTN）有近 1 亿粉丝，英国著名喜剧演员憨豆先生的扮演者罗文·阿特金森（Rowan Atkinson）也有近 1 亿粉丝。这说明 Facebook 上的读者流量很高，传播效果好。

Instagram 是 Facebook（Meta）旗下的一款社交应用软件，运行在移动客户端上，主要功能是分享图片和视频。产品于 2010 年 10 月正式登录 App Store 线上商店。Instagram 的用户能使用 Instagram 软件中的十几种特效风格，润饰自己的照片，使照片产生理想的视觉效果。此外，注册用户可以通过关注、评论、点赞等操作与其他注册用户和粉丝进行互动。照片墙作为世界上最受欢迎的大众社交媒体之一，有上亿用户在上面注册账号，分享他们的图片和生活。很多来自政界、演艺界、体育界的名人也在 Instagram 上开设账号、分享生活、点评时政、与粉丝互动。同 Twitter、Facebook 一样,在 Instagram 上开设的账号中,粉丝数超过千万,甚至突破亿人的名人也很多,如美国著名演员道恩·强森(Dwayne Johnson)、知名女歌手爱莉安娜·格兰德(Ariana Grande)、足球运动员里奥·梅西(Lionel Messi)等,粉丝数都过亿。这说明 Instagram 人气很旺,是对外分享资讯,传播信息的好渠道。我国的文化外译可采用"图说中国"的形式,在 Instagram 上传播。

2)视频类新兴媒体渠道

当前媒体发展的一大重要变化趋势是"视频化"。所有介质媒体都不约而同地选择视频化,不仅在民间传播活动中占据主导性地位,就连官方的信息传播也在短视频化[①]。近十年来,国内外信息的对外传播通过视频渠道正逐渐成为主流。在西方国家流行的视频类新兴媒体主要有 YouTube(油管)、Dailymotion(每日影像)、VIKI(威奇)、TikTok(抖音国际版)、MetaCafe 等。与阅读纸质版资讯相比,视频改变了传统的以图文为主的社交传播方式,在获取信息的同时还能给人以视听享受。因此,视频类新兴媒体很受欢迎,拥有大量的用户,尤其以中青年用户为主。

YouTube 是全球著名的视频网站,由美国华裔陈士骏等人 2005 年在加利福尼亚的圣布鲁诺创建,2006 年被 Google 公司以 16.5 亿美元收购。作为 Google 旗下的著名视频网站,YouTube 吸引了世界各国网民注册账号,上传视频,每天都有成千上万的视频上传到 YouTube,经过 YouTube 审核无色情、恐暴、版权问题后,各国网民才能浏览观看。在 YouTube 上审核通过的视频,注册用户和非注册用户都可以观看。YouTube 网站上的海量视频可分为许多类型,如 Film and Animation(电影动画类)、News & Politics(新闻政治类)、Travel & Events(旅游活动类)、Pets & Animals (宠物动物类)、Science & Technology (科技类)、Sports(体育类)、Education(教育类)等。可见,YouTube 网站是一个视频百宝

---

① 李金宝,顾理平.短视频盛宴中的媒介变革与价值发现[J].传媒观察,2021(2):6.

箱,包罗万象的视频资源使得 YouTube 成为风靡全世界的视频网站,每月有数十亿次的访问量。2015 年 2 月,中央电视台首次把春节联欢晚会推送到 You-Tube 网站,通过 YouTube 视频渠道对外扩大春晚的知名度和影响力,同时也方便海外华人观看春晚节目。

Dailymotion 是总部在法国的一家视频分享网站,是仅次于 YouTube 的全球第二大视频网站,用户可以上传、分享和观看视频。Dailymotion 的短片具有高清晰的画质,备受广大网民的喜爱,每月有 1 亿多次的访问量。

VIKI 是总部在新加坡的一家视频网站。VIKI 的名称出自 Video 和 Wikipedia 的字母结合,寓意 VIKI 的视频内容如同维基百科一样,内容包罗万象,用户总能找到自己喜欢的影视视频。用户付费后,可以通过 VIKI 观看他们喜爱的电视剧、电影、音乐视频等影视作品。

TikTok 是抖音国际版,全球月活用户已突破 10 亿。TikTok 作为全球最受欢迎的应用程序之一,全球下载量已达 25 亿次,美洲、东南亚、中东分别是目前活跃用户最多的地区。美洲月活跃用户接近 3 亿,东南亚 2 亿,中东 1.3 亿;据不完全统计,美国月活跃用户约 1.15 亿,加拿大 1 亿,英国 2 000 万,这是非常庞大的用户数量。美国、英国等英语国家的很多电影明星、导演及篮球、足球体育明星都注册了 TikTok 账号,许多明星的粉丝数达到千万以上。TikTok 账号成为演艺界明星和体育明星对外宣传、展现自我风采,以及与粉丝互动的重要平台。因此,通过短视频在 TikTok 上传播中华文化是不错的选择。

MetaCafe 是美国的一家免费在线短视频分享网站,2003 年创立,总部在美国加利福尼亚州的旧金山。用户可以上传原创视频,免费观看视频,每月有多达 4 000 万的世界各国网民浏览观看视频。

综上所述,海外视频类新兴媒体传播渠道有三个主要特点:①传播的内容覆盖面广,覆盖音乐、电影、电视节目、纪录片、教育、娱乐等内容;②用户可以注册账号,上传自己制作的视频,传播信息方便快捷,不受时空限制;③能为用户提供评论、点赞、分享、互动等功能。这些特点使得视频类网站成了重要的文化资讯传播平台。中国文学文化的对外传播可以借助这些视频网站,不受时空限制地向海外受众进行传播。

3)海外直播类新兴媒体渠道

海外直播类新兴媒体渠道主要有 Facebook Live(脸书直播)、YouTube Live(油管直播)、TikTok Live(抖音直播)、Livestream、Periscope 等。栾轶玫、张雅琦(2020)总结出直播类视频有三大优点:①视频直播能更好地满足人们直接、情绪化表达的需求;②视频直播可以提升传播参与度;③视频直播还有利于创造"共识",形成社会动员[①]。中国的网上直播大多是带货直播,主播绝大部分都是名人或网红,以这些名人或网红自带的流量或名气来吸引观众观看、购买推销的产品。与中国的网上直播不同,西方网上直播的名人或网红带货的比例小,这是因为在西方到实体店购物的人比在网上购物的人比例高。虽然网上购物价格便宜,但在实体店,购买者能现场全方位品鉴产品,对其优缺点一目了然。西方的网上直播大都是涉及生活、科普、体育、旅游等内容,譬如,Facebook 公司(现 Meta 公司)创始人扎克伯格,在美国东部时间 2016 年 6 月 1 日通过 Facebook Live 进行了太空直播。他通过直播,采访在太空空间站的三名宇航员,并与观看直播的观众进行实时互动,让观众身临其境。

我们在前面对社交媒体网站 Facebook 已做论述,名人或主播登录 Facebook 网站,可进入个人主页、公共主页、小组或活动等板块,点击视频直播按钮 Live,进行直播。Facebook Live 功能自 2016 年推出后,深受网民的喜爱。通过名人或网红的直播,向网民分享相关主题内容。网民在接受信息的同时,也可与自己喜欢的主播进行互动。Facebook Live 支持手机和电脑进行直播。在前面章节我们也介绍了 YouTube 和 TikTok 视频网站,由于这两个视频网站在西方深受网民喜爱,因此,名人和网红常常使用 YouTube Live 和 TikTok Live 进行直播活

---

① 栾轶玫,张雅琦.视频直播在灾难报道中的运用及传播边控问题——以新冠肺炎疫情报道为例[J].传媒观察,2020(3):26.

动。Livestream 是一款应用于手机上的在线直播 App；Periscope 是一款可在线直播视频和音频的 App，该软件带有直播和评论功能，直播的地址链接能分享到 Twitter 上，让更多的人参与进来。

5.2.3 新兴媒体渠道的传播优势

在报纸、广播、电视、电影等传统媒体中，传播内容的生产者往往是具有专业知识的编辑、制片人等，普通人是传统媒体的信息接收者和消费者。而在新兴媒体中，人人都是传播内容的生产者和传播者。因此，新兴媒体的出现，给人们带来了海量的信息，每个人都能使用自己喜欢的社交平台来分享传播内容。此外，当代新兴媒体技术日新月异，使得新兴媒体能同时传递文字、声音、图片、视频等多种模态。这是传统媒体所不具有的功能，新兴媒体使得中国文学文化可以通过图文、音频、视频多形式、立体化、协同化快速传播，不再是传统渠道以单一的纸质版形式传播为主或以音频、视频为主。总体来讲，新兴媒体渠道的传播优势有以下三点：①新兴媒体具有多彩的信息传播形式，它能整合音频、视频、文字和图片的信息传播形式，进行协同式、立体化传播，从而带给信息接收者和消费者强烈的视听冲击或享受，这比传统媒体仅仅通过文字或"文字＋图片"的传播方式更有传播效果；②新兴媒体具有交互性特点，信息接受者和消费者不仅能从新兴媒体中阅读和理解信息，也能在新兴媒体中发表自己的观点和看法，向作者或其他读者分享自己的信息；③新兴媒体能及时地向信息接收者和消费者传播信息资讯，信息接受者和消费者能不受时空限制，随时从各种新兴媒体中获取相关信息资讯。总之，新兴媒体能兼容文字、图片、音频、视频，形成多模态的对外传播，使得传播内容和形式丰富多彩，免除印刷装订的工作量和资金支出，只需上传或输入信息就能即时传播，具有省时提效的传播效果。此外，新兴媒体的交互性强，信息发布者能与读者即时互动，从而和信息接收者相互及时地沟通。世界各地的人们只要打开特定的新兴媒体网络地址链接，就能 24 小时不间断地获取相关信息，信息传播与接收都不受时空阻碍。

5.2.4 外译传播要充分利用新兴媒体渠道

当前,面对众多的国内外传播媒体平台,要充分利用好新兴媒体渠道的优势,讲好中国故事,传播好中国声音,展现中国文学文化,向海外受众呈现中国在政治、经济、科技等方面的发展成就。要达到以上目的,需要在外译传播过程中注意以下三点。

首先,信息资讯的传播者要知晓不同平台的不同传播特点,才能把传播内容放在合适的平台上,得到好的传播效果。据推文科技介绍,在 Facebook 平台上,文化社会、自然风景等生活类主题结合短视频形式的内容最受海外用户欢迎;在 Twitter 平台上,以政治、外交、生活议题等热点为主的内容,以多图形式传播效果最佳;在 YouTube 平台上,热门内容类型有两个极端分布:一类是军事科技类的理性探讨,较关注中美关系,一类是文化社会类的娱乐新闻。推文科技还以 CGTN 为例,认为 CGTN 对外传播的效果好,是因为不同的传播题材放在适合各自特点的社交平台上,譬如,把以自然人文风景为主的内容放在 Facebook 上传播,把外交新闻为主的内容放在 Twitter 上传播,把各类主题视频放在 YouTube 上传播。因此,在国内外众多新兴媒体传播平台可供选择的背景下,选择哪些新兴媒体平台作为对外传播中国政治、经济、文化等内容的平台,需要信息发布者根据不同的传播题材和内容综合考虑,才能使得传播的题材和内容匹配合适的传播平台,达到提升传播效果的目的。

其次,新兴媒体在传播资讯时,具有短、平、快的特点,信息发布者可以随时随地分享和传播资讯。因此,遇到重大突发新闻、国际社会关注的社会热点问题,应该及时通过新兴媒体渠道发声,向国外受众表达观点,让国外受众能及时快捷地获得客观真实的信息。主动、快捷地通过新兴媒体传播渠道对外发布资讯,能让国外受众认可信息资讯的时效性,从而在国外受众心中形成信息发布者的账号能第一时间报道、分享信息资讯的好印象。一旦某个新兴媒体在国外受众心中形成了及时、权威、专业的获取信息来源的印象,那么受众就会成为该新兴媒体的铁粉,并会通过人际传播,吸引更多的受众成为粉丝。这样,新兴媒体就能快速增加粉丝数量、扩大受众群体,达到提升该新兴媒体影响力和传播效果的目的。

最后,可充分利用新兴媒体传播渠道的便捷性,邀请英语世界的汉学家、来华从事汉语言文化研究的学者、在华学习汉语言文化的留学生等,在 Twitter、Facebook、Instagram、YouTube 等新兴媒体平台上注册账号,以外籍人士的个人视角在这些新兴媒体平台上讲述中国故事、传播和分享在中国的所见所闻。这种以外国人看中国的视角,向海外受众展现真实、立体的中国形象,优点在于信息资讯的行文表达方式更符合英语世界受众的习惯,传播的信息资讯更容易被理解和接受,从而能提升中国文学文化、政治、经济、科技等在海外的传播接受效果。这对消除海外媒体对中国的误报误读、构建积极正面的中国形象大有裨益。

5.3 人际传播渠道

中国文学文化的对外传播渠道,除了上面论述的传统媒体传播渠道和新兴媒体传播渠道,还存在人际传播渠道,这是我们日常忽视的一种传播渠道。人际传播可分为两种:一种是面对面的传播,另一种是借助某种有形的物质媒介(如信件、电话、电报等)的传播①。面对面的传播又包含人与人之间网络上的面对面即时传播(如通过视频谈话、语音交谈等)以及人与人之间线下的面对面传播。比如,在各种线上线下国际研讨会议过程中,中国专家学者现场向外籍专家学者阐述中国国情、社会文化、科学技术等就是人际传播;在孔子学院的对外汉语教学,在西方各国的唐人街举办的中国文化对外推广活动中,向海外受众宣讲中国语言、文学或文化等活动也属于人际传播。

---

① 郭光良.传播学教程[Z].北京:中国人民大学出版社,2011:73.

　　郭光良(2011)认为人际传播有四个特点：①人际传播传递和接收信息的渠道多,方法灵活；②人际传播的信息意义更为丰富和复杂；③人际传播双向性强、反馈及时、互动频率高；④人际传播主要建立在自愿和合意的基础上。

　　笔者认为,除了郭光良总结的四个特点外,与传统媒体传播和新兴媒体传播相比较,人际传播还有下列四个特点,这四个特点使得它在全球经济科技互联互通和文化交流日益频繁的当今时代,日显重要。第一个特点是人际传播的规模可大可小,既可以是一人对一人的传播,也可以是一人对多人的传播,且不受或少受场地、媒介或设备的制约,这使得人际传播能灵活机动地、低成本地传播信息。第二个特点是人际传播虽然在时间和空间上、在一定的时间内覆盖受众的广度比不上传统媒体和新兴媒体的传播,但是人际传播是现场面对面的传播,传播内容通过受众的视觉和听觉直达受众头脑。在人际传播中,不管受众对收到的传播内容是否完全理解和认同,人际传播的有效性都不会差于传统媒体和新兴媒体的传播效果,因为受众可以直接忽视或拒绝阅读传统媒体传播的内容或拒绝观看新兴媒体的传播内容,使得存在于传统媒体和新兴媒体上的内容信息因为没被读者"激活"而成为"无效"信息,传播效果为零。而人际传播是受众在现场,不管是主动还是被动,必然会听到或看到信息发出者发出的传播内容。第三个特点是人际传播可以传播正面信息,也可以传播负面信息。譬如,在孔子学院的中国文化课堂教学中,教师向西方受众讲解孔子《论语》的核心观点后,该课堂的学生回家把获得的《论语》核心观点向家里的父母转述,对父母传播,属于传播学中的二次传播。如果该学生很喜欢中国文化,可能会把《论语》的核心观点正确地传播给其父母,形成正面信息的传播；如果该学生由于对《论语》的核心观点的理解不够,内容记忆不准,转述时或夸大或贬低,传播给其父母的信息就会扭曲变形,形成负面信息传播。同样,该学生的父母在向他们身边的亲朋好友转述孔子《论语》的核心观点内容时,也可能因为对内容的理解力和记忆力原因,再次出现对原文内容的转述偏差,造成传播内容的进一步失真和扭曲。转述次数越多,存在传播内容失真的概率越大。传统媒体和新兴媒体由于分别是把传播的内容印刷在纸张上,输入在网页上或录制在视频中,无论是对传播内容的转载还是在网络上转发给朋友,在传播过程中都不会发生人际传播那样内容失真的情况。第四个特点是人际传播能获得信息接收者的及时反馈,信息发送者能现场观察到受众在接收信息过程中的面部表情、肢体动作等,以此判断受众对传播的内容或方式所持有的态度,然后作出相应的调整,以达提升传播效果之目的,这是传统的纸质媒体传播所没有的优点。现在是智能手机普及的时代,上至白发苍苍的老人,下至朝气蓬勃的青少年,几乎人人都有一部手机,都能把自己在线上和线下看到或拍摄的图文、视频随手转发,分享到自己的朋友圈,或分享到互联网社交平台上。朋友圈中的受众或互联网上的受众有可能把这些图文、视频进一步转发分享到各自的朋友圈以及各自熟悉的其他互联网社交平台上,形成更大的传播范围、覆盖更多的人群。可以说在当今智能手机普及的时代,人际传播能使信息传播产生裂变,使得传播内容在读者面前有更大的曝光,形成高效的裂变传播。

5.4 本章小结

本章探讨了中国文学文化对外传播的渠道。当今世界适合中国文学文化信息传播的渠道可分为传统传播渠道、新兴媒体传播渠道和人际传播渠道这三大类型。传统传播渠道涵盖报纸渠道、期刊渠道、图书渠道、影视渠道和广播渠道;新兴媒体传播渠道涵盖社交类新兴媒体渠道、视频类新兴媒体渠道、直播类新兴媒体渠道。虽然现在信息资讯对外传播的主流正从传统媒体渠道转向基于互联网和移动互联网的新兴媒体渠道和人际传播渠道,但传统媒体渠道的传播功效依然存在,它正与新兴媒体渠道融合,形成融媒体传播。当今世界的媒体传播已进入新旧媒体融合传播时代,在重视渠道融合传播的背景下,要利用好 YouTube、Dailymotion、Facebook、Instagram、Twitter 等国外媒体渠道传播中国文学文化。同时, 人际传播渠道的作用也需要引起特别重视,因为人际传播在当今智能手机普及时代,能成就信息传播的裂变,使得传播内容在读者面前有更大的曝光,形成高效的裂变传播,所以我们要重视人际传播渠道的正面信息传播,避免负面信息传播。

第 6 章

融媒体传播与外译方法及译才培养机理探赜

　　我国三次国家翻译实践的对外传播效果未达预期目标,原因多样,笔者将在后面章节进行详细分析。本章从融媒体传播、外译方法及译才培养三个维度,探究我们现有的文学文化外译机理,探析提升中国文学文化外译传播效果及译才培养质量的路径。

6.1　融媒体传播:时代的呼唤

　　所谓融媒体,就是利用网络大数据技术赋能,通过广泛融合不同媒介形态而整合成的新型媒介总称①。所谓传播是指社会信息的传递或社会信息系统的运行②。融媒体传播就是把传统媒体和新兴媒体进行整合,以达协同传播。融媒体传播更注重依托网络技术赋能,更充分利用互联网和移动互联网进行传播。根据国内的中商产业研究院 2021 年 9 月 17 日发布的统计,2016—2020 年全球互联网用户数量呈波动上升趋势,2021 年全球互联网用户数量将达 40.47 亿人。全球主要国家和地区的移动互联网渗透率不断提高。海外市场方面,世界各地用户使用移动网络时间增长明显,其中 2020 年 8 月美国、加拿大和英国用户使用移动网络时间占使用全部网络时间的比例分别达到 79%、75% 和81%。随着智能终端设备日益普及和移动网络通信技术高速发展,各类软件逐渐从计算机设备端转向移动设备端,移动端 App 用户的规模快速增长。这说明,随着世界互联网和移动互联网设备、技术的持续发展,以及智能手机等移动终端的普及,互联网和移动互联网已成当今英语世界中信息传播的主流平台。各种基于互联网络的新兴传播媒体,如社交媒体、视频媒体、直播媒体等已打破传统媒体垄断的单一信息传播模式。新兴媒体发展至今,已成为人们便捷、快速获取信息的主流传播媒体。英语世界的受众日常获取资讯的渠道已从以传

---

① 张成良.融媒体传播论[M].北京:科学出版社,2019:39.
② 郭光良.传播学教程[Z].北京:中国人民大学出版社,2011:4.

统媒体渠道为主转向了以新兴媒体渠道为主。同时,从当今世界新冠疫情前后举办的各种线下线上的国际展销会、国际学术会议、国际贸易洽谈会等不同类型的集会来看,会议规模扩大,参会人数、举办频次都在大幅提高,说明信息的人际传播渠道正日益凸显其在信息资讯传播上的重要作用。因此,当今中国文学文化的对外传播渠道,应在传统媒体传播渠道的基础上,纳入新兴媒体传播渠道和人际传播渠道,构建全渠道、立体化的对外传播网格,以覆盖更多的不同受众群体,提升信息传播的广度和深度。融合了传统媒体渠道、新兴媒体渠道和人际传播渠道的全渠道传播是提升中国文学文化外译传播的重要途径。

6.2 融媒体传播的优势

随着互联网和移动互联网技术的持续发展,信息资讯的对外传播渠道也在不断创新。传统的基于纸质的图书、报纸、期刊等媒介的单一传播模式已不适应西方受众获取信息资讯渠道多样化的需求,中国文学文化对外传播需要考虑受众从新兴媒体渠道获取信息资讯的实际情况。换言之,只有新旧媒体融合传播,打造全渠道传播模式,抓住互联网和移动互联网发展给传播渠道带来的红利,中国文学文化外译才有可能在传播效果上得到质的提升。实现新旧媒体融合传播、打造全渠道传播模式,与采用纸质媒介为主的单一传播模式相比,具有四大传播优势:①拓宽受众覆盖面;②实现多样化传播;③实现瞬时性和交互性传播;④实现增效不增费传播。下面对这四大传播优势分别展开论述。

6.2.1 拓宽受众覆盖面

在不放弃传统纸质媒介传播的同时,应把更多的人力、物力、财力应用于新兴媒体渠道的构建上,打造基于新旧媒体融合传播和人际传播的全渠道传播模式。全渠道传播不仅可以整合图书、期刊、报纸等传统传播渠道,而且能充分利用基于互联网和移动互联网技术的社交媒体渠道、视频媒体渠道、直播媒体渠道以及人际传播渠道等进行传播,使得传播渠道多样化。不同的传播渠道适合不同类型、不同年龄段的受众获得信息资讯。譬如,在当今时代,以纸质媒介为载体的图书、期刊、报纸很适合年龄较大、不熟悉网络技术,不便从互联网和移动互联网终端获取资讯的老年人,也适合专业领域的人士进行学术研究的深度阅读。但是,以纸质媒介为载体的大部头作品和篇幅巨大的文章,不适合当今读者快节奏生活语境下的碎片化阅读方式,新兴媒体的出现正好弥补了这方面的缺陷。Twitter、Facebook、YouTube、TikTok 等新兴媒体由于发布的信息资讯简短、时效性强、内容多样,使得忙于工作生活的受众能利用短暂的闲暇时间来获取各种短小精悍的信息资讯。因此,新旧媒体融合传播形成的全渠道融媒体传播模式能使传播渠道多样化,符合信息社会受众获取信息资讯的特点,能有效拓宽接收信息资讯的受众面,提升信息资讯的传播效果。

6.2.2　实现多样化传播

新旧媒体融合传播,能实现同一作品的传播形态多样化,提升该作品的传播效果。譬如,我国古典小说《西游记》的故事内容,在新旧媒体融合传播的传播模式下,英译出来,印刷成书,走图书传播渠道,进行对外传播;也可以拍成电影、电视剧,走影视传播渠道,进行对外传播;还可以把《西游记》中一些精彩故事,采用摘译或缩译等变通式翻译方法,英译成篇幅不大、适合在英语世界的网络社交媒体上连载的译文,走网络社交媒体渠道,进行对外传播。此外,也可以聘请英语为母语并且精通中文的外籍人士,以书评形式对《西游记》进行直播宣讲推介,走网络直播渠道;还可以通过参加伦敦国际图书展、法兰克福国际图书展等展会的方式在英语世界中进行《西游记》的推介,使得《西游记》译作直接与采购商和读者见面,这可以算是走人际传播渠道,进行对外传播。总之,新旧媒体融合传播能对同一作品实现多样化的对外传播,不同的传播形态在对外传播中可以相互弥补不足,相互强化,产生协同式、立体化的对外传播格局,从而产生比单一的传播形态要好得多的传播效果。

6.2.3　实现瞬时性和交互性传播

传统的纸质媒介传播从文章作品的撰写、编辑、排版、印刷、装订成书,再通过经销商、零售商环节,到达读者手中,这个过程需要较长的时间。即使时效性要求高的新闻类信息,从稿子的撰写到刊登发行,也要花费一段时间,无瞬时传播功能。同样,传统媒体中的影视作品从拍摄到后期剪辑制作完成,所需时间也较长,也无法实现及时性传播。此外,传统的媒体传播是单向的传播,受众在传播中几乎无法实现与信息传播者互动。而新兴媒体就能弥补传统媒体在这方面的缺陷。基于互联网和移动互联网的新兴媒体能让信息传播者实现传播的瞬时性,信息传播者不需要对传播的信息进行印刷,只需敲击键盘、点击鼠标,将信息上传网络,就能实现信息通过网络向受众的瞬时传播。同时,新兴媒体是双向传播的媒体,这种双向传播指受众可以就接收阅读到的信息内容与信息传播者进行互动,受众与受众之间也可以进行互动。通过双向传播,信息传播者可以在互动中了解受众对传播内容的反馈与评价。信息发布者根据受众的反馈与评价,可对今后的传播内容、译介方法等作出相应的调整和完善,以满足受众的信息接受期待,达到提升对外传播效果的作用。因此,新旧媒体融合传播能弥补传统媒体所不具有的瞬时性和交互性传播缺陷,能提升对外传播的针对性和有效性。

6.2.4　实现增效不增费传播

基于 6.2.3 节的论述,我们可知在新旧媒体融合传播过程中,信息技术赋能的新兴媒体具有受众与信息传播者之间、受众与受众之间互动的功能,使得这种互动功能具有如下两种作用:①能反映受众对传播内容的意见及舆情,方便信息传播者对今后的传播作出有针对性的变动,提升传播效果;②能方便受众根据自己对传播内容的价值判断作出对该内容的转发,从而形成该内容的人际传播。受众对传播内容的转发属于该内容的二次传播,扩大了受众的覆盖面,从而能增加该内容的传播效果。如果受众转发到自己新兴媒体账号上的内容被他们的受众再次转发,就会形成三次传播,覆盖更多的受众。如果首次信息传播者传播的内容很受受众喜欢,那么这种转发会不断进行下去,从而使该内容覆盖最为广泛的受众,这样传播就会得到理想的效果。

新兴媒体传播除了上述两种传统媒体所不具有的增效功能外,还具有减少传播费用的作用。传统传播渠道中的图书、期刊、报纸、广播、影视等的生产制作都需要不少的资金投入,都有生产成本;同时,它们的受众人数和传播效果具有不确定性,因而投入的资金费用与传统媒介产生的回报或传播效果不一定成正比,有些情况下,受众需要支付费用才能阅读、收听或观看传统媒体所传播的内容。但是通过新兴媒体渠道传播,内容生产成本较低,信息发布者只需撰写好内容或拍摄好视频,就能随时随地把内容上传到网络进行瞬时传播,不像传统纸质媒体那样需要印刷费用、装订费用、运输费用等资金支出,也没有广播电台、影视拍摄制作的巨大费用,大多数情况下也无需受众付钱浏览或观看新兴媒体传播的内容。如果把通过传统传播渠道传播的内容改编为通过新兴媒体渠道传播,那么就会减少内容制作、传播的成本,节省受众阅读或观看内容的费用支出。因此,新旧媒体融合传播能实现增效不增费传播。

6.3 融媒体对外传播的两大外译方法:变译与全译

从传统传播渠道和新兴媒体传播渠道的传播特点看,传统传播渠道对翻译方法的要求是:以全译为主,变译为辅;新兴媒体对翻译方法的要求是:以变译为主,全译为辅。本节探讨融媒体背景下变译研究兴起的背景,变译与全译的关系,以及变译在译介传播中国文学文化中的特殊功效。

6.3.1 变译研究的兴起

当今的翻译方法可以分为变译和全译两大方法,翻译研究可分为全译研究和变译研究两大范畴。全译研究历史悠久,得到了学界较为深入的研究,而变译研究伴随着 20 世纪 90 年代以来翻译研究的文化转向而兴起。西方文化翻译研究领域的领军人物勒菲弗尔(A. Lefevere)在其主编的《翻译、历史与文化论集》(*Translation/History/Culture*:*A Sourcebook*)一书的序言中写道:在翻译所受的诸多制约中,语言对翻译的制约最小,并认为"翻译不是在真空中进行的,翻译者是在特定的时代,特定的文化背景下开展工作的"[①]。翻译中的译者必然会受到文本外因素的影响,这些文本外因素会促使译者有意偏离原文以期达到特定的翻译目的或效果。

持有这种文化派翻译观的国内外学者纷纷著书立说,从不同的视角论述探讨了翻译中不忠实于原作的现象和功能,或把"不忠于"原作看作特定社会、历史和文化等文本外因素对译者翻译策略产生制约的结果,国内的学者有周兆祥[②]、谢天振[③]、方梦之[④]、胡庚申[⑤]等,国外的学者有 Lefevere[⑥]、Toury[⑦]、Flotow[⑧]、Nord[⑨] 等。文化派翻译观的兴起为学界把翻译研究划为全译研究和变译研究

---

① Lefevere ,Andre. *Translation/History /Culture*:*A Sourcebook*[Z]. Shanghai:Shanghai Foreign Language Education Press,2004(见序言).

② 周兆祥. 翻译与人生[M].北京:中国对外翻译出版公司,1998.

③ 谢天振. 译介学[M].(增订本).上海:上海外语教育出版社,2013.

④ 方梦之. 实用文本汉译英[Z].青岛:青岛出版社,2003.

⑤ 胡庚申. 翻译适应选择论[M].武汉:湖北教育出版社,2004.

⑥ Lefevere,Andre. *Translation, Rewriting, and the Manipulation of Literary Fame* [Z]. Shanghai:Shanghai Foreign Language Education Press,2004.

⑦ Toury,Gideon. *Descriptive Translation Studies and Beyond*[M]. Shanghai:Shanghai Foreign Language Education Press,2001.

⑧ Flotow,Luise Von. *Translation and Gender*:*Translating in the "Era of Feminism"* [M]. Shanghai:Shanghai Foreign Language Education Press,2004.

⑨ Nord,Christiane. *Translating as a Purposeful Activity*:*Functionalist Approaches Explained* [M]. Shanghai:Shanghai Foreign Language Education Press,2001.

两大范畴提供了理据,当前从文化视角对各种变译的阐释及其在译入语中的功能和传播效果的研究已成为译学研究的热点之一。

此外,随着信息化时代的到来,人们处在信息爆炸、文献泛滥的时代,遭遇了无限的信息资讯与读者有限的阅读时间之间的矛盾,而变译所具有的多、快、好、省、准的功效能为读者筛选有用信息、节省阅读时间,增强译文的使用价值,加快信息的有效传播。就定义而言,全译是译者将源语文化信息转换成译入语文化信息以求得风格极似的思维活动和语际活动。全译力求完整地传达原作的内容,兼顾原作的形式,求得风格的极似①。变译作为翻译研究的一个范畴,有不同于全译的定义和内涵,有其独特的属性和功效。变译概念可分简式和繁式两类,简式定义是:变译是译者用译入语摄取原作内容以满足特定需求的翻译活动;繁式定义是:变译是人或/和机器用乙语摄取甲语文化信息以满足特定条件下特定读者的特殊需求的智能活动和符际活动②。简式定义是从通俗使用的角度来定义,繁式是从专业角度来定义。变译活动的核心是"摄取",摄取的精髓在于"变",即"变通"。因此,变译是译者根据读者显性或隐性的阅读需求,采取变通的手段对原文进行形式、内容甚至风格等方面的变通式翻译。变通方法包括增、减、编、述、缩、并、改、仿八大手段。这八大变通手段构成了摘译、编译、译述、缩译、综述、述评、译评、译写、改译、阐译、参译、仿作 12 种变译方法。变译以句群为中枢单位,突出原作的使用价值,满足读者的特殊需求,追求翻译的社会效益和经济效益。

6.3.2　变译与全译的关系

变译以全译为起点和基础。变译除了采用增、减、编、述、缩、并、改、仿这八大手段来变通原作外,还涵盖了全译中常用的增词、减词、转换、切分、加注、合

---

① 黄忠廉.科学翻译学[M].北京:中国对外翻译出版公司,2004:20.
② 黄忠廉."翻译"新解[J].外语研究,2012(1):82.

并等翻译技巧。全译中的翻译技巧是对原作语句或内容的微调,是为了消除中西方语言在句法结构、文化内涵、行文方式等方面的差异而作的微调,这种微调通常以小句为中心,在句子层面进行。变译中的变通不仅包括了全译中的微调,如全译中单句的增词、减词、切分、合并等,而且包括了句群以上的更为宏观的变化,如在句群、段落,甚至语篇为单位的层面上进行的增写、删减、切分、合并等。变译中的变通是译者有意识地根据特定条件下特定读者的特殊需求,改变原作的内容、形式乃至风格,以满足特定读者或译入语文化语境的需要。由此可见,变译和全译是翻译的一体两面,或者说是翻译研究的一体两翼,是翻译理论研究和翻译实践的两大基石,缺一不可。

6.3.3 变译与全译在外译传播中的效度

中国文学文化在海外传播和接受不理想的现状表明,中国文化只是"走近"了海外读者,未能真正"走进"广大普通读者,尚未达到预期的传播效果。这使我们认识到中国文化对外传播正面临国内人力、物力、财力的高投入,国外传播、接受、认同的低效果这种窘境。造成这种投入与产出不成正比的一个重要原因是译者没有采用符合信息社会时代特点的翻译方法。现以美国学者拉斯韦尔传播模式的五要素为切入点,通过对比分析的方法,论证变译和全译在海外传播效度的高低,为译者在中国文化传播中采用具有时代特点、传播效度好的翻译方法提供理据,同时,促使人们重新审视翻译在文化传播中的本质和功能。

1)"5W"传播要素:文化异域传播的基础

美国学者拉斯韦尔在《社会传播的结构与功能》著作中指出,成功的对外传播需包含"五W",即谁(who)、说什么(what)、什么渠道(what channel)、对谁(whom)、取得了什么效果(what effect)[①]。"谁"是指传播的主体,"说什么"是

---

① 哈罗德·拉斯韦尔. 社会传播的结构与功能[M]. 何道宽,译. 北京:中国传媒大学出版社,2015:26.

指传播的内容，"什么渠道"是指传播的渠道，"对谁"是指传播的对象，"取得了什么效果"是指传播的效果。"取得了什么效果"表明，信息传播是具有影响传播对象的、带有一定目的的行为。

翻译的目的在于跨越时空传播知识信息、启发民智，或构建译入语文化或扩大源语文化在海外的影响力。译者的译文信息只有被异域的读者阅读接受，才能达到传播知识的功效，跨文化交际才算成功。从这点看，翻译是一种跨语言、跨文化和跨社会的传播活动，具有传播学的属性，是译者带有一定目的的行为。翻译"作为一种特殊的传播活动，运用传播学的研究方法对翻译的相关问题进行研究能够直击本质，得出能反映翻译真实面貌、对翻译实践产生重要指导的结论，对翻译研究是一种极大地丰富和深化，能推动翻译研究的全面性和系统性"①。变译和全译，作为翻译研究的两大基石，共同构筑了翻译理论和翻译实践的全貌。因此，从传播学的5W要素对变译和全译的文化传播效度进行考察，能加深我们对翻译本质和翻译功能的认识。变译和全译作品的对外传播涉及翻译的传播主体、传播内容、传播渠道、传播受众和传播效果这5个传播要素，只有对这5个传播要素进行研究，揭示变译和全译在文化传播效度上的高低，才有助于我们在翻译实践中采用正确的翻译方法，提升对外传播效果。

2）变译与全译传播效度考察

（1）从传播主体考察

变译是译者根据特定条件下特定读者的特殊需求，采用增、减、编、述、缩、并、改、仿这些变通方法摄取原作有关内容的翻译活动②，目的在于满足特定条件下特定读者的特殊需求。合格的变译是原作者、变译者和读者三个主体间的视域融合③，因此变译传播主体涉及的主体包括原作者、变译者和读者。原作者

① 谢柯，廖雪汝."翻译传播学"的名与实[J].上海翻译，2016（1）：18.
② 黄忠廉.变译理论[M].北京：中国对外翻译出版公司，2002：96.
③ 张永中.变译：主体间性的视域融合[J].外语学刊，2014（1）：93.

是创作主体,变译者是翻译主体,读者是阅读主体。阅读主体又可以细分为译文读者、译评者、译文使用者,而译评者和译文使用者又可能关涉到翻译赞助人和委托人。图示如下:

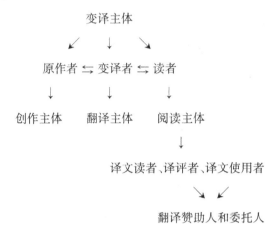

此图中,符号⇆表示双向互动关系,原作者、变译者和读者在对外传播的翻译实践中处于相互制约、相互影响的动态关系中,变译者处于"左顾右盼"的中枢地位。变译者受译入语读者阅读习惯、阅读语境的驱动,在不脱离原文作者视域的前提下,会采用增、减、编、述、缩、并、改、仿等变通方法变译原作,以适应文化输出对象国读者的阅读文化语境,从而增强译文在译入语文化中的接受度,达到理想的传播目的。

全译实践中包含的翻译主体与变译实践中关涉的主体一致,也会有创作主体(作者),全译主体(译者)和阅读主体(读者)。不同的是,处于全译主体间中枢地位的译者会力求保全原文信息内容和形式,以完整再现原文信息为宗旨。译者紧扣源语信息,在翻译活动中只重视原文作者这个主体,译文仅有译者和原作者的视域融合,译入语读者的阅读文化语境往往不进入译者视域,这就忽视了译入语读者身处的特定文化语境。如果全译本的内容和传播过程没有顺应译入语读者所处的特定阅读文化语境,那么全译本的传播效度、接受度和认同度必然达不到好的效果。因此从翻译的传播主体要素看,译者使用变译方法在传播效度上要优于使用全译方法。

（2）从传播内容考察

在全球读者生活节奏不断加快、休闲娱乐形式日益丰富的时代，人们阅读纸质版资讯的时间比互联网以前的时代大大缩减，文化快餐时代的人们希望在每天有限的阅读时间里，摄取多而广的资讯。无论选择什么时代内容的文化文学作品进行传播，摘译、编译、译述、缩译等变译类型的文本都会比全译文本在内容上更精练、更有文化兼容性。变译文本的传播内容缩小、单位信息浓度高、有用信息更突出，与全译文本相比，能为当今快节奏生活状态下的读者阅读提供省时省力的读本。因此采用摘译、编译、译述、缩译等变通形式对源语信息内容进行变译，让浓缩了精华的短小精悍的文学文化译作以短平快的方式进入西方读者群，让他们在有限的阅读时间里能快速了解一些中国文学文化信息，从而激发起他们对中华文化的兴趣。等西方读者因阅读了一些中国文学文化的变译作品而产生了要阅读全译作品的兴趣时，再推出全译作品，以增强中国文化信息海外传播的深度。

《西游记》在西方的传播就是这种战略战术的体现。在西方，译者采用变译方法中的摘译、编译、缩译等变译类型出版了许多不同版本的《西游记》变译作品。据朱明胜（2016）研究，在西方有代表性的《西游记》变译作品有《金角龙王，皇帝游地府》（*The Golden-Horned Dragon King*）、《天国之行》（*A Mission to Heaven：A Great Chinese Epic and Allegory*）、《佛教徒的天路历程》（*The Buddist Pilgrim's Progress*）和《猴子：中国民间小说》（*Monkey：Folk Novel of China*）等。"这些节译本在方便不同读者快速了解中国文化和西游故事中发挥着重要的作用"①。特别是英国汉学家韦利于1942年变译的《猴子：中国民间小说》在西方传播效果极好，深受读者喜爱，多次再版。正是因为这些变译作品让西方读者对《西游记》内容有了了解、有了兴趣，后来美籍华人余国潘全译的《西游记》英文版、英国汉学家詹纳尔（W. J. F. Jenner）全译的《西游记》英文版以及林小发

---

① 朱明胜.《西游记》在英语世界广泛传播［N］.中国社会科学报,2016- 4-12.

（Eva Lüdi Kong）全译的《西游记》德文版才在西方读者中得到有效传播与接受。

全译文本需完整地再现原文信息，篇幅一般比变译文本大，翻译出版的周期比变译本要长，在信息化时代和文化快餐时代就没有变译所具有的短平快传播优势。因此，在中国文化与西方文化相比还处于弱势状态的时期，在西方读者休闲娱乐形式多样化的当下，对外传播的中国文学文化作品在内容上可首先采用摘译、编译、缩译、译述等变译方法进行传播，在西方读者对变译的精彩内容熟悉后，再以全译这种大篇幅的形式让该作品进入海外市场。通常，这种循循善诱的战术能使译介的作品达到好的传播效果。

（3）从传播渠道考察

传播渠道的多寡决定读者能获得传播信息量的大小。随着全球互联网的普及，读者能通过电脑、手机等轻松浏览想看的信息。数字化阅读时代的到来，导致报纸和杂志等纸质媒体发行量大幅下降，全球绝大部分传媒集团转向网络数字传媒。笔者在英国曼彻斯特许多超市、商场、戏院或医院入口处能看到供读者免费自取的报纸，如《欧洲时报》、Metro、《中英日报》等。据搜狐网 2016 年 2 月 13 日报道，英国主要的全国性报纸《独立报》在 20 世纪 80 年代末期，在工作日的日发行量一度达到了 40 多万份，如今它的日发行量缩减到仅仅 4 万份，管理层不得不宣布在 2016 年 3 月停止发行纸质报纸，只保留网络数字平台。可见数字化阅读时代的到来，对纸质媒体传播渠道产生了的较大冲击。

由读者推动的网络数字传媒兴起，特别是以传播短平快资讯为特色的 Facebook（脸书）、Twitter（推特）、WeChat（微信）、YouTube（油管）、WeMedia（自媒体）等新兴媒体出现。中外译者可以通过摘译、编译、缩译、译述等变译方法来变译中国文学文化作品，使短小精悍的变译文能适应新兴媒体传播简短内容的特点。此外，由于这些网络新兴媒体具有发布者与读者的互动功能，译者能及时通过读者网上留言得到传播效果的反馈和相关传播内容的海外舆情监测，有利于提升传播效果。而全译作品因篇幅大、读者阅读时间较长，一般都是走传统的出版社印刷发行渠道，普遍不适合在新兴媒体上传播。

由此可见，变译作品不仅能通过传统的纸质印刷形式传播，更能通过日益普及的新兴媒体来传播。因此，变译传播渠道比全译传播渠道的途径多，覆盖各种读者群的面更广，受众接触中国文学文化信息的机会就更多，更有利于扩大和提升传播效果。

（4）从传播受众考察

翻译行为是受目的驱动的交际行为，根本任务是满足译入语文本读者的需要①。中国文学文化传播中的受众就是译入语文化语境中的读者，对于译入语读者的阅读需求在翻译中的重要性已有何刚强（2007）②、陈小慰（2013）③、张健（2013）④、孙三军、文军（2015）⑤、黄友义（2015）⑥等专家学者撰文探讨。他们认为我国外宣翻译对国外受众关注不够，应以外国受众乐于接受的方式传播中国文化，译文要贴近国外受众阅读的需求和思维习惯，并呼吁当前中国需要更积极进取地对外传播，要有更加具有时代特点的翻译方式方法。上节对传播主体考察的图示表明，读者是阅读主体，阅读主体包括译文读者也可能包括翻译委托人和赞助人。文学作品是否能跨越时空在异域语境中被阅读、接受和认同，从而达到译者所希望的传播效果，读者是不可忽视的重要因素之一。例如，英国汉学家韦利以英国普通读者为传播受众，于 1942 年将《西游记》变译为《猴子：中国民间小说》出版发行，译本大受读者欢迎。1944 年，他又以儿童读者群为特定的传播受众，把《西游记》变译为《猴子历险记》，深受英国儿童喜爱。他采用变译方法翻译的《西游记》作品多次再版，在西方世界影响很大。由此可见，读者对翻译文本的接受和认同度决定文化传播的深度和广度。因此，译者

---

① Munday, Jeremy. *Introducing Translation Studies: Theories and Applications* [M]. Shanghai: Shanghai Foreign Language Education Press, 2010: 26.
② 何刚强. 简谈单位对外宣传材料英译之策略 [J]. 上海翻译, 2007 (1): 20-22.
③ 陈小慰. 对外宣传翻译中的文化自觉与受众意识 [J]. 中国翻译, 2013 (2): 95-100.
④ 张健. 全球化语境下的外宣翻译"变通"策略刍议 [J]. 外国语言文学, 2013 (1): 19-27.
⑤ 孙三军, 文军. 翻译与中国文化外交: 历史发展及策略分析 [J]. 上海翻译, 2015 (1): 31-36.
⑥ 黄友义. 中国站到了国际舞台中央, 我们如何翻译 [J]. 中国翻译, 2015 (5): 5-7.

在从事对外文化传播的翻译活动时,必须考虑读者的阅读特点和期待,应以译入语读者喜闻乐见的行文方式来翻译或变译中国文学文化作品。

变译作品和全译作品面对的译入语读者相同,但有重视和忽视之别。变译奉行"译有所为,译以致用"的翻译观,"遵循国外需要什么就译什么,喜欢什么就译什么,爱什么样就译成什么样"的原则①,目的是聚焦译文在读者中的传播广度和深度。变译作品是译者根据成人、儿童等不同年龄的读者群或具有不同教育程度的读者群的阅读需求和特点,采用变译法对原文信息内容进行变通后的产品,能达到有的放矢的特定传播效果。而全译作品以译者力求保全源语信息的内容和形式为宗旨,奉行"原文信息内容至上、原作神圣不可侵犯"的翻译观,译文在内容和形式上要忠实于原文,这忽视了全译作品面对的是与原作时空不同、文化语境不同、阅读需求不同的读者群的事实,因而全译作品的传播效度往往会受损。

(5)从传播效果考察

中国改革开放至今,因受传统的翻译观的影响和忽视译品的传播接受效果,绝大部分翻译者都是采用全译的方法对外译介中国文学文化作品。无论是文学典籍的翻译、现当代文学的翻译,抑或是社会文化读本的翻译,全译方法是主流。那么以全译方式译介的中国文学文化作品的传播效果如何呢?笔者在英国访学期间,专门就中国文学文化在英国的传播效果进行了读者访谈,访谈对象有曼彻斯特市区中小学的学生和教师、图书馆的工作人员、公园里遛狗散步的老人、实体书店的店员和顾客、曼彻斯特大学的大学生等不同的读者群体,随机访谈的人数共计30多人次,时间持续1周,年龄跨度在9~60多岁,虽然访谈的人数不多,但因受访者学历层次多样、社会地位不同、职业工种有异,具有代表性,能让笔者管中窥豹,对中国文学文化在英国的传播现状有所了解。

访谈结果表明,大部分受访的英国民众对中国文学文化作品阅读意愿不

---

① 黄忠廉. 文化输出需大力提倡"变译"[N]. 光明日报,2010-1-5.

强。中国文学文化作品在英国传播、接受和认同度不理想,这种状况可归因于
我们对文化文学外译认知的四大偏误①,翻译者一味地采用全译翻译方式就是
四大认知偏误之一。许多受访者表示,在实体店和图书馆看到厚厚的全译本就
使他们微弱的阅读兴趣荡然无存。面对篇幅较大的中国文学文化读本,有些读
者只看看目录,或泛泛地看看感兴趣的章节。其中有些受访者说,在阅读时间
宽裕的情况下,他们主要看看英美德法或北欧一些国家和地区的文学作品,或
看一些短小精悍的小品文,如果中国经典的古典作品、现当代作品能出简写本,
让他们不需花费太多时间即可了解古老的东方大国文化,他们还是愿意看。他
们的这种阅读心态在《大中华文库》在当代英国的传播现状中能得到佐证。《大
中华文库》中的《三国演义》(Three Kingdoms)、《红楼梦》(A Dream of Red Man-
sions)、《西游记》(Journey to the West)、《牡丹亭》(The Peony Pavilion)、《水浒
传》(Outlaws of the Marsh)和《论语》(The Analects)等古典文学作品的译介采用
的是全译方法。从笔者对英国几所城市的市属图书馆和大学图书馆馆藏这些
译本的数量及读者借阅次数的考察,以及在实体书店对店员的访谈来看,这些
全译本在英国受众中的传播效果还有较大的提升空间,传播的效度和认同度都
跟我国在政治经济上的大国形象还不匹配。在全球读者都处于信息资讯爆炸、
互联网高度发达、摄取相关信息便捷、休闲娱乐形式多样化的今天,采用全译法
译介的大部头作品,难以让读者在有限的时间里耐心读完;同时,全译本以内容
忠实于原作为圭臬,不允许译者发挥主观能动性为译入语读者过滤掉与译入语
文化语境相冲突的价值取向、风俗观念、道德信仰等内容,使得具有普遍价值的
思想内容得不到凸显,这也降低了全译本的传播效度。

　　当前,就文学领域而言,欧美文学仍是西方读者关注的中心,在中国的政
治、经济、军事还没有强大到令西方读者要主动去了解中国文学文化的背景下,
忽视数字化阅读时代所面临的读者阅读形式和阅读偏好的巨大变化,仍以大部

---

① 张永中.纠正文学外译偏误 提升文化传播水平[N].中国社会科学报,2018-12-13.

头的全译方法来译介作品,显然达不到理想的传播效果。那么采用变译方法的传播效果如何呢？在考察英国最大的图书连锁店 Waterstones 在曼彻斯特市区的分店时,笔者在该店东亚图书区的书架上看到陈列有美国汉学家葛浩文变译的莫言小说《丰乳肥臀》(*Big Breasts and Wide Hips*)、《天堂蒜薹之歌》(*The Garlic Ballads*)、《蛙》(*Frog*)和他变译的苏童小说《碧奴》(*Binu and the Great Wall of China*)。葛浩文在翻译这些作品的过程中,对一些语句和内容采用了变译方法,以契合读者的价值取向、风俗观念、道德信仰等。笔者从与店员的简短访谈中了解到,葛浩文译本销量比其他采用全译方法的中国文学文化读本要好一些。

从近现代翻译史看,从严复变译的《天演论》等社科名著、林纾变译的《巴黎茶花女遗事》等文学名著、辜鸿铭变译的《论语》等四书五经、林语堂变译的《孔子的智慧》等经典典籍,再到西方的利玛窦(Matteo Ricci)变译的《几何原理》、南怀仁(Ferdinand Verbiest)变译的《西方要记》、白之(Cyril Birch)变译的《牡丹亭》、庞德(Ezra Pound)变译的《寒山寺》、韦利(Arthur Waley)变译的《西游记》、葛浩文(Howard Goldblatt)变译的《蛙》等作品都在译入语读者中获得了理想的传播效果。他们使用变译方法中的摘要、编译、译述、缩译、译写等变通方法翻译原作内容,达到了启发民智、构建译入语文化和传播文化新知的目的。

3)文学文化"走出去"的译介方法:变译为主,全译为辅

从变译本与全译本在传播主体、传播内容、传播渠道、传播受众和传播效果等方面的对比分析来看,在理论层面和传播实践中,变译本的对外文化传播效度要优于全译本。由于当前中国文化对外传播效果直接关系到中国文化软实力的强弱、关系到世界对中华文化的认知、国家形象的塑造、中国在国际文化交流中的话语权等问题,因此,在中国文化"走出去"还处于探索的初级阶段背景下,在西方读者处于传统媒体和新兴媒体融合的阅读语境下,在西方读者还未对中国文化产生兴趣并仍以欧美文学为中心的情况下,中国文化"走出去"应多采用变译方法。变译方法以西方读者的阅读兴趣和阅读习惯为导向,在战略上

能多、快、好、省、准地传播中国文化,在战术上能以摘译、编译、译述、缩译等变译方法来化解各种文化传播障碍、提升传播效果,讲好中国故事,能灵活地实现以西方之术,传中国之道。鉴于此,变译作品可以作为中国文化传播的先锋队在对外传播中发挥积极作用。在当前中国文化"走出去"的初级阶段,先以变译方法为主、全译方法为辅,再逐步转为变译方法和全译方法并举,是循循善诱让外国读者乐于阅读和接受中国文学文化的有效路径,是中国文化从当前"走近"西方读者到"走进"西方读者行之有效的、符合新旧媒体融合时代特点的翻译方法组合。中国文化"走出去"需要大力提倡变译。

6.3.4　变译在对外传播中的功效

在对外译介传播过程中,变译具有多、快、好、省、准的功效。"多"的功效是指译文信息比重大,有用信息多;"快"的功效是指传播速度快;"好"的功效是指信息质量高;"省"的功效是指省时省篇幅①;"准"的功效是指能精准定位潜在的译作读者,从而能根据特定读者的阅读文化语境或阅读偏好和需求,有的放矢地对原作进行变通式翻译,提升译作在读者中的传播接受效果。由于变译既包括了句子层面上的微观变通,又包括以句群为单位对篇章内容的宏观摄取,因此我们需要注意的是,"多""快""好""省""准"这五个字是在以句群为单位摄取原文信息的基础上提出的,这五大功效指变译在宏观上构建译入语文化和传播作品信息的功效。下面我们将详细探讨变译多、快、好、省、准的功效,充分展现变译这种翻译方法在中国文学文化外译传播上的独特作用。

1)"多"的功效

变译"多"的功效是指与全译相比,去除了冗余信息,突出了更多的有用信息,提高了信息传播的比重,特别是通过变译中的译评、译写、阐译等变译方法,增添了一些与原文相关联的有用信息,使得译文中的信息量明显多于原文中的

---

① 黄忠廉.变译理论[M].北京:中国对外翻译出版公司,2002:215-224.

信息量,有利于译入语读者在有限的时间内阅读和接受更多有用的信息,或有利于译入语读者对译文内容有更深入的正确理解,以达到启发民智、促进文化发展的目的。现在我们以变译中的译写方法来探讨变译"多"的功效。译写是"翻译 + 添写"的变译方法,译写中的"译"可指对原文的全译或变译,然后在译文的基础上添写与译文相关的信息。译写中的"写"不仅可以指对原文的评论,还可以指与译文相关的信息拓展。译写可以分为先译后写、先写后译、边译边写等几种方式。下面这例译写属于先译后写:

Martinets

Au moment orageux du jour

au moment hagard de la vie

ces faucilles au ras de la paille

tout crie soudain plus haut

que ne peut gravir l'ouie

雨燕

暴风雨快来临的时刻

生活中最惊慌的时刻

那些贴近草根的镰刀

在听觉达不到的高空

突然发出叫声一片

这首诗比较充分地体现了诗人在诗中化解和消除形象的用心。单凭 5 句诗,谁都看不出雨燕(martinets)和镰刀(faucilles)之间有何关系,无法确定镰刀是本体或是喻体,也就谈不上什么形象。两诗段分开,即使诗中存在暗喻,这暗喻产生的形象也已经被诗段之间的间隔所弱化。唯有借助诗歌的标题,才有可能思考镰刀与雨燕的关系。比喻的基础在于其相似性,无论把空中的雨燕比作贴近草根的镰刀,或是把贴近草根的镰刀比作空中的雨燕都缺乏相似性。因此,直接把雨燕视为本体,镰刀视为喻体,或者把镰刀视为本体,雨燕视为喻体都显得无力与牵强,不能成立。这两者的关系有两种可能性:若把雨燕视为描写的主要对象,则可把雨燕在暴风雨来临时贴地低飞的动作联想为镰刀在田地里割草的动作;若把镰刀视为描写的主要对象,则可把镰刀在田地里割草的动作联想为雨燕在暴风雨来临时贴地低飞的动作。无论前者还是后者,两者都不是作者直接通过两种物体间的比喻摆在读者面前的形象,而是只有通过读者的联想,才有可能想象出来雨燕和镰刀这两种物体运动时的形象。换句话说,这不是读者能通过诗文直观感觉或想象到的形象,而是作者运用新的创作手法在作品中蕴藏的需要读者去发掘的一种新的"形象"。其目的旨在唤起人们看到雨燕低飞时或者用镰刀割草时的一种体验。这种新的"形象"具有很大的模糊性,因此明显淡化甚至消除了通常所谓的形象①。

分析:上面是一则法国诗歌的译写。可以看出,译者是先译后写,译的部分比写的部分少,是典型译少写多。写的多寡取决于译者挖掘所译内容的深浅。通过作者的"写",译文有用信息量比原文全译的信息量多,能助力译入语读者理解原文的难点词句或原文的创作手法,这样读者才能更好地欣赏诗歌的内涵,更有利于诗歌在译文中通过译入语读者的正确理解而得到有效传播。

2)"快"的功效

变译"快"的功效是指与全译相比,投入少、时间短、见效快。删除冗余信息或有悖译入语文化语境的内容后,篇幅减少,翻译所用的时间就相应减少,时效性得到提高,从而使信息传播速度加快,目标受众获得相应资讯更及时,有利于促进译介内容的快速传播。特别是对于国际上出现的热点问题,会有不同国家的新闻媒体机构第一时间发布相关的新闻报道,这种各国媒体聚焦的新闻,不适合全译报道,那样篇幅会很冗长,且内容会显得庞杂,全译稿在翻译的内容上会有重叠,会花费译者较多时间翻译,时效性不高。由于新闻报道的特点之一是求新,"这一特点要求新闻翻译必须抢时间,与时间赛跑,在尽可能短的时间

---

① 冯光荣. 没有形象的诗——雅各岱的《短歌集》评析[J]. 西安外国语学院学报,2005(1):84.

内见诸新闻传媒,超过了一定的期限的新闻就变成旧闻了,新闻翻译作品就失去了新闻价值"①。因此,对国际上某一热点事件的综述性新闻翻译就能很好地体现"快"的功效。在信息化时代,由于变译的时效性提高、冗余信息的删减,变译更能加快新闻、政经、科学技术等的传播速度,更能优化所译信息,从而把有用信息以比全译更快的时效传入译入语文化中,缩短读者获得新信息的时间。

3)"好"的功效

所谓"好"的功效,是指与全译相比,变译文单位信息量大,具有小而优、快而优的特点。譬如,变译中的综译方法可以把反映某学科发展的最新进展综合分类及系统化后,去芜存精,摄取重点。译文经翻译者变译后,就能给读者展示某学科或某事件的最新动态,让读者在尽量短的时间里读完并了解相关学科或某件事件的全面信息。

虽然现在是一个人人可以通过写作表达思想的时代,但并非人人都擅长写作,特别是在非文学领域。因此,译者可以在翻译时根据译入语语境或读者的情况,优化写作不佳的原文结构,增强译作功能,真正做到译有所为。譬如,对编译中单个语篇内部结构的调整,就是为了符合译文读者的阅读期待或行文表达习惯。衡孝军等学者(2011)在《对外宣传翻译理论与实践》一书中,有个很好的译例,可以阐释说明单个语篇内部结构的调整优化,有助于译文读者的阅读和接受,从而凸显变译"好"的功效。现转录如下,加以分析。

原文:

北京教育学院简介

北京教育学院是北京市政府所属的成人高等师范院校,始建于 1956 年。学院主要承担大学本科和专科学历教育以及北京市中小学和校长的在职进修培训任务。学院设有中文、外语、历史、艺术、心理、数学、物理、化学、生物、地理、体育、教育技术、教育管理和职业教育、留学生部等 18 个系 58 个专业。学院现

---

① 许明武. 新闻英语与翻译[M]. 北京:中国对外翻译出版公司,2003:126.

有教授、副教授 107 人,讲师 150 人,还聘任客座及兼职教授 92 人,其中中国科学院院士 2 名,国家学部委员 2 名,博士生导师 32 名。在校学生有 6 000 余人。

北京教育学院位于北京市西城区,地理位置优越,教学设备先进。学院拥有校园计算机网络(已联入 Internet)、多媒体技术应用、微机教学、心理咨询服务、音像阅览、图书资料信息交流、中学教学法实验、基础教育研究等现代化教学管理与服务系统。

北京教育学院是联合国教科文组织亚太地区教育革新为社会发展服务机构(APEID)的联合中心之一,是联合国教科文俱乐部北京市协会成员、联合国人口活动基金会中国人口教育研究中心和世界银行贷款项目学校。学院十分重视国际交流,近年来先后与美国、法国、英国、加拿大、澳大利亚、新西兰、日本、马来西亚、泰国、新加坡、韩国、俄罗斯等国的教育机构建立了学术交流与合作关系;聘请外籍教师从事教学和科研活动;接待了来自 20 多个国家的专家、学者的访问或专业进修;接待了许多国家的留学生来院学习汉语、研修中国文化。

北京教育学院留学生部位于北京教育学院西郊分院,在新建的北京平安大道北侧,交通十分便利。北京教育学院留学生部是经北京市政府批准、国家教育部备案的专门接受外国人及海外华人学习汉语的机构,现有专兼职教授、副教授 6 人,讲师 15 人;有现代化教学和体育保健设施,以及学生公寓、餐厅、医务室等生活服务设施,可接受长期、短期团体和个人外国留学生的培训任务。①

编译文:

Beijing Institute of Education

History and Campuses

Founded in 1956, Beijing Institute of Education (BIE) is a teacher-training institute of higher learning under the administration of Beijing municipal government.

---

① 衡孝军,等. 对外宣传翻译理论与实践——北京市外宣用语现状调查与规范[M]. 北京:世界知识出版社,2011:79.

The University has two campuses: The Main Campus is well situated in the Western District of Beijing City, while the Western Campus is conveniently located on the north side of newly-built Ping'an Avenue.

Departments

BIE is a multi-disciplinary university with 18 departments encompassing 58 specialities, namely, Chinese, Foreign Languages, History, Art, Psychology, Mathematics, Physics, Chemistry, Biology, Geography, Physical Culture, Educational Technology, Educational Administration, Vocational Education and Chinese Language Learning for International Students.

Approved by the Beijing Municipal Government and registered with the Ministry of Education, the International Students Department (ISD) was established to teach Chinese as a second language to foreigners and overseas Chinese. Currently, ISD has 6 full-time and part-time professors and associate professors as well as 15 lecturers. It offers modern teaching facilities, a sports and fitness center, student dormitories, dining halls, a clinic, and other services. It provides long-term and short-term language training programs for both groups and individuals.

Facilities

BIE has first-rate teaching facilities and is linked by a campus intranet with Internet access. Its modern administrative system and academic services also feature multimedia appliances, micro-teaching, psychology counseling, information exchange of library resources, experiments in secondary school teaching methodology and studies in basic education.

Programs

BIE offers undergraduate degree and junior college programs as well as in-service training for primary and middle school teachers and administrators in Beijing City. It is an associated center of the UN's Asia and Pacific Programs of Educational Innovation for Development （ APEID ）, a member club of Beijing Association for UNESCO Affairs, a research center for Chinese population education sponsored by the United Nations Fund for Population Activities, and a loan project school of the World Bank.

Academic Staff

BIE's faculty includes 107 full and associate professors; nearly 150 lecturers, 92 guest and part-time professors, among whom there are 2 academicians and 2 academic committee members of the Chinese Academy of Sciences; and 32 supervisors of Ph. D. candidates.

Students

The institute has an enrollment of some 6,000 students.

International Exchanges

In recent years, BIE has developed academic exchange programs and cooperative relationships with educational institutions in the USA, the UK, France, Canada, Australia, New Zealand, Japan, Malaysia, Thailand, Singapore, Korea, Russia, etc. Foreign professors have been invited to the institute to engage in teaching and research activities. It has also hosted visits and provided professional enrichment programs for experts and scholars from more than 20 countries and received a large number of international students from other parts of the world to study Chinese language and culture. [1]

　　分析:原文是北京教育学院的简介,内容庞杂,读者很难快速找到感兴趣的内容,语篇的结构及逻辑性也还有提升空间。译文没有按中文简介亦步亦趋地翻译,而是通过译者发挥主体性,对中文简介在语篇结构上进行了整合和重组,通过设立小标题的方法,把中文简介的内容分门别类,目的是使译文的结构和

---

[1]　衡孝军,等. 对外宣传翻译理论与实践——北京市外宣用语现状调查与规范[M].北京:世界知识出版社,2011:81-82.

行文方式符合英语世界的读者的阅读期待和英语世界大学简介的行文习惯。译者通过设立"历史与校区(History and Campuses)""院系(Departments)""教学设施(Facilities)""开设课程 (Programs)""师资 (Academic Staff)""学生(Students)""国际交流(International Exchange)"这些小标题,对北京教育学院的中文简介内容进行了整合、调序和重组。譬如,译者把中文简介的第二段和第四段中的校区进行了整合,使得学校简介的篇章结构和行文方式符合英语世界大学简介的语篇结构特点,利于读者阅读和记忆。译者通过对中文简介进行加工、调序和重组,使得英文译文利于读者阅读、记忆和快速寻找到感兴趣的信息。这篇译文属于 12 种变译类型中的编译。英国剑桥大学的学校简介就是通过设小标题,方便读者快速浏览到感兴趣的内容,现转录如下。可以看出北京教育学院的译文和英国剑桥大学的学校简介在结构上是相同的,从中可以看出变译这种翻译方法的功效——"好"。

Cambridge at a Glance

Established

Founded in 1209, the University of Cambridge is the fourth-oldest university in the world.

Motto

Hinc lucem et pocula sacra (From this place, we gain enlightenment and precious knowledge).

Students

Undergraduates:12,940

Postgraduates:11,330

Total students:24,270 (2020—2021 figures)

Staff

12,437 members of staff employed in academic, academic-related, contract research, technical and administrative roles.

Alumni

As of May 2022, Cambridge had more than 315,000 living alumni, with significant numbers in the UK, the USA, Germany, Canada, Australia, the People's Republic of China, France, Singapore, India, Switzerland and Italy.

Colleges

The University is made up of 31 constituent Colleges.

Admissions

20,426 people applied for around 4,000 undergraduate places in 2020. Over 70% of our UK applicants came from state schools.

Leadership

Chancellor: The Lord Sainsbury of Turville

Vice-Chancellor: Professor Stephen J Toope

Honours

Among our alumni and affiliates, we have 121 Nobel Prize Laureates, 47 Heads of State, 210 Olympic medal lists.

Graduate Employment

91% of leavers who responded to the Graduate Outcomes Survey were in work or further study within 15 months of graduating.

A Global University

Cambridge is a globally diverse institution and our students come from 141 different countries.

Our researchers collaborate with colleagues worldwide, and the University has established partnerships in Asia, Africa, the Americas and Europe.

Innovation

The University of Cambridge sits at the heart of one of the world's largest technology clusters, currently home to 5,200 knowledge-intensive companies and the birthplace of 23 businesses valued at more than ＄1bn（£ 800m）.

Cambridge promotes the interface between academia and business, and has a global reputation for innovation. ①

上例是对一个语篇内部的编辑整合。有时译者把某一主题或事件的几个语篇收集在一起,如果几个语篇的内容有重叠或存在某些逻辑问题,就需要翻译者采取变译的篇际编译策略来整合,为译文读者过滤不需要的冗余信息并解决语句段落的逻辑问题。

下面我们来看一例篇际语篇编译的实例,以便更好地理解变译在普及域外文化上"好"的功效。所谓篇际编译,是指在多篇文章之间进行的编译。篇际编译往往对某一主题或领域的多篇文章或报道进行综合性的文献翻译,经过增、减、分、合、调等策略来使多篇文献的主要信息凸现,重新组成一个独立的语篇。对于要掌握某领域的学术研究前沿、国外时事新闻、财经资讯、科技动态等特定领域的受众而言,译者采用篇际编译是一种很好的译介传播策略,受众能从这种篇际编译中了解某一主题或领域的历史、现状及发展趋势。

下面是三篇出处不同的有关翻译性质的原文,随后附上对它们进行的篇际编译译文,看看译者是如何进行篇际编译的。

原文:

Nature of Translation

（A）

[1]By translation here I specifically mean translating, the process of translation, in which something is translated, instead of the work translated. So far as the definition of translation is concerned, of course, it is very easy for us to copy one from a dictionary; that is, a rendering from one language into another, but that seems to be too general and simple. Various definitions have been given to translation. Now I'd

---

① 参见 https://www.cam.ac.uk/about-the-university/cambridge-at-a-glance.

like to cite some of them:

Translation is a science.

Translation is an art.

Translation is a craft.

Translation is a skill.

Translation is an operation.

Translation is a language activity.

Translation is a communicating.

[2] All the definitions mentioned above may be taken for reference because each of them is true when looked at from a certain angle.

[3] Among them the first two are most important for they represent two schools—the school of science and the school of art. The former maintains that translating should reproduce the message of the original by means of the transformation of linguistic equivalence. It puts stress on the study of description of the process of translation, and the structures and forms of language so as to reveal the objective laws inherent in translating. The latter school advocates re-creating a literary work by using expressions of another language. It emphasizes the effect of translation. Lin Yutang (1895—1976) was once a representative. In his essay *On Translaiton* he declares that translation is an art whose success depends upon one's artistic talent and enough training. Besides these, there are no set rules for translation and there is no short cut for art.

[4] In my opinion, both schools have their strong points and weak points so far as literary translation is concerned. Now there is a tendency to combine their theories into a comprehensive one. As a matter of fact, literary translation has a double nature. That's to say, on the one hand, it is a science with its own laws and methods and on the other, it is an art. Now let's have a further discussion of its double nature in

the following...

Excerpts from *Ten Lectures on Literary Translation* by Liu Zhongde.

（文中序号和下画线为笔者所加。）

（B）

[1] A continuous concomitant of contact between two mutually incomprehensible tongues and one that does not lead either to suppression or extension of either is translation. As soon as two speakers of different languages need to converse, translation is necessary, either through a third party or directly.

[2] Before the invention and diffusion of writing, translation was instantaneous and oral; persons professionally specializing in such work were called interpreters. In predominantly or wholly literate communities, translation is thought of as the conversion of a written text in one language into a written text in another, though the modern emergence of the simultaneous translator or professional interpreter at international conferences keeps the oral side of translation very much alive.

[3] At the other end of the translator's spectrum, technical prose dealing with internationally agreed scientific subjects is probably the easiest type of material to translate, because cultural unification (in the respect) , lexical correspondences, and stylistic similarity already exist in this type of usage in the languages most commonly involved, to a higher degree than in other fields of discourse.

[4] Significantly, it is this last aspect of translation to which mechanical and computerized techniques are being applied with some prospects of limited success. Machine translation, whereby ultimately, a text in one language could be fed into a machine to produce an accurate translation in another language without furhter human intervention, has been largely concentrated on the language of science and technology, with its restricted vocabulary and overall likeness of style, for both linguistic and economic reasons. Attempts at machine translation of literature have been made, but

success in this field, more especially in the translation of poetry, seems very remote at present.

[5] Translation on the whole is an art, not a science. Guidance can be given and general principles can be taught, but after that it must be left to the individual's own feeling for the two languages concerned. Almost inevitably, in a translation of a work of literature something of the author's original intent must be lost; in those cases in which the translation is said to be a better work than the original, an opinion sometimes expressed about the English writier Edward Fitzerald's "translation" of *The Rubaiyat of Omar Khayyam*, one is dealing with a new, though derived work, not just a translation. The Italian epigram remains justified: Traduttore traditore "The translator is a traitor. "

Excerpts from the Entry" Translation" in *New Encyclopaedia Britannica*, *Macropaedia*
（文中序号和下画线为笔者所加。）

(**C**)

[1] Most successful and creative translators have little or no use for theories of translation. In fact, some insist that only those who cannot translate become theorists of translating. In reality, outstanding translators are born, not made, since without an innate potential for the creative use of language, the study of procedures and principles of translating is unlikely to produce outstanding results. According to G. V. Chernov of the Maurice Thorez Institute in Moscow, this institute has not produced a topflight translator during the last 25 years. Those who have the ability for outstanding creative work (and there are many such Russian translators) simply have not felt the need for such instruction. The institute has, however, been quite successful in training translators for less significant levels of competence.

[2] We should not attempt to make a science out of translating, since it is essentially not an isolatable disciple, but a creative technology, a way of doing something

which employs insights from a number of different disciplines. Translating can never be any more holistic or comprehensive than the disciplines on which it depends. Furthermore, translating, like language, must be open-ended, since it must deal with different kinds of texts, designed for quite different audiences with very different presuppositions about what a translation should be. There is no way in which these multiplicities of use, so subject to change without notice, can be neatly categorized and quanitifed. No methodology can stipulate all the steps in procedure which should be followed in order to arrive at proper solutions. But decisions have to be made, and great translators instinctively grasp the solutions in unpredictable ways and in a manner often unrecognized by the translators.

[3] In a sense translating is both discouraging and challenging; discouraging because there are no simple rules to follow and no way to know in advance if a solution is completely correct and acceptable, but also challenging because it is excitingly creative. The very tensions within translating bring out the best in those who instinctively learn to play the game.

Excerpts from *Translation: Possible and Impossible* by Eugene A. Nida, 1991. In *Translation Beyond the Boundaries of Translation Spectrum*, *Translation Perspectives* IX 1996, Edited by M. G. Rose, Center for Research in Translation, State University of New York.

(文中序号和下画线为笔者所加。)

编译文:

翻译的性质

[1] 对于"翻译",现在有多种多样的定义,其中最重要的分歧在于翻译是科学,还是艺术,由此分成两派:科学派和艺术派。

[2] 科学派着重研究对翻译过程以及语言形式和结构的描述,以揭示翻译过程固有的客观规律。而艺术派则强调翻译的效果,林语堂曾是其代表人物之

一。他在《论翻译》一文中说:"翻译是一种艺术。凡艺术的成功,必赖个人相当之艺术,及其对于该艺术相当之训练。此外别无成功捷径可言,因为艺术素来是没有成功捷径的。"

[3]《不列颠百科全书》解释"翻译"时认为:"翻译总的说来是一种艺术,不是一门科学。翻译可以加以指导,讲授一般的原理。但除此之外,译品的优劣要看译者本人对两种语言的感知了。"同时,该书编者也注意到机器翻译的事实;也许最终能够把一种语言的文本输入机器,然后产生另一种语言的确切译文,而不需要人的进一步润色修改,不过这种方法现在主要集中应用于科技语言的翻译。该书也写到文学作品的机器翻译,认为"在这个领域里,特别在诗歌翻译方面,似乎目前离成功还很远。"

[4]综合两派的长处和短处,刘重德先生就文学翻译提出了这样的观点:现在的趋势是把它们合二为一,因为文学翻译有双重性——有其自身规律与方法的科学的一面,又有艺术的一面。

[5]现在,译界普遍注意到著名美国翻译家和翻译理论家尤金·奈达对这个问题的观点有一百八十度的转变。奈达曾在 1964 年出版过专著《翻译科学探索》(Towards a Science of Translation),竭力推行翻译的科学论。但是时隔二十余年,奈达开始否定他原先的看法。在 1991 年发表的《翻译的可能与不可能》一文中,他写道:"我们不应该试图把翻译变成一门学科,因为它本质上不是一门独立的学问,而是一种有创造性的技艺,一种靠综合多学科的见识来处理的本领。"他还认为,跟语言一样,翻译是无止境的,译者面对为不同读者而作的用途各异,变化多端的原文,不可能对此作明确分类和定量分析。在操作过程中也不能一步步地规定方法来解决翻译中的诸多问题。大多数成就卓著、富于创造精神的翻译家很少用得着,或者根本用不着翻译理论。

[6]总之,对于翻译是科学,还是艺术,抑或是两者的综合,至今仍是公说公

<u>有理,婆说婆有理</u>。①

(文中序号和下画线为笔者所加。)

分析:从目前翻译实践中采用编译的现状看,篇际编译多用于两三篇原作之间,原作数量一般不超过五篇②。因此,对上面三篇英文原文的施变,属于变译类型中的篇际编译,这三篇英文原文是译者以"翻译的性质"为主题筛选出来的。对比原文和译文,我们可以看出,篇 A 被编译为译文里的段[1]和段[2],篇 B 被编译为译文里的段[3],篇 C 被编译为译文中的段[5]。译文中的段[4]和段[6]分别是从篇 A 中切分出来的和编译者添加的内容。总的说来,原文内容不但有删减、增添,而且篇章之间的内容有融合和调整。

译者删减了与主题——"翻译的性质"无关或关系不大的语句,摘录出与主题切合的内容(即三篇原文中下画线的关键性语句)。译者在翻译过程中,增添了一些有利于语句和段落之间衔接的语句,如译文段[3]中的下画线语句"同时,该书编者也注意到机器翻译的事实"和"该书也写到文学作品的机器翻译";为了把美国著名翻译理论家奈达对翻译性质的前后截然不同的看法作个对比,译者增添了段[5]中下画线语句"现在,译界普遍注意到……观点有一百八十度的转变。奈达开始否定他原先的看法"。此外,由于译文的篇章结构是"总说→分说→总说"的结构,段[6]是译者为了行文结构上的要求而增加的,与段[1]首尾照应,从而形成语义连贯而完整的译文。

进一步阅读可以看出,篇 A 中的段[1]和段[3]简洁地合述为译文中的段[1];篇 B 中的段[5]调到了译文段[3]的前部,开门见山地引出了《不列颠百科全书》对翻译的看法,突出了它的中心观点;篇 C 中的段[1]调到了译文段[5]的末尾。同时为了对篇 A 和篇 B 的两派观点进行评论,译者把篇 A 中的段[4]切分出来,单独成段,作为对科学派和艺术派的评论。

综上所述,译者以"翻译的性质"为主题,通过对三篇原文有针对性地编辑

---

① 方梦之,毛忠明. 英汉—汉英应用翻译教程[Z]. 上海:上海外语教育出版社,2005:96.
② 黄忠廉. 翻译变体研究[M]. 北京:中国对外翻译出版公司,2000:93.

加工,使三篇原文的各部分重新形成一个篇幅简短、中心突出、叙述结构井然有序的有机整体,目的是使读者在较短的阅读时间里能清晰地了解国内外学者对翻译性质的主要观点,有利于学科研究的发展。此例很好地阐释了变译具有"好"的功效。

4)"省"的功效

"省"的功效是指变译能省时省篇幅,为读者节省阅读时间,为出版社节省纸张。原文是原文作者在特定的文化语境中为特定的读者群撰写的。在译者把原文译介到读者所处的文化语境中时,由于文化差异、读者审美情趣不同、阅读侧重点不同等,有时有些信息的内容并不全部适合译文读者,需要译者为译入语读者过滤无用信息,保留有用内容或浓缩精华信息,让读者在有限的阅读时间里读到需要的信息,不必像全译文本那样需要读者费时阅读才能找到所要的内容信息。

摘译、编译、缩译等变译方法都能为读者节省阅读时间。相对于出于同一篇原文的全译文,采用摘译、编译、缩译等变译方法翻译出来的译文能使有用信息更集中、更有条理,这不仅方便读者在有限的时间里阅读到更多的有用信息,而且由于其篇幅小于全译文,占用的纸张比全译文少,出版时耗费的纸张和印刷油量少,经济环保。换言之,变译"省"的功效能为读者节省阅读时间,为出版社节省印刷纸张和油墨。

现在我们以习近平总书记在中国共产党第十九次全国代表大会上作的报告的第一部分:"过去五年的工作和历史性变革"为例,通过全译跟变译类型中的摘译作比较分析,展现变译文的"省"的功效。下面是报告的第一部分原文及全译文。

原文:

一、过去五年的工作和历史性变革

[1]十八大以来的五年,是党和国家发展进程中极不平凡的五年。面对世界经济复苏乏力、局部冲突和动荡频发、全球性问题加剧的外部环境,面对我国

经济发展进入新常态等一系列深刻变化,我们坚持稳中求进工作总基调,迎难而上,开拓进取,取得了改革开放和社会主义现代化建设的历史性成就。

[2]为贯彻十八大精神,党中央召开七次全会,分别就政府机构改革和职能转变、全面深化改革、全面推进依法治国、制定"十三五"规划、全面从严治党等重大问题作出决定和部署。五年来,我们统筹推进"五位一体"总体布局、协调推进"四个全面"战略布局,"十二五"规划胜利完成,"十三五"规划顺利实施,党和国家事业全面开创新局面。

[3]经济建设取得重大成就。坚定不移贯彻新发展理念,坚决端正发展观念、转变发展方式,发展质量和效益不断提升。经济保持中高速增长,在世界主要国家中名列前茅,国内生产总值从五十四万亿元增长到八十万亿元,稳居世界第二,对世界经济增长贡献率超过百分之三十。供给侧结构性改革深入推进,经济结构不断优化,数字经济等新兴产业蓬勃发展,高铁、公路、桥梁、港口、机场等基础设施建设快速推进。农业现代化稳步推进,粮食生产能力达到一万二千亿斤。城镇化率年均提高一点二个百分点,八千多万农业转移人口成为城镇居民。区域发展协调性增强,"一带一路"建设、京津冀协同发展、长江经济带发展成效显著。创新驱动发展战略大力实施,创新型国家建设成果丰硕,天宫、蛟龙、天眼、悟空、墨子、大飞机等重大科技成果相继问世。南海岛礁建设积极推进。开放型经济新体制逐步健全,对外贸易、对外投资、外汇储备稳居世界前列。

[4]全面深化改革取得重大突破。蹄疾步稳推进全面深化改革,坚决破除各方面体制机制弊端。改革全面发力、多点突破、纵深推进,着力增强改革系统性、整体性、协同性,压茬拓展改革广度和深度,推出一千五百多项改革举措,重要领域和关键环节改革取得突破性进展,主要领域改革主体框架基本确立。中国特色社会主义制度更加完善,国家治理体系和治理能力现代化水平明显提高,全社会发展活力和创新活力明显增强。

[5]民主法治建设迈出重大步伐。积极发展社会主义民主政治,推进全面

依法治国,党的领导、人民当家作主、依法治国有机统一的制度建设全面加强,党的领导体制机制不断完善,社会主义民主不断发展,党内民主更加广泛,社会主义协商民主全面展开,爱国统一战线巩固发展,民族宗教工作创新推进。科学立法、严格执法、公正司法、全民守法深入推进,法治国家、法治政府、法治社会建设相互促进,中国特色社会主义法治体系日益完善,全社会法治观念明显增强。国家监察体制改革试点取得实效,行政体制改革、司法体制改革、权力运行制约和监督体系建设有效实施。

[6]思想文化建设取得重大进展。加强党对意识形态工作的领导,党的理论创新全面推进,马克思主义在意识形态领域的指导地位更加鲜明,中国特色社会主义和中国梦深入人心,社会主义核心价值观和中华优秀传统文化广泛弘扬,群众性精神文明创建活动扎实开展。公共文化服务水平不断提高,文艺创作持续繁荣,文化事业和文化产业蓬勃发展,互联网建设管理运用不断完善,全民健身和竞技体育全面发展。主旋律更加响亮,正能量更加强劲,文化自信得到彰显,国家文化软实力和中华文化影响力大幅提升,全党全社会思想上的团结统一更加巩固。

[7]人民生活不断改善。深入贯彻以人民为中心的发展思想,一大批惠民举措落地实施,人民获得感显著增强。脱贫攻坚战取得决定性进展,六千多万贫困人口稳定脱贫,贫困发生率从百分之十点二下降到百分之四以下。教育事业全面发展,中西部和农村教育明显加强。就业状况持续改善,城镇新增就业年均一千三百万人以上。城乡居民收入增速超过经济增速,中等收入群体持续扩大。覆盖城乡居民的社会保障体系基本建立,人民健康和医疗卫生水平大幅提高,保障性住房建设稳步推进。社会治理体系更加完善,社会大局保持稳定,国家安全全面加强。

[8]生态文明建设成效显著。大力度推进生态文明建设,全党全国贯彻绿色发展理念的自觉性和主动性显著增强,忽视生态环境保护的状况明显改变。生态文明制度体系加快形成,主体功能区制度逐步健全,国家公园体制试点积

极推进。全面节约资源有效推进,能源资源消耗强度大幅下降。重大生态保护和修复工程进展顺利,森林覆盖率持续提高。生态环境治理明显加强,环境状况得到改善。引导应对气候变化国际合作,成为全球生态文明建设的重要参与者、贡献者、引领者。

[9]强军兴军开创新局面。着眼于实现中国梦强军梦,制定新形势下军事战略方针,全力推进国防和军队现代化。召开古田全军政治工作会议,恢复和发扬我党我军光荣传统和优良作风,人民军队政治生态得到有效治理。国防和军队改革取得历史性突破,形成军委管总、战区主战、军种主建新格局,人民军队组织架构和力量体系实现革命性重塑。加强练兵备战,有效遂行海上维权、反恐维稳、抢险救灾、国际维和、亚丁湾护航、人道主义救援等重大任务,武器装备加快发展,军事斗争准备取得重大进展。人民军队在中国特色强军之路上迈出坚定步伐。

[10]港澳台工作取得新进展。全面准确贯彻"一国两制"方针,牢牢掌握宪法和基本法赋予的中央对香港、澳门全面管治权,深化内地和港澳地区交流合作,保持香港、澳门繁荣稳定。坚持一个中国原则和"九二共识",推动两岸关系和平发展,加强两岸经济文化交流合作,实现两岸领导人历史性会晤。妥善应对台湾局势变化,坚决反对和遏制"台独"分裂势力,有力维护台海和平稳定。

[11]全方位外交布局深入展开。全面推进中国特色大国外交,形成全方位、多层次、立体化的外交布局,为我国发展营造了良好外部条件。实施共建"一带一路"倡议,发起创办亚洲基础设施投资银行,设立丝路基金,举办首届"一带一路"国际合作高峰论坛、亚太经合组织领导人非正式会议、二十国集团领导人杭州峰会、金砖国家领导人厦门会晤、亚信峰会。倡导构建人类命运共同体,促进全球治理体系变革。我国国际影响力、感召力、塑造力进一步提高,为世界和平与发展作出新的重大贡献。

[12]全面从严治党成效卓著。全面加强党的领导和党的建设,坚决改变管党治党宽松软状况。推动全党尊崇党章,增强政治意识、大局意识、核心意识、

看齐意识,坚决维护党中央权威和集中统一领导,严明党的政治纪律和政治规矩,层层落实管党治党政治责任。坚持照镜子、正衣冠、洗洗澡、治治病的要求,开展党的群众路线教育实践活动和"三严三实"专题教育,推进"两学一做"学习教育常态化制度化,全党理想信念更加坚定、党性更加坚强。贯彻新时期好干部标准,选人用人状况和风气明显好转。党的建设制度改革深入推进,党内法规制度体系不断完善。把纪律挺在前面,着力解决人民群众反映最强烈、对党的执政基础威胁最大的突出问题。出台中央八项规定,严厉整治形式主义、官僚主义、享乐主义和奢靡之风,坚决反对特权。巡视利剑作用彰显,实现中央和省级党委巡视全覆盖。坚持反腐败无禁区、全覆盖、零容忍,坚定不移"打虎"、"拍蝇"、"猎狐",不敢腐的目标初步实现,不能腐的笼子越扎越牢,不想腐的堤坝正在构筑,反腐败斗争压倒性态势已经形成并巩固发展。

[13]<u>五年来的成就是全方位的、开创性的,五年来的变革是深层次的、根本性的</u>。五年来,我们党以巨大的政治勇气和强烈的责任担当,提出一系列新理念新思想新战略,出台一系列重大方针政策,推出一系列重大举措,推进一系列重大工作,解决了许多长期想解决而没有解决的难题,办成了许多过去想办而没有办成的大事,推动党和国家事业发生历史性变革。这些历史性变革,对党和国家事业发展具有重大而深远的影响。

[14]五年来,我们勇于面对党面临的重大风险考验和党内存在的突出问题,以顽强意志品质正风肃纪、反腐惩恶,消除了党和国家内部存在的严重隐患,党内政治生活气象更新,党内政治生态明显好转,党的创造力、凝聚力、战斗力显著增强,党的团结统一更加巩固,党群关系明显改善,党在革命性锻造中更加坚强,焕发出新的强大生机活力,为党和国家事业发展提供了坚强政治保证。

[15]同时,必须清醒看到,我们的工作还存在许多不足,也面临不少困难和挑战。主要是:发展不平衡不充分的一些突出问题尚未解决,发展质量和效益还不高,创新能力不够强,实体经济水平有待提高,生态环境保护任重道远;民生领域还有不少短板,脱贫攻坚任务艰巨,城乡区域发展和收入分配差距依然

较大,群众在就业、教育、医疗、居住、养老等方面面临不少难题;社会文明水平尚需提高;社会矛盾和问题交织叠加,全面依法治国任务依然繁重,国家治理体系和治理能力有待加强;意识形态领域斗争依然复杂,国家安全面临新情况;一些改革部署和重大政策措施需要进一步落实;党的建设方面还存在不少薄弱环节。这些问题,必须着力加以解决。

[16]五年来的成就,是党中央坚强领导的结果,更是全党全国各族人民共同奋斗的结果。我代表中共中央,向全国各族人民,向各民主党派、各人民团体和各界爱国人士,向香港特别行政区同胞、澳门特别行政区同胞和台湾同胞以及广大侨胞,向关心和支持中国现代化建设的各国朋友,表示衷心的感谢!

[17]同志们! 改革开放之初,我们党发出了走自己的路、建设中国特色社会主义的伟大号召。从那时以来,我们党团结带领全国各族人民不懈奋斗,推动我国经济实力、科技实力、国防实力、综合国力进入世界前列,推动我国国际地位实现前所未有的提升,党的面貌、国家的面貌、人民的面貌、军队的面貌、中华民族的面貌发生了前所未有的变化,中华民族正以崭新姿态屹立于世界的东方。

[18]经过长期努力,中国特色社会主义进入了新时代,这是我国发展新的历史方位。

[19]中国特色社会主义进入新时代,意味着近代以来久经磨难的中华民族迎来了从站起来、富起来到强起来的伟大飞跃,迎来了实现中华民族伟大复兴的光明前景;意味着科学社会主义在二十一世纪的中国焕发出强大生机活力,在世界上高高举起了中国特色社会主义伟大旗帜;意味着中国特色社会主义道路、理论、制度、文化不断发展,拓展了发展中国家走向现代化的途径,给世界上那些既希望加快发展又希望保持自身独立性的国家和民族提供了全新选择,为解决人类问题贡献了中国智慧和中国方案。

[20]这个新时代,是承前启后、继往开来、在新的历史条件下继续夺取中国特色社会主义伟大胜利的时代,是决胜全面建成小康社会、进而全面建设社会

主义现代化强国的时代,是全国各族人民团结奋斗、不断创造美好生活、逐步实现全体人民共同富裕的时代,是全体中华儿女勠力同心、奋力实现中华民族伟大复兴中国梦的时代,是我国日益走近世界舞台中央、不断为人类作出更大贡献的时代。

[21]中国特色社会主义进入新时代,我国社会主要矛盾已经转化为人民日益增长的美好生活需要和不平衡不充分的发展之间的矛盾。我国稳定解决了十几亿人的温饱问题,总体上实现小康,不久将全面建成小康社会,人民美好生活需要日益广泛,不仅对物质文化生活提出了更高要求,而且在民主、法治、公平、正义、安全、环境等方面的要求日益增长。同时,我国社会生产力水平总体上显著提高,社会生产能力在很多方面进入世界前列,更加突出的问题是发展不平衡不充分,这已经成为满足人民日益增长的美好生活需要的主要制约因素。

[22]必须认识到,我国社会主要矛盾的变化是关系全局的历史性变化,对党和国家工作提出了许多新要求。我们要在继续推动发展的基础上,着力解决好发展不平衡不充分问题,大力提升发展质量和效益,更好满足人民在经济、政治、文化、社会、生态等方面日益增长的需要,更好推动人的全面发展、社会全面进步。

[23]必须认识到,我国社会主要矛盾的变化,没有改变我们对我国社会主义所处历史阶段的判断,我国仍处于并将长期处于社会主义初级阶段的基本国情没有变,我国是世界最大发展中国家的国际地位没有变。全党要牢牢把握社会主义初级阶段这个基本国情,牢牢立足社会主义初级阶段这个最大实际,牢牢坚持党的基本路线这个党和国家的生命线、人民的幸福线,领导和团结全国各族人民,以经济建设为中心,坚持四项基本原则,坚持改革开放,自力更生,艰苦创业,为把我国建设成为富强民主文明和谐美丽的社会主义现代化强国而奋斗。

[24]同志们!中国特色社会主义进入新时代,在中华人民共和国发展史

上、中华民族发展史上具有重大意义,在世界社会主义发展史上、人类社会发展史上也具有重大意义。全党要坚定信心、奋发有为,让中国特色社会主义展现出更加强大的生命力!

(中文段落前的序号和段落中的下画线为笔者所加,方便后面分析。)

全译文:

1. The Past Five Years: Our Work and Historic Change

[1]The five years since the 18th National Congress have been a truly remarkable five years in the course of the development of the Party and the country. Outside China, we have been confronted with sluggish global economic recovery, frequent outbreaks of regional conflicts and disturbances, and intensifying global issues. At home, we have encountered profound changes as China has entered a new normal in economic development. We have upheld the underlying principle of pursuing progress while ensuring stability, risen to challenges, pioneered and pushed ahead, and made historic achievements in reform, opening up, and socialist modernization.

[2]To put the guiding principles from our 18th National Congress into action, the Party Central Committee has held seven plenary sessions. There, decisions and plans were made on issues of major importance, from reforming the institutions and transforming the functions of government to deepening reform in all areas, advancing law-based governance, formulating the 13th Five-Year Plan, and seeing governance over the Party is exercised fully and with rigor. In the past five years, we have implemented the five-sphere integrated plan and the four-pronged comprehensive strategy, fulfilled the goals of the 12th Five-Year Plan, and made smooth progress in implementing the 13th Five-Year Plan. On all fronts new advances have been made for the cause of the Party and the country.

[3] * We have made major achievements in economic development.

We have remained committed to the new development philosophy, adopted the right approach to development, and endeavored to transform the growth model. The result has been a constant improvement in the quality and effect of development. The economy has maintained a medium-high growth rate, making China a leader among the major economies. With the gross domestic product rising from 54 trillion to 80 trillion yuan, China has maintained its position as the world's second largest economy and contributed more than 30 percent of global economic growth. Supply-side structural reform has made further headway, bringing a steady improvement in the economic structure. Emerging industries like the digital economy are thriving; the construction of high-speed railways, highways, bridges, ports, airports, and other types of infrastructure has picked up pace. Agricultural modernization has steadily advanced, with annual grain production reaching 600 million metric tons. The level of urbanization has risen by an annual average of 1.2 percentage points, and more than 80 million people who have moved from rural to urban areas have gained permanent urban residency. Regional development has become more balanced; the Belt and Road Initiative, the coordinated development of the Beijing-Tianjin-Hebei region, and the development of the Yangtze Economic Belt have all made notable progress. Through devoting great energy to implementing the innovation-driven development strategy, we have seen much accomplished toward making China a country of innovators, with major advances made in science and technology, including the successful launch of Tiangong-2 space lab, the commissioning of the deep-sea manned submersible Jiaolong and of the five-hundred-meter aperture spherical telescope (FAST) Tianyan, the launch of the dark matter probe satellite Wukong and the quantum science satellite Mozi, and the test flight of the airliner C919. Construction on islands and reefs in the South China Sea has seen steady progress. The new institutions of the open economy have been steadily improved. China now leads the world in trade, outbound investment, and foreign exchange reserves.

[4] * We have made major breakthroughs in deepening reform.

We have taken comprehensive steps to deepen reform swiftly but steadily, and worked with resolve to remove institutional barriers in all areas. We have taken moves across the board, achieved breakthroughs in many areas, and made further progress in reform. We have pursued reform in a more systematic, holistic, and coordinated way, increasing its coverage and depth. Thanks to the launch of over 1,500 reform measures, breakthroughs have been made in key areas, and general frameworks for reform have been established in major fields. The system of socialism with Chinese characteristics has been further improved, with notable progress made in modernizing China's system and capacity for governance. Throughout society, development is full of vitality and is driven by greater creativity.

[5] * We have taken major steps in developing democracy and the rule of law.

We have actively developed socialist democracy and advanced law-based governance. We have stepped up institution building across the board to make integrated advances in Party leadership, the running of the country by the people, and law-based governance; and we have continuously improved the institutions and mechanisms by which the Party exercises leadership. Steady progress has been made in enhancing socialist democracy; intraparty democracy has been expanded, and socialist consultative democracy is flourishing. The patriotic united front has been consolidated and developed, and new approaches have been adopted for work related to ethnic and religious affairs. Further progress has been made in ensuring our legislation is sound, law enforcement is strict, the administration of justice is impartial, and the law is observed by everyone. Our efforts to build a country, government, and society based on the rule of law have been mutually reinforcing; the system of distinctively Chinese socialist rule of law has been steadily improved; and public awareness of the rule of law has risen markedly. Good progress has been made in piloting the reform of the national supervision system, and effective measures have been taken to reform the system of government administration and the judicial system, and to develop systems to apply checks and oversight over the exercise of power.

[6] * We have made significant advances on the theoretical and cultural fronts.

We have strengthened Party leadership over ideological work and explored new ground in advancing Party related theories. The importance of Marxism as a guiding ideology is better appreciated. Socialism with Chinese characteristics and the Chinese Dream have been embraced by our people. Core socialist values and fine traditional Chinese culture are alive in the people's hearts. Initiatives to improve public etiquette and ethical standards have proved successful. Public cultural services have been improved; art and literature are thriving, and cultural programs and industries are going strong. The development, administration, and functioning of internet services have been enhanced. Fitness-for-All programs and competitive sports have seen extensive development. Our country's underlying values hold greater appeal than ever before, and the wave of positive energy felt throughout society is building. We, the Chinese people, have greater confidence in our own culture. China's cultural soft power and the international influence of Chinese culture have increased significantly. There is greater unity in thinking both within the Party and throughout society.

[7] * We have steadily improved living standards.

Our vision of making development people-centered has been acted on, a whole raft of initiatives to benefit the people has seen implementation, and the people's sense of fulfillment has grown stronger. Decisive progress has been made in the fight against poverty: more than 60 million people have been lifted out of poverty, and the poverty headcount ratio has dropped from 10. 2 percent to less than 4 percent. All-round progress has been made in the development of education, with remarkable advances made in the central and western regions and in rural areas. Employment has registered steady growth, with an average of over 13 million urban jobs created each year. Growth of urban and rural personal incomes has outpaced economic growth, and the middle-income group has been expanding. A social security system covering both urban and rural residents has taken shape; both public health and medical services have improved markedly. Solid progress has been made in building government-subsidized housing projects to ensure basic needs are met. Social governance systems have been improved; law and order has been maintained; and national security has been fully enhanced.

[8] * We have made notable progress in building an ecological civilization.

We have devoted serious energy to ecological conservation. As a result, the entire Party and the whole country have become more purposeful and active in pursuing green development, and there has been a clear shift away from the tendency to neglect ecological and environmental protection. Efforts to develop a system for building an ecological civilization have been accelerated; the system of functional zoning has been steadily improved; and progress has been made in piloting the national park system. Across-the-board efforts to conserve resources have seen encouraging progress; the intensity of energy and resource consumption has been significantly reduced. Smooth progress has been made in major ecological conservation and restoration projects; and forest coverage has been increased. Ecological and environmental governance has been significantly strengthened, leading to marked improvements in the environment. Taking a driving seat in international cooperation to respond to climate change, China has become an important participant, contributor, and torchbearer in the global endeavor for ecological civilization.

[9] * We have initiated a new stage in strengthening and revitalizing the armed forces.

With a view to realizing the Chinese Dream and the dream of building a powerful military, we have developed a strategy for the military under new circumstances, and have made every effort to modernize national defense and the armed forces. We convened the Gutian military political work meeting to revive and pass on the proud traditions and fine conduct of our Party and our armed forces, and have seen a strong improvement in the political ecosystem of the people's forces. Historic breakthroughs have been made in reforming national defense and the armed forces: a new military structure has been established with the Central Military Commission exercising overall leadership, the theater commands responsible for military operations, and the services focusing on developing capabilities. This represents a revolutionary restructuring of the organization and the services of the people's armed forces. We have strengthened military training and war preparedness, and undertaken major missions related to the protection of maritime rights, countering terrorism, maintaining stability, disaster rescue and relief, international peacekeeping, escort services in the Gulf of Aden, and humanitarian assistance. We have stepped up weapons and equipment development, and made major progress in enhancing military preparedness. The people's armed forces have taken solid strides on the path of building a powerful military with Chinese characteristics.

[10] * We have made fresh progress in work related to Hong Kong, Macao, and Taiwan.

We have fully and faithfully implemented the principle of "one country, two systems," and ensured that the central government exercises its overall jurisdiction over Hong Kong and Macao as mandated by China's Constitution and the basic laws of the two special administrative regions. We have thus boosted exchanges and cooperation between the mainland and the two regions and maintained prosperity and stability in Hong Kong and Macao. We have upheld the one-China principle and the 1992 Consensus, promoted the peaceful development of cross-Straits relations, strengthened cross-Straits economic and cultural exchanges and cooperation, and held a historic meeting between the leaders of the two sides. We have responded as appropriate to the political developments in Taiwan, resolutely opposed and deterred separatist elements advocating "Taiwan independence," and vigorously safeguarded peace and stability in the Taiwan Straits.

[11] * We have made further progress in China's diplomacy on all fronts.

We have made all-round efforts in the pursuit of major country diplomacy with Chinese characteristics, thus advancing China's diplomatic agenda in a comprehensive, multilevel, multifaceted way and creating a favorable external environment for China's development. We have jointly pursued the Belt and Road Initiative, initiated the Asian Infrastructure Investment Bank, set up the Silk Road Fund, and hosted the First Belt and Road Forum for International Cooperation, the 22nd APEC Economic Leaders' Meeting, the G20 2016 Summit in Hangzhou, the BRICS Summit in Xiamen, and the Fourth Summit of the Conference on Interaction and Confidence Building Measures in Asia. China champions the development of a community with a shared future for mankind, and has encouraged the evolution of the global governance system. With this we have seen a further rise in China's international influence, ability to inspire, and power to shape; and China has made great new contributions to global peace and development.

[12] * We have achieved remarkable outcomes in ensuring full and strict governance over the Party.

We have made sweeping efforts to strengthen Party leadership and Party building, and taken strong action to transform lax and weak governance over the Party. We encourage all Party members to hold the Party Constitution in great esteem. We urge them to strengthen their consciousness of the need to maintain political integrity, think in big-picture terms, follow the leadership core, and keep in alignment, and to uphold the authority of the Central Committee and its centralized, unified leadership. We have tightened political discipline and rules to ensure that political responsibility for governance over the Party is fulfilled at each level of the Party organization.

We have committed to "examining ourselves in the mirror, tidying our attire, taking a bath, and treating our ailments," launched activities to see members command and act on the Party's mass line, and initiated a campaign for the observance of the Three Stricts and Three Earnests. We have regularized and institutionalized the requirement for all Party members to have a solid understanding of the Party Constitution, Party regulations, and related major policy addresses and to meet Party standards. As a result, the ideals and convictions of all Party members have been strengthened and their sense of Party consciousness has deepened. We have adopted standards fitting for a new era to assess the caliber of officials, and achieved a notable improvement in the way officials are selected and appointed. Further advances have been made in the reform of the institutional framework for Party building, and continuous improvements have been made to the system of Party regulations.

We have given top priority to ensuring compliance with Party discipline, and tackled the prominent problems that prompt the strongest public reaction and that threaten to erode the very foundation of the Party's governance. We adopted the eight-point decision on improving Party and government conduct, have taken tough action against the practice of formalities for formalities' sake, bureaucratism, hedonism, and extravagance, and have staunchly opposed privilege seeking. Disciplinary inspections have cut like a blade through corruption and misconduct; they have covered every Party committee in all departments at the central and provincial levels. No place has been out of bounds, no ground left unturned, and no tolerance shown in the fight against corruption. We have taken firm action to "take out tigers", "swat flies", and "hunt down foxes". The goal of creating a deterrent against corruption has been initially attained; the cage of institutions that prevents corruption has been strengthened; and moral defenses against corruption are in the making. The anti-corruption campaign has built into a crushing tide, and is being consolidated and developed.

[13] The achievements of the past five years have touched every area and broken new ground; the changes in China over the past five years have been profound and fundamental. For five years, our Party has demonstrated tremendous political courage and a powerful sense of mission as it has developed new ideas, new thinking, and new strategies, adopted a raft of major principles and policies, launched a host of major initiatives, and pushed ahead with many major tasks. We have solved many tough problems that were long on the agenda but never resolved, and accomplished many things that were wanted but never got done. With this, we have prompted historic shifts in the cause of the Party and the country. These historic changes will have a powerful and far-reaching effect on the development of this cause.

[14] Over the past five years, we have acted with courage to confront major risks and tests facing the Party and to address prominent problems within the Party itself. With firm resolve, we have tightened discipline and improved Party conduct, fought corruption and punished wrongdoing, and removed serious potential dangers in the Party and the country. As a result, both the intraparty political atmosphere and the political ecosystem of the Party have improved markedly. The Party's ability to innovate, power to unite, and energy to fight have all been significantly strengthened; Party solidarity and unity have been reinforced, and our engagement with the people has been greatly improved. Revolutionary tempering has made our Party stronger and it now radiates with great vitality. With this, efforts to develop the cause of the Party and the country have gained a strong political underpinning.

[15] But we must be very clear: There are still many inadequacies in our work

and many difficulties and challenges to face. The main ones are as follows.

Some acute problems caused by unbalanced and inadequate development await solutions; and the quality and effect of development are not what they should be. China's ability to innovate needs to be stronger, the real economy awaits improvement, and we have a long way to go in protecting the environment.

In work on public well-being there are still many areas where we fall short; and poverty alleviation remains a formidable task. There are still large disparities in development between rural and urban areas, between regions, and in income distribution; and our people face many difficulties in employment, education, healthcare, housing, and elderly care.

The level of civic-mindedness needs further improvement. Social tensions and problems are intertwined, much remains to be done in seeing the country's governance is based in law, and China's system and capacity for governance need to be further strengthened. Ideological struggle is still complicated, and in national security we face new developments. Some reform plans and major policies and measures need to be better implemented. Many dimensions of Party building remain weak. These are all problems that demand our full attention to resolve.

[16] The achievements of the past five years are the result of the strong leadership of the Party Central Committee, and, more importantly, the result of all Party members and all the Chinese people pulling together in their pursuit. On behalf of the Central Committee of the Communist Party of China, I express our heartfelt thanks to the people of all ethnic groups, to all other political parties, to people's organizations, and patriotic figures from all sectors of society, to our fellow countrymen and women in the Hong Kong and Macao special administrative regions and in Taiwan, to overseas Chinese, and to all our friends from around the world who have shown understanding and support for China's modernization.

[17] Comrades,

In the early days of reform and opening up, the Party made a clarion call for us to take a path of our own and build socialism with Chinese characteristics. Since that time, the Party has united and led all the Chinese people in a tireless struggle, propelling China into a leading position in terms of economic and technological strength, defense capabilities, and composite national strength. China's international standing has risen as never before. Our Party, our country, our people, our forces, and our nation have changed in ways without precedent. The Chinese nation, with an entirely new posture, now stands tall and firm in the East.

[18] With decades of hard work, socialism with Chinese characteristics has crossed the threshold into a new era. This is a new historic juncture in China's development.

[19] This is what socialism with Chinese characteristics entering a new era means: The Chinese nation, which since modern times began had endured so much for so long, has achieved a tremendous transformation: it has stood up, grown rich, and is becoming strong; it has come to embrace the brilliant prospects of rejuvenation. It means that scientific socialism is full of vitality in 21st century China, and that the banner of socialism with Chinese characteristics is now flying high and proud for all to see. It means that the path, the theory, the system, and the culture of socialism with Chinese characteristics have kept developing, blazing a new trail for other developing countries to achieve modernization. It offers a new option for other countries and nations who want to speed up their development while preserving their independence; and it offers Chinese wisdom and a Chinese approach to solving the problems facing mankind.

[20] This new era will be an era of building on past successes to further advance our cause, and of continuing in a new historical context to strive for the success

of socialism with Chinese characteristics. It will be an era of securing a decisive victory in building a moderately prosperous society in all respects, and of moving on to all-out efforts to build a great modern socialist country. It will be an era for the Chinese people of all ethnic groups to work together and work hard to create a better life for themselves and ultimately achieve common prosperity for everyone. It will be an era for all of us, the sons and daughters of the Chinese nation, to strive with one heart to realize the Chinese Dream of national rejuvenation. It will be an era that sees China moving closer to center stage and making greater contributions to mankind.

[21] As socialism with Chinese characteristics has entered a new era, the principal contradiction facing Chinese society has evolved. What we now face is the contradiction between unbalanced and inadequate development and the people's ever-growing needs for a better life. China has seen the basic needs of over a billion people met, has basically made it possible for people to live decent lives, and will soon bring the building of a moderately prosperous society to a successful completion. The needs to be met for the people to live better lives are increasingly broad. Not only have their material and cultural needs grown; their demands for democracy, rule of law, fairness and justice, security, and a better environment are increasing. At the same time, China's overall productive forces have significantly improved and in many areas our production capacity leads the world. The more prominent problem is that our development is unbalanced and inadequate. This has become the main constraining factor in meeting the people's increasing needs for a better life.

[22] We must recognize that the evolution of the principal contradiction facing Chinese society represents a historic shift that affects the whole landscape and that creates many new demands for the work of the Party and the country. Building on continued efforts to sustain development, we must devote great energy to addressing development's imbalances and inadequacies, and push hard to improve the quality

and effect of development. With this, we will be better placed to meet the ever-growing economic, political, cultural, social, and ecological needs of our people, and to promote well-rounded human development and all-round social progress.

[23] We must recognize that the evolution of the principal contradiction facing Chinese society does not change our assessment of the present stage of socialism in China. The basic dimension of the Chinese context—that our country is still and will long remain in the primary stage of socialism—has not changed. China's international status as the world's largest developing country has not changed. The whole Party must be completely clear about this fundamental dimension of our national context, and must base our work on this most important reality—the primary stage of socialism. We must remain fully committed to the Party's basic line as the source that keeps the Party and the country going and that brings happiness to the people. We must lead and unite the Chinese people of all ethnic groups in fulfilling the central task of economic development. We must uphold the Four Cardinal Principles, continue to reform and open up, be self-reliant, hardworking, and enterprising, and strive to build China into a great modern socialist country that is prosperous, strong, democratic, culturally advanced, harmonious, and beautiful.

[24] Comrades,

Chinese socialism's entrance into a new era is, in the history of the development of the People's Republic of China and the history of the development of the Chinese nation, of tremendous importance. In the history of the development of international socialism and the history of the development of human society, it is of tremendous importance. Our entire Party should develop unshakeable confidence, work hard and work well to see socialism with Chinese characteristics display even stronger vitality.①

  分析：中文原文 5 057 个汉字，全译成英文后，约有 4 067 个英文单词，英语为母语的人正常朗读英文的速度为每分钟 150～180 个单词，那么 4 067 个单词需要英语世界的读者花 23～27 分钟朗读完。译者在忠实地全译原文时，把第[3]段首句"We have made major achievements in economic development"（经济建设取得重大成就）、第[4]段首句"We have made major breakthroughs in deepening reform"（全面深化改革取得重大突破）、第[5]段首句"We have taken major steps in developing democracy and the rule of law"（民主法治建设迈出重大步伐）、第[6]段首句"We have made significant advances on the theoretical and cultural fronts"（思想文化建设取得重大进展）、第[7]段首句"We have steadily improved living standards"（人民生活不断改善）、第[8]段首句"We have made notable progress in building an ecological civilization"（生态文明建设成效显著）、第[9]段首句"We have initiated a new stage in strengthening and revitalizing the armed forces"（强军兴军开创新局面）、第[10]段首句"We have made fresh progress in work related to Hong Kong, Macao, and Taiwan"（港澳台工作取得新进展）、第[11]段首句"We have made further progress in China's diplomacy on all fronts"（全方位外交布局深入展开）、第[12]首句"We have achieved remarkable outcomes in ensuring full and strict governance over the Party"（全面从严治党成效卓著）单独从段落中分离出来，作为段落的标题，起到统领段落内容、画龙点睛的作用。读者通过段[3]～段[12]的标题，就能预先知道下面段落要讲的内容。这是译者为英语读者的阅读期待和习惯而设置的阅读"路标"，能提升读者的阅读速度和让读者容易找到感兴趣的内容，以便优先阅读。

  此外，德国功能目的派学者门泰莉（Justa Holz-Manttari）在其提出的翻译行为（Translational Action）概念中认为，翻译行为是有目的性的，是有目的地把事

---

① 参见 http://www.china.org.cn/chinese/2017-11/06/content_41852215.htm?f = pad，段落前面的序号为笔者所加。

物的一种状态改变或转化为另一种事物的过程①。因此,任何译者发挥主体性,对原作进行变通,都是有目的的行为。上例中,译者还采用了切分的翻译技巧,把一些篇幅大的中文段落分成几个英文段落来传递原文内容语义,其目的是使译文的行文表达和排版符合英语每个段落较为简短且每段内容在行文时中心内容突出的特点。譬如,译者把中文段落中的第[12]段切分成 4 个小段来翻译,把中文段落中的第[15]段分成 4 个小段来翻译,就是为了使译文符合英文段落的行文特点,提高译文在英语世界读者中的接受度和传播效果。

上述译文虽为全译,但译者还是为了读者阅读方便,对原文段落形式进行了微调,采用增设标题、切分段落等翻译技巧来处理原文,这就使译文符合英语世界读者的行文表达习惯及阅读期待。译者通过发挥主体性,为译文赋能,从而跨越了中英两种语言的行文表达差异,增加了译文在译入语读者中的接受度。

但是,如果采用变译类型中的摘译来翻译,就可以为英语读者节省阅读时间,体现变译"省"的功效。摘译就是采撷原文的精华信息。精华信息可以是译文读者的特定阅读需求,也可以是译者基于自己的专业知识、阅历经验而采撷出来的对读者有价值的信息。下面是译者从上面的中文原文中摘要的信息内容,也就是笔者在中文原文中划下画线的信息内容:

一、过去五年的工作和历史性变革

[1]十八大以来的五年,是党和国家发展进程中极不平凡的五年。

[2]五年来,我们统筹推进"五位一体"总体布局、协调推进"四个全面"战略布局,"十二五"规划胜利完成,"十三五"规划顺利实施,党和国家事业全面开创新局面。

[3]五年来的成就是全方位的、开创性的,五年来的变革是深层次的、根本性的。

---

① Nord, Christiane. *Translating As a Purposeful Activity: Functionalist Approaches Explained* [M]. Shanghai: Shanghai Foreign Language Education Press, 2001:16.

[4]五年来的成就,是党中央坚强领导的结果,更是全党全国各族人民共同奋斗的结果。

[5]经过长期努力,中国特色社会主义进入了新时代,这是我国发展新的历史方位。中国特色社会主义进入新时代,意味着近代以来久经磨难的中华民族迎来了从站起来、富起来到强起来的伟大飞跃,迎来了实现中华民族伟大复兴的光明前景;意味着科学社会主义在二十一世纪的中国焕发出强大生机活力,在世界上高高举起了中国特色社会主义伟大旗帜;意味着中国特色社会主义道路、理论、制度、文化不断发展,拓展了发展中国家走向现代化的途径,给世界上那些既希望加快发展又希望保持自身独立性的国家和民族提供了全新选择,为解决人类问题贡献了中国智慧和中国方案。这个新时代,是承前启后、继往开来、在新的历史条件下继续夺取中国特色社会主义伟大胜利的时代,是决胜全面建成小康社会、进而全面建设社会主义现代化强国的时代,是全国各族人民团结奋斗、不断创造美好生活、逐步实现全体人民共同富裕的时代,是全体中华儿女勠力同心、奋力实现中华民族伟大复兴中国梦的时代,是我国日益走近世界舞台中央、不断为人类作出更大贡献的时代。

[6]中国特色社会主义进入新时代,我国社会主要矛盾已经转化为人民日益增长的美好生活需要和不平衡不充分的发展之间的矛盾。①

分析:译者在通读中文原文、熟悉内容后,进行了段内摘要和段际摘要,把更重要的、更核心的内容采撷出来。譬如,段[1]摘自中文原文段[1]的第一句话;段[2]摘自中文原文段[2]的第二句话;段[3]摘自中文原文段[13]的第一句话;段[4]摘自中文原文段[16]的第一句话;段[5]摘自中文原文段[18]、段[19]和段[20]的全段内容;段[6]摘自中文原文段[21]的第一句话。这六段摘要文连带标题"一、过去五年的工作和历史性变革",一共约690个汉字。习近平总书记在中国共产党第十九次全国代表大会上作的报告的第一部分:"一、

---

① 参见 http://edu. sina. com. cn/en/2017-10-19/doc-ifymzqpq2339672. shtml,段落前面的序号为笔者所加,便于分析。

过去五年的工作和历史性变革"报告原文约 5 057 个汉字,译者采撷的精华信息
内容约为该报告第一部分篇幅的 13.6% ,这不仅为英语世界的读者呈现出报告
的精华内容和更核心的信息,而且为英语世界的读者节省了阅读时间。下面就
是这部分内容的摘译文。

摘译文:

1. The Past Five Years:Our Work and Historic Change

[1]The five years since the 18th National Congress have been a truly remarkable five years in the course of the development of the Party and the country.

[2]In the past five years,we have implemented the five-sphere integrated plan and the four-pronged comprehensive strategy,fulfilled the goals of the 12th Five-Year Plan,and made smooth progress in implementing the 13th Five-Year Plan.

[3]The achievements of the past five years have touched every area and broken new ground,and the changes in China over the past five years have been profound and fundamental.

[4]The achievements of the past five years were attributed to the strong leadership of the CPC Central Committee,and,more importantly,the result of all Party members and all the Chinese people pulling together in their pursuit.

[5]With decades of hard work,socialism with Chinese characteristics has crossed the threshold into a new era. This is a new historic juncture in China's development.

[6]This is what socialism with Chinese characteristics entering a new era means.

[7]The Chinese nation,which since modern times began has endured so much for so long,has achieved a tremendous transformation—it has stood up,grown rich, and become strong,and it now embraces the brilliant prospects of rejuvenation. Scientific socialism is full of vitality in 21st century China,and the banner of socialism

with Chinese characteristics is now flying high and proud for all to see. The path, the theory, the system, and the culture of socialism with Chinese characteristics have kept developing, blazing a new trail for other developing countries to achieve modernization. It offers a new option for other countries and nations who want to speed up their development while preserving their independence, and it offers Chinese wisdom and a Chinese approach to solving the problems facing mankind.

[8]This new era will be an era of building on past successes to further advance our cause, and of continuing in a new historical context to strive for the success of socialism with Chinese characteristics.

[9]It will be an era of securing a decisive victory in building a moderately prosperous society in all aspects and of moving on to all-out efforts to build a great modern socialist country.

[10]It will be an era for the Chinese people of all ethnic groups to work together and work hard to create a better life for themselves and ultimately achieve common prosperity for everyone.

[11]It will be an era for all of us, the sons and daughters of the Chinese nation, to strive with one heart to realize the Chinese Dream of national rejuvenation.

[12]It will be an era that sees China moving closer to center stage and making greater contributions to mankind.

[13]As socialism with Chinese characteristics has entered a new era, the principal contradiction facing Chinese society has evolved. What we now face is the contradiction between unbalanced and inadequate development and the people's ever-growing needs for a better life. [①]

分析:把中文摘要及其译文对比,可以看出,译者在采撷报告精华信息内容

---

① 参见 http://edu. sina. com. cn/en/2017-10-19/doc-ifymzqpq2339672. shtml,段落前面的序号为笔者所加。

后,采用全译的方法忠实地把采撷的内容翻译出来。为使英文形式符合英语写作中段落篇幅简短的特点,译者发挥主体性,把中文摘要中的第[5]段切分成几段来翻译,此摘译文中的段[5]、段[6]、段[7]、段[8]、段[9]、段[10]、段[11]和段[12]就是译者把中文摘要中的第[5]段切分成八个段落来翻译的译者行为,是译者践行"译有所为"的表现,最终目的是使译文能在英语世界的读者中获得好的接受度和传播效果。

现在我们把按照报告第一部分:"一、过去五年的工作和历史性变革"的原文(约5 057个汉字)忠实地翻译的全译文同摘译文做比较,可以看出,全译的英文约有4 067个英文单词,而摘译文只有约535个英文单词,只有全译英文单词总量的13.1%。这表明摘译通过摘"精"抓"要",采撷原文精华信息内容,把精华信息内容呈现在读者面前,为读者节省了阅读时间。在当今读者生活节奏快、阅读时间缩减,以及全球碳中和、碳达峰倡议的背景下,变译"省"的功效在中国文学文化的外译传播中,显得尤为重要,需要大力提倡。

5)"准"的功效

变译"准"的功效是指译者为使译文符合译入语读者阅读期待或译入语文化语境,对原作进行有的放矢的变通,通过这种对原文有针对性的变通,能精准地跨越中西文化障碍,以达译文被译入语读者接受的目的,这就是变译"准"的功效。换言之,译者基于译入语读者阅读期待或偏好而对原文进行变通的变译文,是有的放矢的变通,是跨越文化交流障碍、提升译文传播接受效果的有理据的变通,因而变译具有"准"的功效。请看下面一则例子。

原文:

尊敬的领导、各位来宾:在党的正确领导下,在××精神的鼓舞下,在××会议的推动下,在××方针的指导下,在党委的亲切关怀和具体指导下,在兄弟单位的支持下,我们这个讲习班开学了。

改译文:

Respected leaders, Distinguished Guests, Ladies and Gentlemen, I have the hon-

or to declare the seminar open. I'd like, if I may, to take this opportunity to convey our gratitude to those whose support and assistance have made the seminar possible. Our particular thanks should go to all departments and personnel concerned. ①

对比中英文,我们可以发现英文版与中文版有所不同。张健(2013)认为此中文演讲词是典型的中文行文表达方式,客套话多,头重脚轻,若这种表达直译为英文,因不符合英语的行文表达法,会大大降低有用信息的负载量,达不到对外宣传的目的,所以需要译者对原文"八股"式语言结构进行变通和调整,使之符合英语的思维习惯和行文表达方式,才能达到对外传播的目的。因此,译者按照英语的思维习惯和行文表达方式,对中文原文进行了改译,删除了一些套话,增加了一些西方演讲词中常用的表达。上述译文属于变译类型中的改译,是译者为了译文在译入语读者中能有理想的传播接受效果而对原文有所改动。此例属于中文与英语这两种语言在读者思维习惯和行文表达方式上的不同,需对原文内容进行改动和整合,才能使得译文在英语世界的读者中得到好的传播和接受度。可见,此例的改译是译者有的放矢地对原文内容进行的精准变通,是译者为跨越文化交流障碍,提升译文传播接受效度而采用的变译方法。

综上所述,变译具有多、快、好、省、准的功效,这五种功效分别代表了变译文本信息传播速度快、重点内容突出、受众反馈好、节省受众阅读时间、节省报刊版面篇幅、有依特定读者或特定目的而有的放矢、精准地对原文进行变通等优点。这使得变译在构建和影响译入语文化上具有全译无法超越的特殊传播功效。"多""快""好""省""准"这五个字简洁凝练地概括了变译在译介传播上所独有的特效。变译是典型的文化之译,在中国文学文化外译传播过程中,大力提倡变译,对促进中国文学文化有效"走出去"大有裨益。

---

① 张健.外宣翻译导论[M].北京:国防工业出版社,2013:111.

6.4　外译传播人才培养

外译传播需要译者掌握两大外译方法：变译与全译。变译因具有多、快、好、省、准的外译传播功效，因而我们在中国文学文化外译传播中应大量使用变译方法。全译在词句之间施以转化，可以因难见巧；变译多在句子层面之上施以变通，可以因难见智。变译要求译者更具广阔的文化视野和高超的跨文化交际能力，因此，变译需要译者投入更多的智力。外译传播人才的培养离不开译者对变译与传播理论的掌握。

6.4.1　国内外译传播人才培养

在当前融媒体传播时代背景下，译者翻译与传播基础理论欠缺、跨文化传播译介能力不高、审美素养不足，正制约着中国作品的对外译介传播和接受效果。因此，要提升外译传播人才的培养质量，必须对现行国内高校传统的翻译教学内容进行反思与重构。外译传播涉及跨文化传播、修辞学和接受美学，需要译者在翻译过程中根据译入语读者的文化语境和阅读接受习惯，对原文进行变通式翻译，才有可能达到预期的传播接受效果。因此，外译传播人才如果只掌握全译技能，在当今时代难以译出传播接受效果好的译文。外译传播人才还需要掌握摘译、编译、译述、缩译、综译、译写等变译方法，以及基本的传播学理论和修辞美学知识。下面基于新旧媒体融合传播的背景和当前国内高校翻译教学在外译传播人才培养上存在的不足，笔者从翻译与传播理论素养、翻译与文化素养、翻译与修辞美学素养和翻译实践能力提升四个方面，探讨外译传播人才培养模式，以期对国内高校的翻译教学内容革故鼎新，形成能提升中国文化外译传播效果的人才培养模式。

1）翻译与传播理论素养

"中译外是文化走出去的关键，但现在还存在很大的问题，主要还是和我们的翻译教学有些关系"①。此话一语中的,笔者基于多年的翻译教学实践和参加的各种学术交流,知道我国高校大部分的本科、硕士翻译教学在涉及翻译理论教学方面,多聚焦在全译范畴的直译、意译方法和各种微观翻译技巧的讲授上。这种教学内容的不足之处是:学生只见树木,不见森林,仅在常规的翻译技巧中进行双语层面的转化训练,导致学生在外译传播过程中,面对宏大的中外文化差异这片森林,不知如何穿越这片译事丛林,只会从双语对等的词汇、句法语言层面,进行双语转化。这样的译文在传播对象国中的传播接受效果往往不达预期,其中原因就是没有掌握消除跨文化交际障碍的翻译技巧,即译学与传播基础理论的教学内容不到位。

　　当前,翻译的理论研究与翻译实践都涉及译文的对外传播,翻译教学内容就应与时俱进。教师应该增授符合当前新旧媒体融合传播特点的译学理论知识和传播学知识,将翻译与传播的相关基础理论融入当前的翻译教学中。教师可以减少在翻译技巧上的理论讲授与译例分析,增补翻译与传播方面的基础理论。譬如,当前是新旧媒体融合传播时代,以报纸、期刊和图书为代表的传统传播渠道和方式与以互联网、移动互联网为代表的新兴媒体的传播渠道和方式迥然不同——当前的翻译传播,多以新兴媒体为主要传播渠道和载体,即以网络传播为主、纸质传播为辅。这种变化要求我们在当前的翻译教学中增添一些能指导学生进行以新兴媒体为传播渠道的翻译和传播实践的基础理论。教师可以增补适合指导跨文化翻译的德国功能目的论、变译理论等翻译理论知识,以及拉斯韦尔的5W理论、沉默的螺旋理论、融媒体理论等传播学理论知识。这些符合网络传播时效性和读者阅读碎片化特点的翻译与传播理论,可以让外译传播人才掌握适合当今时代的译介与传播基础理论知识、翻译传播策略与方法等,能极大地助力提升译文的传播接受效果。

　　譬如,在天津的对外译介宣传中,有如下一句中文表述:"在中国一提到孔

---

① 　鲍川运.对外传播理念的更新及中译外人才的普及化[J].中国翻译,2014(5):16.

子,上至白发苍苍的老人,下至天真幼稚的顽童,无人不知无人不晓。人们为了纪念他,在许多地方建有祭祀他的寺庙,天津也不例外。"①这句中的"上至白发苍苍的老人,下至天真幼稚的顽童"意指包含了所有年龄段的人,与后面提到的"无人不知无人不晓"在语义上是同义反复,并且"无人不知"就是"无人不晓"的意思,之所以连用在一起,是因为汉语在行文中注重词语的对称美,类似的结构表达在汉语中有很多,如"寻寻觅觅""冷冷清清""凄凄惨惨"等。这种同义重叠使用的行文方式与英语的直观朴素的行文习惯形成了冲突,照直翻译成英文会使语义啰嗦。如果教师在翻译教学内容中讲授了翻译理论中的变译理论,学生就能运用该理论中的"述"这种变译手法,删除原句中同义反复的冗余信息,保留其核心语义,转述为"孔子在中国是家喻户晓的人物"。这样译者就能把"在中国一提到孔子,上至白发苍苍的老人下至天真幼稚的顽童,无人不知无人不晓。人们为了纪念他,在许多地方建有祭祀他的寺庙,天津也不例外。"变通地翻译为"Confucius is a household name in China. Temples in memory of him could be found everywhere in China. Tianjin is no exception."(李欣用例)这样的译文,因符合英语世界读者的行文表达习惯和阅读期待,在译入语读者中才能达到好的传播接受效果。

同理,在翻译教学中,如果教师增添了美国学者拉斯韦尔在《社会传播的结构与功能》著作中提出的 5W 传播理论,即谁(who)、说什么(what)、什么渠道(what channel)、对谁(whom)、取得了什么效果(what effect)②,那么,学生在对外翻译实践中,就会在翻译前或翻译中,把译文的传播主体、传播内容、传播渠道、传播对象及其译文要达到的预期传播效果考虑进来,采取相应的翻译策略和技巧。如果译者考虑了传播对象,譬如,翻译作品的传播对象预设为青少年,那么译者在对外译介中就会采用符合译入语国家青少年偏好的行文表达语句或风格来译介原作,以求达到好的传播接受效果;如果译者考虑到传播渠道是

---

① 方梦之.实用文本汉译英[Z].青岛:青岛出版社,2003:186.
② 哈罗德·拉斯韦尔.社会传播的结构与功能[M].何道宽,译.北京:中国传媒大学出版社,2015:26.

移动互联网,人们阅读纸质版资讯的时间比互联网以前的时代大大缩减,文化快餐时代的人们希望在每天有限的阅读时间里,摄取多而广的资讯,那么译者就可以对大篇幅的原文采用变译的形式,如摘译、编译、译述、缩译等手法来对原文进行变通式译介,以求译文篇幅短小精悍、适合西方读者利用手机进行碎片化阅读。因此,在新旧媒体融合传播时代,翻译教学应该增加各种有利于提升传播效果的新型翻译理论和传播理论的教学内容,这不仅符合翻译与传播学科交叉融合的发展趋势,更能提升翻译专业学生对原文的变通能力并增强学生对译文传播力的内化意识。

2）翻译与文化素养

翻译表面上是两种语言的转换,但语言涉及文化,是文化的一部分,是文化的载体,文化通过语言得以传播和继承,因此,翻译中两种语言的转换必定涉及两种不同文化的转化,两种文化在翻译中必定存在词语、句子、行文表达习惯等方面的差异或冲突。遗憾的是,当前国内翻译教学对翻译与文化的转化机制、跨越文化障碍的翻译策略等内容的讲授存在不足,编撰的教材在如何跨越文化障碍方面的篇幅不多,绝大多数的翻译教材没有设计专门章节来讲解中英翻译过程中常见的消除跨文化交际障碍的技巧和策略。即使翻译教师讲授翻译与文化的教学内容,也大都蜻蜓点水、一带而过,这导致培养出来的学生在对外翻译过程中,缺乏跨文化交际意识,忽略了翻译中两种语言之间的文化障碍,翻译出来的译文在译入语读者中认同度低、传播效果差,有的译文甚至触犯了译入语读者的文化禁忌,引发矛盾或冲突,更不用讲传播效果了。

譬如,中国作家刘震云的中篇小说《一地鸡毛》被作为"中国故事"译介成英语,以中英双语的形式对外译介出版,其中的译文就出现了文化误译,现举例如下。

原文:

第二天就真的不去上班,把小林急坏了。急了一次真管用,小林开动脑筋,真想出一个办法。前三门有一个单位。听有人说,那单位管人事的头头,和小林单位的副局长老张是同学。小林帮老张搬过家,十分卖力,老张对小林看法不错。老张自与女老乔犯过作风问题以后,夹着尾巴做人,对下边的同志特别关心,肯帮助人,只要有事去求他,他都认真帮忙。小林觉得这事如去找老张,老张不至于一口回绝。通过老张介绍说不定前三门那个单位倒有些希望。前三门那个单位虽离小林家也很远,如坐公共汽车,也得两个小时,但前三门那里和小林家连地铁,地铁跑得快,四十分钟就够了,况且地铁不像公共汽车那么挤,有时上车还有座位。小林将这想法向小林老婆说了,老婆也很高兴,同意去那个单位,让小林去找老张。小林找到老张,将老婆的困难摆出来,又提出前三门那个单位,说听说老领导在那里有熟人,想请老领导帮帮忙。老张果然痛快,说:"可以,可以,单位那么远,是应该换一换!"①

译文:

Just as she threatened, she didn't go to work the next day. Young Lin was truly worried. The worried forced him to make good use of his brains and finally he came up with a solution. He discovered that the head of personnel at an office in Qiansanmen was a former classmate of Old Zhang, the deputy bureau of Young Lin's office. Young Lin had once helped Old Zhang to move house, sparing no effort. So Old Zhang thought well of him. After being caught in flagrante delicto with Mrs. Qiao, Old Zhang had tucked his tail between his legs, so to speack, and showed special concern for his subordinates and would spare no effort to help them whenever it was needed. So Young Lin felt Old Zhang would not refuse if he asked for help. If Old Zhang would provide a recommendation, the Qiansanmen office might be a solution. It was also a long way from the Lin's residence—a single trip by public bus took two hours. But there was an underground railway connecting the two places. Forty minutes on a fast underground train was sufficient. Besides, it is not as crowed as a public bus.

---

① 刘震云. 一地鸡毛[M]. 北京:外语教学与研究出版社,2012:85.

Sometimes seats are available. He told his wife about his idea. She was pleased. She agreed and urged him to talk to Old Zhang. He went to Old Zhang,told him about his wife's difficulties and about the place in Qiansanmen. Knowing that his old leader had some good connections there,he said,he'd come to ask him for help. As expected. Old Zhang readily agreed:"Very well,her office is very far away. She should transfer!"①

　　分析:上面中文段落摘自中国作家刘震云创作的中篇小说《一地鸡毛》。小说主要描写了主人公小林在单位和家庭的种种遭遇,反映了大多数中国人在 20 世纪八九十年代的日常生活和生存状态。英语世界的读者可以通过此小说了解那个时期中国人的日常生活状况。但此小说的英文版在处理称呼语的翻译时,就出现了失误。摘录的此段原文中有"小林""老张"和"女老乔"三个不同人物的称呼语。在中国文化中,"小林"是对年龄比自己小的"林"姓人的称呼语,是一种爱称;"老张"是对年龄比自己大的"张"姓人的称呼语,是一种尊称,这两个称呼语都不是人名。译者把"小林"翻译成了"Young Lin",把"老张"翻译成了"Old Zhang",这样的表达会引起英语世界读者的错误理解。英语世界的读者会把"Young Lin"理解为小说人物的姓是 Lin,名为 Young;把"Old Zhang"理解为小说人物的姓为 Zhang,名为 Old。这种翻译失误就是译者没有注意到中西两种文化在称呼语上的内涵差异,导致中文小说中的"小林""老张"等亲切称呼语被误译后,在英语世界的读者中就被误解为普通的人名了。正确的译文应该是把"老张"译为"Mr. Zhang",把已经结婚成家的"小林"译为"Mr. Lin"。值得庆幸的是,译者没有把"女老乔"错误地翻译成"Old Qiao",而是正确地翻译为"Mrs. Qiao"。

　　需要强调的是,翻译与文化的教学还应该包括译者如何选择翻译素材、如何灵活运用变译与全译翻译方法等方面的内容。充分了解西方读者的阅读文

---

① 　刘震云.一地鸡毛[M].北京:外语教学与研究出版社,2012:27-28.

化语境、阅读偏好、题材偏好等背景,是译者正确选择对外传播素材的前提。当前,我国的对外传播译作在传播对象国中的传播接受效果未达预期,与选择的翻译素材有关系。从笔者在英国访学期间对英国几个城市老、中、青、少不同年龄段人群所做的问卷与访谈的分析来看,西方读者很少阅读中国古代典籍的译作,即使很多典籍译作进入大学图书馆,也鲜有人问津。即使是西方的汉学家,他们也很少看我们英译的中国古典作品,因为汉学家通晓汉语,如果在研究上需要了解中国古典作品的内容,都是直接看原文作品,或看附带中文注解的原作来解读原文。

当前,西方读者面临的是每天有限的阅读时间与无限的资讯传播之间的矛盾,他们会在有限的阅读时间里,碎片化地阅读与他们当前工作生活相关度高的信息内容,而《大中华文库》的系列外译作品,或国内其他一些翻译工程项目所出版的古典译作,其内容在时间和空间上都远离当今西方读者的现实工作和生活环境,激发不起他们的兴趣;再加上我国对外传播的译作都是整本全译的翻译方式为主,导致绝大部分的古典译作都成了大部头译作,需要西方读者耐心地花费大量时间才能阅读完。此外,以英美两国为代表的英语国家在较长一段时期内在世界经济文化图景中处于强势地位,这些国家的普通民众对了解其他国家文化的兴趣不高。例如,在美国,"美国强大的政治和经济地位事实上减弱了美国公民了解世界其他文化价值观的兴趣和动力"①。因此,教师需要基于中西方文化差异,加大翻译选材策略和变译与全译翻译方法的讲解,让学生知晓在西方文化仍处于强势文化的背景下,如何选出能与西方读者价值观兼容、在内容上贴近他们工作生活的素材,并灵活地采用翻译方法来译介中国典籍或资讯。这些都是当前高校翻译教学需要增补的教学内容。

3)翻译与修辞美学素养

语言有六种功能:信息功能、祈使功能、美感功能、表情功能、元语言功能和

---

① 单波,刘欣雅.国家形象与跨文化传播[Z].北京:社会科学文献出版社,2017:315.

酬应功能。然而,译者在译介对外传播作品时,常常忽视从语言的美感功能角度去润色打磨译文。译介的作品只停留在最大化地表达出原文的语义,缺少对译文文采的观照和重视。这种现象与我国高校翻译教学不重视翻译与修辞教学内容有关。笔者手上有六本不同作者编撰的翻译教程,都是近十年内出版的,但绝大部分都没有涉及翻译与修辞教学内容。由于教材没有涉及翻译与修辞方面的内容,加之大多数翻译教师在使用教材时,没有主动地在教学中加入翻译与修辞内容,导致培养出的译者在翻译实践中没有关注译文文采的意识,翻译出的信息内容只传递了原文的语义,未能赋予译文文采,从而未能增加译文的可读性和提升译文的传播力,这是我们在从事外译传播人才培养过程中需要特别注意的地方。

上海东方网曾刊登过一篇题为《一个女人是这样衰老的》的短文,文章笔调幽默,调侃了一些白领女子在十年之内精神衰老,清纯不再之变。下列六种译文排列在一起,译文质量高低就能展现出来。

[1]How a Woman Ages

[2]A Woman's Aging

[3]A Woman Fades Thus

[4]What Causes a Woman to Grow Old

[5]How a Woman Gets Old

[6]The Way a Woman Withers

毛荣贵教授认为,前面五种译文给人印象是一个女人在生理上或容貌上是如何走向衰老的,未能翻译出原文所要表达的女人在精神上的颓废。他认为第[6]种译文中的 Way/Woman/ Wither 三个单词构成了修辞中的头韵,同时 wither 的本义是"凋谢;枯萎",用其转义,可指精神上的颓废,这个词不仅委婉,而且给读者的联想恰好与标题的"衰老"两字的内在含义契合①。因此,译文[6]The Way a

---

① 　毛荣贵. 翻译美学[M]. 上海:上海交通大学出版社,2005:117.

Woman Withers 因为使用了头韵的修辞格,使译文产生悦耳的音韵美,读来朗朗上口,增加了译文的注意价值和记忆价值,有利于读者对译文的接受和传播。

文学作品的对外译介需要译者具有修辞美学意识,才能译出受读者喜爱的译文,对于非文学性质的语句英译也需要译者具有修辞美学意识。譬如,有这样一则律师事务所的一句话宣传广告(one slogan advertisement)——"我们永不怠慢客户的来电咨询",通常译者会翻译成 We will never neglect customers' calls for advice,这只是传递了原文的语表意义。如果教师在翻译教学中向学生讲授并强调过翻译与修辞美学的内容,那么培养出来的学生就会具有向读者展现语言美感功能的意识,会增强译文的美感功能来增加译文对受众的吸引力。例如,译者可以在原文的基础上,采用头韵的修辞格,修改为 We will never neglect customers' calls for consultation,使得 customers' calls for consultation 成为三个首字母同时为辅音 c 的头韵结构,而初译的 customers' calls for advice 只有两个首字母为 c 的头韵结构。显然,三个首字母相同的头韵结构比两个首字母相同的头韵结构,在听觉和视觉上能给读者带来更强的美感,使得读者乐意阅读、愿意传播。如果从体现广告的语言学特征来翻译,即广告的语言要具有简洁性、创意性和响亮性(这三个特征是广告美感功能的体现),那么译者可以把"我们永不怠慢客户的来电咨询"(初译为 We will never neglect customers' calls for advice)润色修改为 You Ring,We Spring,这样的广告译文不仅简洁、有创意,体现了顾客来电时,公司人员积极回应的图景,而且押尾韵、响亮悦耳、易记易传,其在受众中的传播接受效果会大大增强。可见,上例译文初稿 We will never neglect customers' calls for advice 从语言的美感功能出发,无论润色为更具头韵修辞效果的 We will never neglect customers' calls for consultation,还是打磨为更具简洁性、创意性和韵律美的 You Ring,We Spring,都比译文初稿在修辞上更具美感功能,能在英语世界的受众中有更好的传播接受效果。综上所述,在培养外译传播人才的教学中,普及翻译与修辞美学内容的讲授,这对培养外译传播人才的审美意识具有非常重要的意义,并直接关涉译文传播接受效果的提升。

4）翻译实践能力提升

翻译这门学科是实践性较强的经验学科，不仅需要学习翻译理论，通过译学理论指导和提升翻译实践能力，解释各种翻译实践现象，还需要译者从事大量的翻译实践，通过实践内化译学理论知识、丰富译学理论和提升译艺与译技。在我国高校译介人才培养的翻译教学中，教师课堂上讲授相关的译技和理论，进行译例分析，指导学生课堂翻译训练。但每门翻译课程的每周课时通常只有2~4个标准课时，这意味着，除去教师课堂上的理论讲解和译例分析，学生课堂上的翻译实践时间非常少。要培养翻译实践能力强的译介人才，大量的翻译实践不能缺少。因此，学生作为翻译实践的主体，应在教师的指导下，在课外大量进行与教学内容相关的翻译实践。西方有个谚语，Practice makes perfect（熟能生巧），就是强调大量实践训练的重要性。翻译专业的学生只有通过大量的课外翻译实践，才能使翻译水平产生质的飞跃。学生在课外从事的翻译实践，应该题材面广，古代典籍、现当代文学、时政要闻、社会文化、经贸资讯、商务合同等题材都应涉猎，因为不同的题材，在当今的融媒体传播时代，它们的传播路径和翻译策略都会有所不同。在课外实践时间的分配上，教师可以有所侧重。譬如，当今西方社会读者对中国当代文学和社会文化感兴趣，教师就可以多布置这方面的素材让学生在课外从事翻译实践，等学生翻译完了，通过网络发给学生参考译文，让学生对比自己的译文与参考译文，感悟各自的优劣之处，重点比读自己翻译不恰当的语句或文化传译难点；教师再辅以课堂上花少量时间，集中讲解一些翻译中的共性难点问题，让学生知其然并知其所以然。这样，学生就能通过每次的翻译实践，提升自己的翻译实践能力。

6.4.2　国外外译传播人才培养

正如前面章节所述，以英语为母语的汉学家在译介中国文学文化方面比中国国内译者更有优势，因为这些以英语为母语的汉学家谙熟所在国读者的阅读习惯、阅读兴趣以及行文表达习惯,能根据译入语读者所处的政治、经济、文化语境选择合适的翻译素材,在翻译中能灵活地对原文有文化冲突的内容施行变通,使译文在译入语读者中具有多、快、好、省、准的功效。但是,我们也知道,由于中文对西方人来讲比较难学,中国文化与西方文化相比还处于弱势,使得英语世界从事汉语言文学学习的普通群体和从事汉学研究的学者不多,能够致力于中外文化交流、促进中外民心相通的汉学家人数也不多。正如谢天振所说,"在现阶段乃至今后相当长的一个时期里,在西方国家中国文学和文化典籍的读者注定还是相当有限的,能够胜任和从事中国文学和文化译介工作的当地汉学家、翻译家也将是有限的"①,这就需要我国加快培养以英语为母语的国外外译传播人才。

培养国外外译传播人才,我们有两条路径可走:第一条路径是国家在资金层面大力资助中国高校中有一定学术声望的文学院、中文系或新闻与传播学院开设对外汉语文化类的课程,鼓励开设对外汉语文化类课程的高校以具有竞争力的奖学金方式,招收英语世界的高素质学生来华学习汉语言文学文化,培养通晓中国语言、文学、文化,有志于从事中外文化交流,有志于向西方传播中国好声音、展现真实中国形象的汉学家;第二条路径是增强中国中小学校同英语世界的中小学校校际文化交流的广度和深度,让更多英语世界的中小学生通过暑期夏令营活动或交换生等形式来到中国学习汉语以及中国文化,游览中国的人文历史景点、自然景观,体验中国社会文化生活等,以此激发和培养这些来华中小学生对中国的友好情感。学生们有了在中国的愉快学习和游览经历后,回到他们的国家就会成为中国语言文化的积极学习者、成为在西方传播中国文化的推广者,因为从小对中国有了感情,他们长大后就可能有来中国高校文学院或新闻与传播学院留学的愿望,最终就有可能成为从事中西文学文化译介的汉学家。

---

① 谢天振. 中国文学走出去:问题与实质[J]. 中国比较文学,2014(1):9-10.

6.5　本章小结

　　本章论述了传统媒体渠道、新兴媒体渠道和人际传播渠道形成的融媒体传播是提升中国文学文化外译传播的重要途径,展现了融媒体传播的优势:①能拓宽受众覆盖面;②能实现多样化传播;③能实现瞬时性和交互性传播;④能实现增效不增费传播。在融媒体传播背景下,对外译介的翻译方法涵盖变译和全译两大方法,变译和全译是翻译的一体两翼,不仅是翻译研究的两大范畴,而且是翻译实践的两大基石。全译是变译的基础,是变译的起点,全译多以句子为单位进行翻译,变译多以句群为单位进行变通式翻译。变译活动的核心是"摄取",而摄取的精髓在于"变",即"变通"。变通方法包括增、减、编、述、缩、并、改、仿八大手段;这八大变通方法构成了摘译、编译、译述、缩译、综译、述评、译评、译写、改译、阐译、参译、仿作 12 种变译类型。

　　在中国文学文化外译传播的效果方面,变译要优于全译。在中国文化"走出去"还处于初级阶段的背景下,在西方读者处于传统媒体和新兴媒体融合的阅读语境下,在西方读者还未对中国文学文化产生兴趣并仍以欧美文学为中心的情况下,中国文学文化"走出去"应以变译方法为主,全译方法为辅。变译在对外文化信息的译介传播中,具有多、快、好、省、准的功效。"多"的功效是指与全译相比,去除了冗余信息,突出了更多的有用信息,提高了信息传播的比重;"快"的功效是指与全译相比,投入少、时间短、见效快,删除冗余信息或有悖于译入语文化语境的内容后,篇幅减少,翻译所用的时间就相应减少,时效性提高,从而使信息传播速度加快,目标受众获得相应资讯更及时,能加快促进中西文化的交流与发展;"好"的功效是指与全译相比,变译文单位信息量大,具有小而优、快而优的特点;"省"的功效是指变译省时省篇幅,为读者节省阅读时间,为出版社节省纸张油墨;"准"的功效是指译者为使译文符合译入语读者阅读期待或译入语文化语境,对原作进行有的放矢的变通,通过这种对原文有针对性的变通,能精准地跨越中西文化障碍,满足读者的阅读期待,以达译文被译入语读者接受的目的。

由于中国文学文化外译传播涉及翻译学与传播学,涉及全译与变译两大方法,而我国高校在外译传播人才的培养上,传统的翻译教学大都没有涉及传播理论、德国功能目的翻译理论、变译理论、接受美学等内容,培养出来的翻译人才不能满足当今中国文学文化对外译介的需要。译介的作品传播效果不理想与译介人才培养模式有关。要培养适应当今新旧媒体融合传播的译介人才,需要我国高校在翻译教学中增加四个方面的教学内容:①翻译与传播、翻译与变通;②翻译与跨文化交际;③翻译与修辞美学;④教师指导下的学生翻译实践。

此外,优秀的外译传播人才还应该"具备高水准的政治理论素养和优秀的传媒技术知识储备,同时具有广阔的世界眼光。优秀的对外传播人才,不仅要从中国本位看待自身和世界的关联,同时也要有能力在世界的其他角落反观中国,寻找和辨析中国与世界发展中的独特和不同之处"①。在培养国内优秀外译传播人才的同时,要积极培养海外汉学人才,使他们能成为致力于中外文化交流、促进中外民心相通的汉学家。如果有大量海外汉学家加入到译介中国、唱好中国好声音的中外文化交流行列中,中国文学文化在英语世界的传播接受度必将大幅提升,从而使中国文化在海外的软实力与中国在当今世界舞台上的大国形象相匹配。

---

① 贾敏.新时代中国国际传播能力的创新与实践[J].对外传播,2022(12):13.

第 7 章

中国文化外译传播机理认知偏误及对策

7.1 从翻译学看文化外译传播机理认知偏误及对策

提升中国文化在国际上的影响力,前提是做好中国文化在海外读者中的传播与接受工作。中国文学属于中国文化的一部分,如果中国文学在海外得不到有效传播与接受,必然影响中国文化软实力在国际上的提升。通过前面章节的研究,我们可以看出中国文学文化对外传播正面临国内人力、物力、财力高投入,国外传播、接受、认同低效果的局面。要扭转这种投入与产出不成正比的窘境,从翻译过程涉及的要素和环节看,首先需要纠正四大认知偏误:译者偏误、选材偏误、方式偏误和受众偏误。这四大外译传播机理的认知偏误严重影响了译文的传播接受效果,纠正偏误、探讨对策有助于以西方之术传中国之道的对外文化传播,扩大中国文化的海外影响力,提升中国海外形象。

7.1.1 译者偏误及对策

长期以来,我国对外文学译本绝大多数都是由中国本土译者担任主译。中国本土译者从事汉译英工作时,译入语不是其母语,属于逆向翻译,译文质量和接受效果多少会受到影响。美国汉学家宇文所安曾说过,"不管我的中文有多好,我都绝不可能把英文作品翻译成满意的中文。译者始终都应该把外语翻译成自己的母语,绝不该把母语翻译成外语"①。中国学者马会娟也认为,中国译者在从事译出翻译,尤其是在外译中国文学作品时,译入语表达能力存在着先天的不足,她引用外国学者的话来证明即使已在国际上享有盛名、翻译有大量中文作品的我国著名作家林语堂,他的英语语言能力在英语专家看来也只是相

---

① 陈橙.文选编译与经典重构——宇文所安的《诺顿中国文选》研究[M].上海:上海外语教育出版社,2012:201.

当于英美二流作家的水平,英语学界的学者对我国当代著名翻译家许渊冲的译文质量的批评也时常见诸报纸杂志①。由此可见,译入语不是母语的译者,无论其译入语水平多高,其译文都难以达到以母语为译入语的译者翻译的译文质量。因此,中国文化外译的翻译模式需要改进,要重视发挥以译入语为母语的译者的作用,即汉学家的作用。汉学家不仅精通中文,而且谙熟母语语言文化及读者的阅读语境。只有译入语为母语的译者,才能深入了解原作语言文化与译入语中的语言文化在句法和文化上的差异,才能在翻译中用译入语读者喜闻乐见的行文表达形式传递原作信息内容,才能有的放矢地跨越两种语言文化之间的障碍。北京外国语大学海外汉学研究中心的张西平教授认为,"西方专业汉学家在中国文化西传的过程中占据非常重要的地位,甚至可以说,在中国古代文化典籍的翻译和传播方面,西方专业汉学家占据主导性的地位。没有这一群体的努力,西方文化思想界就不可能像今天这样了解中国文化的基本内容。这是基本的事实,即今天在西方学术界流行的关于中国典籍的译本,绝大多数是由汉学家群体翻译的"②。但是,汉学家的汉语言文化水平往往难以达到或超过以中文为母语的译者,以中文为母语的中国译者在翻译时,对中国作品的内容在语言和文化的理解上有时都会出现偏差,更不用说由海外汉学家来解读中国作品的内容了。海外汉学家在翻译中国作品时,误读或误解中国作品内容的地方往往比以中文为母语的译者多,这是毋庸置疑的。

譬如,《水浒传》第32回讲述了武松在景阳冈路边小店喝酒,凭着酒力在景阳冈打死一只老虎的故事。在这回中,讲到武松连喝几碗酒后,店小二担心武松过不了景阳冈,就好意劝武松不要再喝了,在此背景下,原作有这样一句:"武行者心中要吃,哪里听他分说,一片声喝道,'放屁!放屁!'"美国诺贝尔文学奖获得者、作家兼汉学家赛珍珠(Pearl S. Buck)在翻译《水浒传》时,就没有把武松

① 马会娟. 解读《国际文学翻译形势报告》——兼谈中国文学走出去[J]. 西安外国语大学学报,2014(2):115.
② 张西平. 中国文化外译的主体当是国外汉学家[J]. 中外文化交流,2014(2):86.

呵斥店小二的话"放屁！放屁！"在中国文化中的语义理解正确,把"吃"没有正确地理解为"喝",不了解"行者"是中国带发修行的佛教和尚,因而错误地把此句翻译为"Now Wu the priest longed much in his heart to eat, and so how could he be willing to listen to the explanation? He bellowed forth,'Pass your wind! Pass your wind!'"西方读者读了这句,不仅会误认为武松是信仰基督教的传教士,还会认为武松非常不讲道理,店小二好心劝你少喝酒,你反而要店小二当场放屁(Pass your wind!),这样的误译会使武松的侠义形象在西方读者眼中大打折扣。其实,这句话在中国文化中是人生气时常说的话,表示不赞成、不同意别人说的话,此句作为武松回应店小二的话,表示武松厌烦和不同意店小二的规劝。根据这种语境,"放屁"在此句中可以理解为"闭嘴,少跟我讲废话",原文中的"吃"要理解为"喝",原文中的"行者"应理解为带发修行的和尚。根据上述对原文的理解,译文相应地可以改译成"Now Wu, the Buddhist priest, longed much in his heart to drink, and so how could he be willing to listen to the explanation? He bellowed forth,'Shut up! Don't make nonsense!'"从这个例子我们可以看出,汉学家对中国文化的误读,会在翻译中错误地向译入语读者传递不正确的信息,从而不知不觉地扭曲了原作刻画的人物形象。

我们再看一例海外汉学家误读误译的句子。当代英国汉学家蓝诗玲,在翻译张爱玲的小说《色戒》时,把"她也知道他们形迹可疑,只好坐着不动,只别过身去看楼下"这句话误译为"Conscious of how suspicious their behavior must look, she forced herself to sit still, resisting the temptation to look down."蓝诗玲对原文中的"只别过身去看楼下"理解错误。"别"在汉语中有多种意思,根据商务印书馆出版的《现代汉语词典》第5版的解释,"别"可表达①分离;②另外;③(方言)转动,转变;④区分;⑤差别;⑥类别;⑦表示禁止,跟"不要"的意思相同;⑧用脚使绊把对方摔倒等语义。译者把原文中的"别"错误地理解为第⑦义项,这是汉学家蓝诗玲对汉语的一词多义理解不准确造成的误译,这是个比较典型的误译例子,正确的理解应该是第③义项。因此,该句的译文可以改译成"Conscious of how suspicious their behavior must look,she forced herself to sit still,just turning her upper body to look down. "

从这两例可以看出,汉学家把中国故事翻译成英文,译文的地道性和流畅性是母语为非英语的译者无法比肩的。但汉学家在英译中国故事时,对中国语言文化的误读误解时有出现,这种误读误解,可能与汉学家的汉语水平有关,也可能与汉学家不够仔细有关。以前者原因为主,毕竟中国文化博大精深,语言文字深奥、方言众多,汉学家在解读原文语义时,出现理解偏误在所难免。既然中国译者翻译出来的译文地道性和可读性不如以英语为母语的译者,而以英语为母语的译者翻译出来的译文对原文语义的正确传达又时有失误,那么我们可以改变译者的翻译模式,把单一的译者翻译模式改为中西译者合作的翻译模式。这种中西译者合作翻译模式可以保留单一译者翻译模式的优点,摒弃单一译者翻译模式的缺点,成为完美的翻译组合。杨宪益和戴乃迭、葛浩文和林丽君、陈安娜和陈迈平夫妇的合作翻译就是中西译者合作翻译的典型。在这种翻译模式组合中,如果翻译的语言走向是中译英,英语是译入语,那么就有两种译者位序排列模式:第一种位序排列模式是以英语为母语的译者作为主译,中国译者作为第二译者,这样的位序排列,分清了中英合作翻译模式中的译者主次,能让以译入语为母语的汉学家发挥更大作用。这样能保证译文表达的地道性,增强译文的可读性,同时由以中文为母语的译者负责在原文字词理解、文化解读方面把关,以确保主译人员正确理解原作的语言文化内涵,避免误读原文语义而产生扭曲原作的译文。第二种中译英翻译模式的位序排列是中国译者作为主译把中文翻译成英文,由以英语为母语的译者作为第二译者,在词汇、句法和文化层面对译文把关,确保译文的流畅性和表达的地道性。不过在第二种中译英合作翻译模式中,第二译者在对译文词汇、句法和文化层面上的润色工作量要大于第一种中译英合作翻译模式中的第二译者。因此,在中国文化外译的中西译者合作模式中,应以第一种译者位序排列为主,第二种译者位序排列为辅。

7.1.2 选材偏误及对策

笔者在英国考察时发现,英国成年读者绝大部分对阅读中国文化作品的兴趣不高,即使对中国文学翻译作品有所涉猎,也是希望通过阅读当代中国文学作品来了解中国社会文化的状况。笔者在英国曼彻斯特大学主校区与三位以英语为母语的英国文学博士生交谈而了解到,他们认为与欧美当代小说相比,中国现当代小说在故事情节安排、人物的刻画和叙事手法上的技巧等方面都还有较大的提升空间。他们认为,身边的同学看英文版中国小说较少,偶尔看中国小说,并不是小说的文学价值吸引他们,而是这些中国小说能折射中国社会文化现实,能反映中国当代社会、民生问题,或能展现中国文化和人民生活原始而神秘的一面,能满足阅读者的好奇心,扩大读者的知识面。这三位文学博士生对中国现当代小说的看法反映了中国小说的文学艺术价值还有待提高,也说明了阅读中国当代文学作品是英国读者了解中国社会文化的一个渠道。

英美同为英语国家,有深厚的历史渊源。美国读者怎样看待中国小说呢?美国著名的翻译家葛浩文曾说:"美国读者更注重眼前的、当代的、改革发展中的中国。除了看报纸上的报道,他们更向往了解文学家怎么看中国社会。"①换言之,美国读者也是希望通过阅读中国当代小说了解中国社会文化状况。然而,我国长期以来对外传播的文学作品都是以经典的古代典籍为主,传播推广的古典文学作品涉及的内容和历史文化背景距离当代中国社会太远,难以激起西方读者的阅读兴趣,再加上当今欧美文学仍是西方读者关注的中心,使得中国文学在西方的传播和接受未达预期效果。如果继续把中国文化"走出去"简单地理解为中国古典文学"走出去",那么我们就难以在海外构建中国当代对外话语体系。为了能把中国当代的全球治理观、新安全观、发展观、正确义利观等新理念、新主张融入对外话语体系中,提升中国的国际话语权,就需要对中国文

---

① 邵璐.莫言小说英译研究[J].中国比较文学,2011(1):47.

化外译选材的认识进行纠偏扶正。

　　因此,为避免选材偏误,国内出版机构可以通过海外读者调查的方式来了解西方读者对当代中国文学题材的兴趣和内容偏好,从而有的放矢地选择有海外阅读市场的作品作为翻译对象,或由以译入语为母语的汉学家来协助遴选值得翻译的中国当代文学作品。在由汉学家来协助遴选外译作品时,潘文国教授的话值得重视,他说"由于东西方不同国家、不同民族乃至不同个体的价值观并不相同,在译什么、不译什么的问题上中外未必一致。在中译外的历史上,确实有一些外国学人抱着真诚的态度认真介绍中国文化,但也有一些人是戴着猎奇甚至有色眼镜来看中国的,他们不会为中国的利益,甚至也不会为外国的国家利益考虑选择译什么、不译什么,而是什么能赚钱就译什么、什么能'吸引眼球'就译什么,中国的糟粕也许正是他们的挚爱"①。这说明,在西方的汉学界,汉学家有多种,有亲近中国的汉学家,也有只顾自己利益的汉学家,甚至还有刻意丑化中国的汉学家。鉴于此,在挑选汉学家来遴选中国文化外译作品时,需要选择那些对中国文学文化和中国人民有感情基础的汉学家来遴选外译作品,他们会选择既符合西方读者阅读期待,又有利于传播中国文学文化的作品作为译介对象。他们不会选择丑化中国国家形象的作品作为译介对象,他们选择作品时往往会在个人兴趣利益与西方读者阅读偏好之间实现平衡,从而有利于中国海外正面形象的塑造,有利于纠正长期以来西方读者对中国的一些误解和媒体对中国的扭曲报道。譬如,美国汉学家葛浩文谈到对中国文学作品的选择时,就曾说过,"我看一个作品,哪怕中国人特喜欢,如果我觉得国外没有市场,我也不翻,我基本上还是以一个'洋人'的眼光来看"②。这话反映了汉学家葛浩文在译介中国文学作品时,会选择那些在西方读者中有市场,能被西方读者阅读接受的作品。这种以西方读者阅读兴趣和爱好为导向、以传播接受效果为目标的

①　潘文国.中籍外译,此其时也——关于中译外问题的宏观思考[J].杭州师范学院学报(社会科学版),2007(6):32.
②　姜玉琴,乔国强.葛浩文的"东方主义"文学翻译观[N].文学报,2014-3-13.

选择标准值得我们借鉴。

中华人民共和国成立以来的三次规模较大的国家赞助的翻译实践,即前面章节探讨过的《中国文学》、"熊猫丛书"以及《大中华文库》的外译传播,基本上都是从我们自己的视角来选择外译作品。我们常常一厢情愿地认为,国内优秀的作品一定会受到国外读者的喜爱,这种认知偏误是三次国家对外翻译实践所译介的作品在英语世界的传播接受效果未达预期的原因之一。以西方读者的阅读兴趣和偏好为标准来选择外译作品,就如同工厂以消费者需要某种产品为依据,有的放矢地进行研发生产一样,按需生产,产品才有明确的销售对象,才有畅销的基础;同样,根据西方读者阅读兴趣和偏好选择外译作品,按需译介,外译作品才有畅销的可能。根据西方读者的阅读兴趣和偏好来遴选外译作品,并不是以牺牲国家形象和扭曲事实为代价,相反,对中国有感情的汉学家和国内对外译介出版机构在遴选外译作品时,会以作品内容不损害国家形象为前提,尽量遴选出符合西方读者阅读兴趣和偏好的外译作品。正如黄友义所说,外译作品要符合三贴近原则,"贴近中国发展的实际,贴近国外受众对中国信息的需求,贴近国外受众的思维习惯"[1],其中"贴近国外受众对中国信息的需求",就是要求我们的外译作品符合西方读者的阅读兴趣和偏好。西方读者对中国文学文化兴趣和偏好在哪里,哪里就是西方读者对中国信息的需求。如果外译作品不符合西方读者的兴趣和阅读偏好,不管外译作品翻译得多好,装帧多么华丽美观,都难以得到好的传播接受效果。只有遴选出符合译入语读者阅读兴趣和期待的作品进行翻译,译作才能在域外得到好的传播接受效果。西方读者主动阅读英译的中国当代作品来认知中国社会文化,对消除他们对中国的误解、维护中国海外形象和提升中国文化软实力大有裨益。

---

① 黄友义.坚持"外宣三贴近"原则,处理好外宣翻译中的难点问题[J].中国翻译,2004(6):27.

7.1.3　方式偏误及对策

当前全球读者都处于互联网高度发达、信息资讯呈几何级增长的时代。在生活节奏不断加快、休闲娱乐形式多样化的今天,人们阅读纸质版资讯的时间比互联网出现以前大大缩减,文化快餐时代的人们希望在每天有限的阅读时间里,摄取多而广的资讯。而我们规划的对外文化输出作品不但都是一些大部头的经典著作,而且在翻译方法上采用全译方法,难以让西方广大读者在有限的阅读时间里耐心地读完全译本,因而难以激发他们对中国文学文化的兴趣。

在输出中国外译作品的过程中,要处理好西方读者有限的阅读时间与无限的中国文学信息之间的矛盾,翻译者可采用变译而非全译的翻译方法,译者以译入语读者的阅读习惯和期待为导向,通过增、减、编、述、缩、并、改、仿等变通方法摄取原作有关内容,形成摘译本、译述本、缩译本等变译作品。这样,可以把作品的"干货"或主干内容呈现在读者面前,为读者节省阅读时间,契合读者阅读兴趣。摘译本、译述本、缩译本等变译作品比全译本篇幅小,有更好的读者接受度,能多、快、好、省、准地对外传播中国文化。特别在当今时代,以传播短平快内容为特色的新兴媒体在文学文化的外译传播中能起到更积极的作用。这些新兴媒体特别适合海内外译者通过摘译、编译、缩译、译述等变译方法来翻译和推介中国文学文化,而短小精悍的变译文作品也很方便西方读者利用零碎时间阅读和了解中国文学文化中的精华内容。

7.1.4　受众偏误及对策

当前,我国对外文化传播的效果还不理想,这与译者或翻译委托人与赞助者长期忽视西方受众阅读兴趣和需求有关。综观国内已出版的《大中华文库》中的英译作品,译者都是以原作为中心,对原作亦步亦趋,对"内外有别"的译介原则重视不足,较少考虑译入语读者的阅读习惯、审美标准、价值取向等问题。

中国典籍文学作品是在中国社会文化语境中创作的,有些内容不符合当前外国读者的价值取向、阅读需求或风俗观念,这也影响了这些作品在海外的传播效果。此外,英译作品的传播渠道都是以图书为主,忽视了同一作品如何满足不同文化教育层次或不同年龄受众的需求。

受众对翻译文本的接受度和认同度决定着文化传播效果的广度和深度,译者在从事对外文化传播的翻译活动时,必须了解和熟悉受众的阅读习惯、接受方式和价值取向,以译入语读者喜闻乐见的传播方式来传播中国文学文化作品,这样才能有的放矢地进行对外传播,使译作跨越时空在异域得到理想的接受效果和认同度。

7.2 从传播学看文化外译传播机理认知偏误及对策

中国文学文化在海外的传播接受是一个系统工程,涉及很多环节。从 7.1 节的论述中,我们明白,在西方读者处于传统媒体和新兴媒体融合的阅读语境下,在中国文学文化尚未进入世界文学文化系统中心的背景下,我们的对外文学文化传播需要中西译者合作的模式,需要以反映中国当代社会文化的作品为主要翻译对象,需要采用以变译为主、全译为辅的方法,需要译作符合西方读者的阅读习惯、接受方式和价值观,这样才能使中国文学文化多快好省、有的放矢地在海外得到传播和接受。外译传播属于交叉学科,涉及翻译学与传播学,我们在上节中从翻译学的视角对文学文化外译传播的认知偏误做了探讨,没有涉及传播学。现在从传播学的视角,对文学文化外译传播的认知偏误做全面的探讨,以期消除认知偏误,提出相应对策,增强中国文学文化在英语世界的传播接受效果。

美国现代传播学奠基人拉斯韦尔在其经典著作《社会传播的结构与功能》中指出,对外传播过程包含"5W"要素,即谁(who)、说什么(what)、通过什么渠道（in what channel）、对谁说（to whom）、取得了什么效果（with what effect）。"谁"是指传播的主体，"说什么"是指传播的内容，"什么渠道"是指传播的渠道，"对谁"是指传播的对象，"取得了什么效果"是指传播的效果。当前中国作品外译传播效果未达预期，如果我们遵循 5W 社会传播要素，则能系统地探明外译传播中的认知误区和探寻提升传播力的路径对策。

7.2.1　传播主体认知偏误及对策

传播主体是指能从事传播活动的个人或机构。当前我国对外传播的主体是由国内政府机构以及由政府机构指定的或委托的译者构成，这种传播主体模式使得对外传播活动带有官方色彩。中华人民共和国成立以来的各种外译出版工程，是带有官方色彩的机构组织发起的，非官方机构作为传播主体从事中国文学文化的对外传播活动在数量上和规模上微乎其微。这不仅导致当前的传播主体单一，而且让大众误认为中国文化"走出去"完全是官方的事，进而导致民间个人和非官方组织在对外文化译介中的缺席，影响对外传播的力度和效度。

要改变当前传播主体单一的现状，可以优化官方的资源投入和配置，鼓励民间团体、个体译者、海外汉学家和华人等非政府性质的机构和个人从事中国文学文化的对外传播。因为是民间自发的中国作品译介传播，译介的作品在传播的内容和顾及读者的阅读兴趣等方面更有的放矢。历史上，辜鸿铭对外译介的四书五经，林语堂对外译介的《道德经》《论语》等古典作品，都是以个人非官方的身份进行的翻译活动，在社会上取得了很好的传播接受效果。当代美国翻译家葛浩文和宇文所安、德国翻译家顾彬、瑞典翻译家陈安娜、英国翻译家蓝诗玲等海外汉学家以非官方身份自主选材译介的中国文学作品，在西方社会有很好的传播效果和接受度。因此，我们应鼓励非官方组织和个人积极从事中国作品的外译传播工作，使得官方与非官方的译介活动共同构成对外传播的两大基石，形成一体两翼的对外传播格局，这对提升中国文学文化海外传播效果大有裨益。

7.2.2　传播内容认知偏误及对策

传播内容涉及对外传播内容的选择。当前学界认为中国文学文化"走出去"就是传统的经典高雅文学"走出去"。因此,我国的大多数翻译工程项目都选择承载中国古典文化信息的作品作为外译对象,譬如,选择译介了《中国古代寓言选》(*Ancient Chinese Fables*)、《三国演义》(*Three Kingdoms*)、《红楼梦》(*A Dream of Red Mansions*)、《西游记》(*Journey to the West*)、《牡丹亭》(*The Peony Pavilion*)、《水浒传》(*Outlaws of the Marsh*)、《论语》(*The Analects*)、《山海经》(*The Classics of Mountains and Seas*)、《梦溪笔谈》(*Brush Talks from Dream Brook*)等。从笔者在英国考察的情况看,英国普通民众对中国古典作品阅读兴趣不大,传播效果不理想。中国古典文学未能激发大部分西方读者阅读兴趣的原因有以下两点。

第一是时空差异因素。我国很多外译工程选择的古典作品代表了中国的传统文化精华,但不代表跨越时空后,在异域传播仍能在传播对象国的受众中产生同样的接受和认同效果,毕竟这些中国古代经典是在年代久远,地理环境、风俗习惯、审美观、价值观等与外国接受环境迥异的特定时空中产生的,大部分与当代海外读者文化语境的兼容性不够。从在英国的调研情况看,除了海外汉学家、从事中国文学文化教学研究的专家学者,以及研习汉语文学文化的读者,大部分英国普通读者对中国古典文学兴趣偏弱,即使他们有时间想了解中国文学,也是愿意选择中国现当代文学作品为主。

第二是信息时代因素。当今全球处于信息爆炸时代,知识和资讯呈几何级增长,全球读者每天要面对新知识替换旧知识、有限阅读时间对无限信息的挑战,再加上西方民众休闲娱乐形式多样,他们期望的是在每天有限的阅读时间里,能浏览阅读有用信息比重大的资讯。文化快餐时代的阅读心态使得读者对需要花费大量时间才能阅读完的大部头著作兴趣偏弱。譬如,《红楼梦》英文全译本就多达 5 卷,《西游记》英文全译本多达 6 卷。这些大部头译作难以让西方读者在有限的阅读时间里耐心读完全部内容,因而会消解他们的阅读兴趣,导致中国外译作品在海外普通民众中的传播效果欠佳。

鉴于此,我们应重新审视对外传播的内容在中西时空差异上对译入语读者的影响,以及作品篇幅的大小对读者接受译作的影响。同时,我们要认识到,中国文学文化"走出去"的内容不应只局限于古典文学作品,更应以反映当代中国文学和社会发展现状、与西方社会文化有兼容、符合当代西方读者阅读兴趣的现当代文学为主,这有助于西方读者理解、接受和认同传播的内容。

7.2.3　传播渠道认知偏误及对策

从本书第 5 章的论述可知,对外传播渠道可分为三大类:传统传播渠道、新兴媒体传播渠道和人际传播渠道。在对外译介传播中,以前两种渠道为主。传统对外传播渠道包括图书渠道、期刊渠道、报纸渠道、广播渠道和影视渠道等;新兴媒体传播渠道包括互联网渠道、数字媒体渠道和自媒体渠道等。当前,全球处于互联网时代的信息社会,电脑和智能手机的普及使得读者随时随地都能联网获取相关信息,"移动式"阅读渐成主流,以纸质版为主的传播信息形式已让位于数字化网络媒体传播形式。西方读者获取资讯的渠道已从传统的纸质版媒体转移到了以互联网和移动互联网为主、其他传播渠道为辅的局面。新旧媒体融合发展传播已成趋势,读者不再像信息网络化时代以前那样以图书、报纸、期刊为获取信息的主要渠道。

然而,当前中国文学文化"走出去"的译介工程大部分都是走的纸质传播渠道,对网络渠道的传播作用重视不够。我们要认识到新兴媒体在助推中国外译作品"走出去"所发挥的强大作用,对外传播渠道重心应该从传统的纸质传播渠道转移到以互联网、数字媒体、自媒体、移动互联网等传播渠道上来。这些基于互联网和移动互联网的新兴媒体在传播上不仅具有快捷性、实时性和交互性特点,更具有图书、期刊、报纸等纸质版渠道所不具有的覆盖受众广、受众接触中国外译作品信息的渠道和机会更多的特点。这些新兴媒体特别适用于由篇幅长的作品变译的各种短小精悍的译作的传播,这契合了西方读者快节奏工作生活背景下的碎片化阅读和移动式阅读的偏好。总之,重视新兴媒体传播渠道在外译传播中的巨大作用,发挥新兴媒体的传播功能,加快其与传统传播渠道的融合,形成互补的融媒体外译传播模式,对提升中国外译作品海外传播效果大有裨益。

7.2.4　传播对象认知偏误及对策

传播对象是传播对象国的受众。按当前我国对外传播以大部头的中国典籍作品为主的态势看,我们定位的传播对象是海外对中国典籍感兴趣的成年读者,这忽视了西方儿童及青少年读者群。笔者在亚马逊网站英国站、曼彻斯特市区 Waterstone 实体连锁书店、伦敦 Piccadilly 火车站的 Waterstone 实体旗舰书店、牛津大学城的 Blackwell's 实体书店东亚文学书籍陈列区,都难寻觅到为英国儿童和青少年翻译的中国作品,这表明我们的对外文化传播忽视了有阅读理解能力的儿童和青少年读者群。

我们在从事对外传播过程中,需要把海外普通受众分层、分类定位,不能忽视西方儿童及青少年读者群。除了全译,还应大量采用摘译、编译、缩译等方法译介一些适合西方儿童和青少年阅读的短小精悍的中国作品,或把面向西方成年读者的译作做二次开发,变译成适合西方儿童和青少年阅读的文字作品或观看的视听作品,让西方的儿童、青少年从小就接触了解中国文学文化,培养他们对中国文学文化的兴趣,他们长大后就有望成为积极亲善中国、宣传中国的人,从而有利于提升中国文学文化的海外影响力。

7.2.5　传播效果认知偏误及对策

传播效果是指传播的内容对传播对象国读者在认知、行为、价值观等方面产生的影响。传播是有目的的行为,国外传播学界学者 Shannon 和 Weaver 认为传播学涉及技术层(technical problems)、语义层(semantic problems)和效果层(effectiveness problems:How effectively does the received meaning affect conduct in the desired way?)三个层面的研究①。单独把传播效果作为研究对象,可见学术界非常重视传播的效果。传播学作为 20 世纪下半叶兴起的一门新兴学科,在我国国内对传播效果的研究历史不长,国内学术界对翻译作品传播效果的研究尚不深入,还存在认知偏误。长期以来,国内学术界特别是翻译界常以译作进入传播对象国网店、实体店、图书馆等图书集散地视作对外传播工作的结束,这是对传播效果的认知偏误。译作进入传播对象国只表明译介的图书只是进入了流通环节,但不能说明图书被读者阅读了。只有译介的图书被读者阅读了,图书内容才有被理解和认同的可能。有时,即使传播的内容被读者阅读、理解了,还不能代表他们就认同了阅读的内容。我们真正期望的传播效果是传播的内容及其承载的思想被西方读者乐意阅读、理解并最终获得他们的认同。

因此,纠正对传播效果的认知偏误,要把读者对译作内容或思想的理解和认同度作为外译作品传播效果的评估准绳,才能有效提升作品海外传播效果。这就要求我们选择一些能与西方读者价值体系和认知体系兼容的内容,作为优先的外译传播内容,以利于提升西方读者对译介内容的理解力和认同度,同时辅以读者喜闻乐见的行文表达和接受方式进行译介,或以图书、影视、新兴媒体等多元化、多模态的传播形式进行协同传播,提升西方读者的阅读兴趣和对外译作品接受的广度和深度。只有遵循"以西方之术,传中国之道"的外译传播原则,才能提升译介传播的作品在西方读者中的理解度和认同度,达到好的传播效果。只有这样,中国文学文化作品才能够与国外读者进行深入交流和对话,才能促进不同文化之间的相互理解和交流,才能提升中国文化在海外的软实力,达到增强中华文化国际影响力的目的。

---

① 　John Fiske. *Introduction to Communication Studies*[M],Routledge:London and New York,1990:7.

7.3 本章小结

通过本章的论述和探讨,我们认识到要提升中国外译作品的海外传播效果,我们的文学文化对外译介需要形成官方与非官方为两大传播主体的格局;需要选择以反映中国现当代社会发展现状的作品为主、古典作品为辅的传播内容;需要采用符合信息时代特点的多样化翻译方式方法;需要新旧媒体融合协同传播;需要面向普通大众分类、分层传播;需要以读者对外译作品的接受度、理解度和认同度来评估传播效果。对这些外译传播机理的认知将有助于我们在中国文学文化作品的外译传播中,采取相应的纠偏扶正措施,提升外译作品海外传播力,促进中国文学文化在海外达到理想的传播效果,让更多的海外读者了解和欣赏中国文学文化的独特魅力,促进中国与世界各国之间的文化交流与合作,从而扩大中国在国际上的影响力和提升中国的文化软实力。

参考文献

[1]鲍晓英.从莫言英译作品译介效果看中国文学"走出去"[J].中国翻译,2015(1).

[2]鲍川运.对外传播理念的更新及中译外人才的普及化[J].中国翻译,2014(5).

[3]陈小慰.对外宣传翻译中的文化自觉与受众意识[J].中国翻译,2013(2).

[4]陈橙.文选编译与经典重构——宇文所安的《诺顿中国文选》研究[M].上海:上海外语教育出版社,2012.

[5]程曼丽,王维佳.对外传播及其效果研究[M].北京:北京大学出版社,2011.

[6]方梦之,毛忠明.英汉—汉英应用翻译教程[Z].上海:上海外语教育出版社,2005.

[7]方梦之.实用文本汉译英[Z].青岛:青岛出版社,2003.

[8]冯光荣.没有形象的诗——雅各岱的《短歌集》评析[J].西安外国语学院学报,2005(1).

[9]郭光良.传播学教程[Z].北京:中国人民大学出版社,2011.

[10]郭林祥.外宣工作中的新考验[J].对外传播,1997(7).

[11]耿强,熊振儒.机构翻译与中国文学的对外译介——原中国文学出版社英文部主任熊振儒先生访谈录[J].燕山大学学报(哲学社会科学版),2020(5).

[12]耿强,文学译介与中国文学"走向世界"——"熊猫丛书"英译中国文学研究[D].上海:上海外国语大学,2010.

[13]顾亚林,赵龙祥.视频化、移动化、立体化:全媒体时代学术期刊融合发展路径[J].传媒观察,2022(2).

[14]哈罗德·拉斯韦尔.社会传播的结构与功能[M].何道宽,译.北京:中国传

媒大学出版社,2015.

[15]何刚强.简谈单位对外宣传材料英译之策略[J].上海翻译,2007(1).

[16]何琳,赵新宇.新中国文学西播前驱——《中国文学》五十年[N].中华读书报,2003-9-24.

[17]何明星.《道德经》:影响世界的中国智慧[J].人民论坛,2018(20).

[18]何明星.西方对于中国当代文学的接受屏幕:特点、成因及对策[J].中国当代文学研究,2020(6).

[19]胡庚申.翻译适应选择论[M].武汉:湖北教育出版社,2004.

[20]衡孝军,等.对外宣传翻译理论与实践——北京市外宣用语现状调查与规范[M].世界知识出版社,2011.

[21]黄友义.服务改革开放40年,翻译实践与翻译教育迎来转型发展的新时代[J].中国翻译,2018(3).

[22]黄友义.中国站到了国际舞台中央,我们如何翻译[J].中国翻译,2015(5).

[23]黄友义.坚持"外宣三贴近"原则,处理好外宣翻译中的难点问题[J].中国翻译,2004(6).

[24]黄忠廉.科学翻译学[M].北京:中国对外翻译出版公司,2004.

[25]黄忠廉."翻译"新解[J].外语研究,2012(1).

[26]黄忠廉.变译理论[M].北京:中国对外翻译出版公司,2002.

[27]黄忠廉.文化输出需大力提倡"变译"[N].光明日报,2010-1-5.

[28]黄忠廉.翻译变体研究[M].北京:中国对外翻译出版公司,2000.

[29]姜戎.狼图腾[M].北京,北京十月文艺出版社,2020.

[30]姜玉琴,乔国强.葛浩文的"东方主义"文学翻译观[N].文学报,2014-3-13.

[31]贾敏.新时代中国国际传播能力的创新与实践[J].对外传播,2022(12).

[32]刘震云.一地鸡毛[M].北京:外语教学与研究出版社,2012.

[33]刘亚猛,朱纯深.国际译评与中国文学在域外的"活跃存在"[J].中国翻

译,2015(1).

[34]罗选民,杨文地.文化自觉与典籍英译[J].外语与外语教学,2012(5).

[35]李双杰,李众宜,张鹏杨.对华反倾销如何影响中国企业创新?[J].世界经济研究,2020(2).

[36]李金宝,顾理平.短视频盛宴中的媒介变革与价值发现[J].传媒观察,2021(2).

[37]李子木.《大中华文库》:世界共享的中国典籍[N].中国新闻出版广电报,2019-5-7.

[38]李伟荣,姜再吾,胡祎萌.中国典籍翻译的实践及策略——以《大中华文库》版《徐霞客游记》英译的译审为例[J].燕山大学学报(哲学社会科学版),2014(4).

[39]李宁.《大中华文库》国人英译本海外接受状况调查——以《孙子兵法》为例[J].上海翻译,2015(2).

[40]刘雅峰.译者的适应与选择:外宣翻译过程研究[M].北京:人民出版社,2010.

[41]刘武辉.图书的信息传播特征[M].出版发行研究,2005(11).

[42]吕世生.《红楼梦》跨出中国文化边界之后——以林语堂英译本为例[J].外语与外语教学,2017(4).

[43]栾轶玫,张雅琦.视频直播在灾难报道中的运用及传播边控问题——以新冠肺炎疫情报道为例[J].传媒观察,2020(3).

[44]马会娟.解读《国际文学翻译形势报告》——兼谈中国文学走出去[J].西安外国语大学学报,2014(2).

[45]毛荣贵.翻译美学[M].上海:上海交通大学出版社,2005.

[46]潘文国.中籍外译,此其时也——关于中译外问题的宏观思考[J].杭州师范学院学报(社会科学版),2007(6).

[47]潘志高.《纽约时报》对华报道分析:1993—1998[J].贵州师范大学学报

（社会科学版），2003（3）．

［48］彭红艳，胡安江.中国网络文学的译介与传播：现状与思考［J］.山东外语教学，2019（4）．

［49］任东升.《金瓶梅》对照版分层现象探究——兼评《大中华文库》［J］.山东外语教学，2014（12）．

［50］沈苏儒.对外传播·翻译研究文集［M］.北京：外文出版社，2009.

［51］邵璐.莫言小说英译研究［J］.中国比较文学，2011（1）．

［52］孙三军，文军.翻译与中国文化外交：历史发展及策略分析［J］.上海翻译，2015（1）．

［53］田文文.《中国文学》（英语版）（1951—1966）研究［D］.厦门：华侨大学，2009.

［54］唐家龙.面向世界的中国文学出版社［J］.对外传播，1998（7）．

［55］唐家龙.熊猫丛书走向世界［J］.对外传播，1995（1）．

［56］王宁.文化走出去先要突破翻译困局［N］.中国文化报，2011-11-16.

［57］王丽娜.中国古典小说戏曲名著在国外［M］.上海：学林出版社，1988.

［58］王晓农.中国文化典籍英译出版存在的问题［J］.当代外语研究，2013（11）．

［59］王晓农.中国传统文论文本英译的问题与对策研究——以《大中华文库》四部译本为例［J］.未来与发展，2014（12）．

［60］王惠萍.《中国文学》（英文版）对新时期女性文学的译介及效果［J］.广东外语外贸大学学报，2017（5）．

［61］王华玲，辛红娟.《道德经》的世界性［N］.光明日报，2020-4-18.

［62］吴自选，翻译与翻译之外：从《中国文学》杂志谈中国文学"走出去"［J］.解放军外国语学院学报，2012（4）．

［63］许钧.浙江文化"走出去"源流及新时期对外传播路径剖析［J］.湖南科技大学学报（社会科学版）.2019（6）．

［64］许多,许钧.中华文化典籍的对外译介与传播——关于《大中华文库》的评价与思考［J］.外语教学理论与实践,2015(3).

［65］许明武.新闻英语与翻译［M］.北京:中国对外翻译出版公司,2003.

［66］辛红娟.《道德经》在英语世界:文本行旅与世界想像［M］.上海:上海译文出版社,2008.

［67］徐慎贵.《中国文学》对外传播的历史贡献［J］.对外传播,2007(8).

［68］谢天振.中国文学走出去:问题与实质［J］.中国比较文学,2014(1).

［69］谢天振.译介学(增订本)［M］.上海:上海外语教育出版社,2013.

［70］谢柯,廖雪汝."翻译传播学"的名与实［J］.上海翻译,2016(1).

［71］越永华,卢丹."一带一路"倡议的对外传播效果研究——基于对外国受众的调查分析［J］.新闻春秋,2020(6).

［72］尹飞舟,王佳娣.媒介融合时代《道德经》英译传播中的经典重构［J］.中国文学研究,2022(2).

［73］杨玉英,《道德经》在英语世界的传播与接受研究［M］.北京:学苑出版社,2019.

［74］钟启春.全球化背景下的文化冲突与中国文化建设［J］.中共中央党校学报,2013(8).

［75］左顺荣,姜圣瑜.融媒体背景下——看全国120多家报纸的国庆盛典报道如何后发制胜［J］.传媒观察,2019(11).

［76］郑晖.国家机构赞助下中国文学的对外译介——以英文版《中国文学》(1951—2000)为个案［D］.上海:上海外国语大学,2012.

［77］张成良.融媒体传播论［M］.北京:科学出版社,2019.

［78］张健.外宣翻译导论［M］.北京:国防工业出版社,2013.

［79］张健.全球化语境下的外宣翻译"变通"策略刍议［J］.外国语言文学,2013(1).

［80］张昆,王创业.疏通渠道实现中国国家形象的对外立体传播［J］.新闻大学,

2017(3).

[81]张梦晗.青年网民的互动与沟通:复杂国际环境下的对外传播路径[J].现代传播,2018(12).

[82]张西平.中国文化外译的主体当是国外汉学家[J].中外文化交流,2014(2).

[83]张其海,王宏.翟林奈翻译思想的影响及借鉴意义[N].中国社会科学报,2021-8-10.

[84]张永中.变译:主体间性的视域融合[J].外语学刊,2014(1).

[85]张永中.纠正文学外译偏误 提升文化传播水平[N].中国社会科学报,2018-12-13.

[86]中国出版史编辑部.垂范传统典籍外译项目 打造国家水平文化名片——《大中华文库》访谈录[J].中国出版史研究,2020(1).

[87]朱明胜.《西游记》在英语世界广泛传播[N].中国社会科学报,2016-4-12.

[88]周兆祥.翻译与人生[M].北京:中国对外翻译出版公司,1998.

[89]Elizabeth,Economy et al. Rein in China in Its Dispute with Vietnam over Energy Resources[N]. *The Washington Post*,2014-5-15.

[90]Michèle,Flournoy et al. China's Territorial Advances Must be Kept in Check by the United States[N]. *The Washington Post*,2014-7-04.

[91]Flotow,Luise Von. *Translation and Gender:Translating in the "Era of Feminism"*[M]. Shanghai:Shanghai Foreign Language Education Press,2004.

[92]http://world. people. com. cn/n/2014/1216/c157278-26219645. html.

[93]http://data. chinaxwcb. com/epaper2020/epaper/d7366/d8b/202011/111786. html.

[94]https://baijiahao. baidu. com/s?id = 16594709129987559888&wfr = spider&for = pc.

[95]https://zhuanlan. zhihu. com/p/448598794.

［96］https://www. askci. com/news/chanye/20210917/1723151593520. shtml）.

［97］https://www. cam. ac. uk/about-the-university/cambridge-at-a-glance.

［98］http://www. china. org. cn/chinese/2017-11/06/content_41852215. htm?f = pad.

［99］http://edu. sina. com. cn/en/2017-10-19/doc-ifymzqpq2339672. shtml.

［100］http://zqb. cyol. com/content/2008-04/01/content_2125921. htm.

［101］Fiske, John. *Introduction to Communication Studies* ［M］. Routledge: London and New York, 1990.

［102］Lefevere, Andre. *Translation/History /Culture: A Sourcebook* ［Z］. Shanghai: Shanghai Foreign Language Education Press, 2004.

［103］Lefevere, Andre. *Translation, Rewriting, and the Manipulation of Literary Fame* ［Z］. Shanghai: Shanghai Foreign Language Education Press, 2004.

［104］Munday, Jeremy. *Introducing Translation Studies: Theories and Applications* ［M］. Shanghai: Shanghai Foreign Language Education Press, 2010.

［105］Nord, Christiane. *Translating As a Purposeful Activity: Functionalist Approaches Explained*［M］. Shanghai: Shanghai Foreign Language Education Press, 2001.

［106］Toury, Gideon. *Descriptive Translation Studies and Beyond* ［M］. Shanghai: Shanghai Foreign Language Education Press, 2001.